YUNDUANZHISHANG DE
WEILAIKETANG
TANSUO

云端之上的未来课堂探索

——黄浦区在线教与学实践

上海市黄浦区教育学会　编

上海教育出版社
SHANGHAI EDUCATIONAL
PUBLISHING HOUSE

序

2020 年初，始料未及的新冠疫情，让我们猝不及防，不仅给我们生活带来了诸多不便，也影响着学校的教育教学活动。然而，面对疫情，广大睿智的教育工作者，没有慌乱、没有害怕，充分发挥各自的力量，本着对教育工作的热爱，对学生成长的关爱，克服重重困难，积极响应"停课不停学"的号召，很快就掌握了在线教学技术，成为云端之上优秀的传道授业解惑者，成为传播教育力量的特殊"主播者"。

黄浦区教育学会敏锐地发现，对于广大学校教师开展的在线教学活动，需要及时总结，于是发起了区域征文活动。活动受到全区教师的大力支持，收到数百篇教师们撰写的调查报告、研究论文和实践案例等，经过多轮评审，精选出 50 篇优秀文章结集出版，一方面是对这些教师实践探索的认可，另一方面，希望通过出版，能在更大范围内进行传播和辐射。

黄浦区在 2020 年被教育部批准为"基于教学改革，

融合信息技术的新型教与学模式"信息化实验区（简称国家级信息化教学实验区），积极探索信息技术如何深度与课堂教学融合，让教育技术更好地支撑教师优质教学，服务学生高效学习。我想，目前呈现在我面前的优秀在线教与学作品，是黄浦区作为国家级信息化教学实验区实践探索的一种真实反映，也是广大教师实践成果的凝聚，更是黄浦区一直孜孜不倦开展信息化工作的必然结果。

纵观本书的结构，我觉得有这样几个特点。第一，材料真实生动。论文揭示出一线教师在疫情期间遇到的实际困难以及解决困难的真实做法。第二，结构设计有序。全书从平台设计、内容选择、模式构建、策略实施以及学习指导等多个方面，展现在线教学各个环节，为未来课堂提供了一种基本架构。第三，实施策略实用。多数论文都提供了操作实施策略和方法，这些来源于实践真实教育场景的探索，对一线教师开展在线教学，非常具有借鉴价值。第四，应用场景丰富。2021年，上海市作为全国数字化转型实验区，黄浦区"教育数字化转型项目"被批准为上海市教委"十四五"教育综合改革的实施项目，目前，全区正在全力进行落实和实施该项目。应用场景建设是教育数字化转型的重要内容。翻开本书，每一篇教师实践探索论文，就是一个优秀应用场景的构建。这些场景的勾勒，也为黄浦区推进教育数字化转型提供了重要素材和基础条件。我们有理由相信，黄浦区将会把数字化转型工作与区域教育教学进行有机结合，提升区域教育高质量发展。

是为序。

华东师范大学　研究员，博士生导师，
研究方向为学习科学与技术、教育大数据等

目　录

CONTENTS

第一部分　在线教学平台与设计 / 1

高中整本书阅读教学评价中信息化工具的应用研究　/ 3

基于智慧课堂的高中语文《红楼梦》整本书阅读教学设计与实践研究　/ 8

运用在线教学技术推进文言文差异教学的构想　/ 14

基于微信公众平台高中生物微课程开发的探索与实践　/ 19

运用智能手机玩转物理实验　/ 25

用文字上网课，促成有成效的对话　/ 32

云端之上"四史"背景下"循迹"课程的再设计　/ 37

利用教育 APP 提升小学数学作业订正有效性的实践探究　/ 41

小学英语低年段线上模块复习课的探索与实践　/ 47

"书"香悦行"e"起走　/ 52

在线教学背景下的小学自然高年级作业设计与交流　/ 57

数字化教育背景下的可视化体育课外教学探索　/ 64

交互式 0—3 岁早教信息平台赋能科学育儿指导　/ 69

第二部分　在线教学模式 / 75

赋能在线教育　引领自主学习 / 77

双新背景下基于 OMO 模式的高中物理教学实践研究 / 83

基于在线测试的"先学后教"模式在高中地理教学中的实践研究 / 88

图解"晓、云、点"在线教育举措 / 94

打"通"壁垒：六年级语文教学的云端实践与线下运用 / 103

初中英语在线教学改变传统教学的探索与实践 / 108

初中物理线上线下融合式教学研究 / 113

辅读学校在线教学的实践浅析 / 119

基于网络平台搭建小学生线上共读圈的实践研究 / 124

基于空中课堂的在线教学的探索与实践 / 130

小学数学混合式教学中多元互动的实践与思考 / 137

在线教学新模式下小学英语语法教学新方式的研究 / 144

一场特殊的教与学 / 150

第三部分　在线教学策略 / 157

新媒体在高中语文统编教材在线教学中的运用 / 159

基于线上的语文多模态教学 / 164

线上课堂的教学临场感建立及实践研究 / 170

初中数学线上教与学活动设计优化策略 / 177

初中物理线上教学"三环节"的挑战与应对策略 / 183

探索特殊教育学校心理健康教育课的在线教与学 / 189

在线教育背景下小学数学教学新探 / 194

在线教学中的批判性思维培育 / 199

小学体育线上、线下融合教学的实践与研究 / 205

对课件在小学体育网络课堂教学中运用的思考 / 210

"加、家、佳"——在线教与学的根与魂 / 215

小班园本课程与在线家教指导相融合的新实践 / 221

上海市高中体育专项技能的数字化评价实践研究 / 225

第四部分 个别指导与效果 / 231

运用混合式学习方式，突破学业困境的实践案例 / 233

高三化学线上教学中的"望闻问切" / 239

创设"心晴空间"，共筑心理防线 / 244

浅谈"在线批注"功能在《儒林外史》阅读中的应用 / 249

基于精准辅助的特殊学生在线学习案例研究 / 254

增强实时交互，满足个性需求的在线教学尝试 / 259

以微视频实现精准辅导　提高在线教学效果的实践研究 / 266

"Gap Lesson"无缝衔接小学低年级数学在线教学的初探 / 271

线上赋能，助推数字化教学起航 / 277

小云端，大智慧：一种现代化的师幼互动 / 282

社会领域核心经验在线培训提升教师课堂教学行为的研究 / 288

后 记 / 295

第一部分

在线教学平台与设计

在线教学是人与机器发生的交互行为，将网络介质作为教学场地，是基于互联网络或移动互联网络下的数字化平台产生的教育教学活动。如何充分利用数字化平台信息量大、信息传递快捷、互通能力强等优势，围绕教育教学目标设计有效、高质量的教育教学内容是教师在开展在线教学时需要考量的重要环节。

在本单元中，教师分别从平台设计、内容选择两个角度，通过探索运用移动网络公众平台、教育互动软件等多元信息化工具，从课堂教学、课后巩固、家校指导等不同内容着手，尝试构建具有学科特色、学段特点的个性化云端课堂。

高中整本书阅读教学评价中信息化工具的应用研究 [①]

▲

教学评价是依据教学目标对学生的学习过程和结果进行综合评判，从而为教学活动提供改进服务的一类活动。

现行的《普通高中语文课程标准（2017 年版 2020 年修订）》（以下简称课标），在"评价建议"中指出："教师应提供细致的描述性反馈，提出具有操作性的建议……有条件的地方，可以运用信息技术，丰富学生的表现性评价，形成多样化的学生成长记录，全面而科学地衡量学生的发展。"

这一要求提示我们可选用信息化工具来进行教学评价，从而丰富评价形式，形成多样化记录，全面而科学地衡量学生的发展，进而改进我们的教学活动。

一、研究现状

2018 年以来，关于"整本书阅读"的研究无疑是语文教育领域的一个热点话题。但从目前已有的与本文探讨内容类似的著述可知：大多数研究者的研究内容为信息技术对教学设计、教学情境的创设所提供的技术支撑，少有对教学评价过程中使用信息化评价工具的探讨，即使有涉及教学评价过程的分析，也往往只作为研究模块之一加以论述，常因篇幅所限，失之泛泛。

因而，寻找高效便捷的、能够辅助评价的信息化工具，并探索这些信息化工具与高中整本书阅读教学评价的切实融合，是值得思考的话题。

---

① 上海市格致中学　苏　添

二、应用研究

（一）关注思维发展

课标指出，思维发展与提升主要是指"学生在语文学习过程中，通过语言运用，获得直觉思维、形象思维、逻辑思维、辩证思维和创造思维的发展，促进深刻性、敏捷性、灵活性、批判性和独创性等思维品质的提升"。

基于以上要求，我们做了如下探索：

1. 微信读书软件——针对直觉思维的信息化评价工具

直觉思维是指未经审慎的分析、推理与论证，直接对问题答案作出合理推测、设想的思维形式。在高中整本书阅读教学的评价中，直觉思维的显性化表现主要在于学生在进行学习活动后所形成的文本速读时的概括能力。

微信读书软件可通过学生阅读文本的时间呈现和实时的"写想法"（即批注）功能实现教师对学生直觉思维的有效评价。

例如，学生在阅读《鼠疫》这本书时，根据教学要求，学生应在整本书教学指导后，在一定的阅读时间内完成对该书指定章节的阅读和批注。微信读书软件可在学生阅读后为教师提供学生确切的读书时间，并能够导出学生在阅读时的批注。教师可根据学生的阅读时间、批注数量及批注质量进行量化评价与质性评价，进而了解学生的阅读速度以及在速读进程中体现为概括能力的直觉思维的发展状况。

2. 美篇图文编辑工具、喜马拉雅音频分享平台——针对形象思维与创造思维的信息化评价工具

形象思维是一种综合运用视觉、听觉等多重感官对语言文字进行还原的思维方式，而创造思维则是基于多重感官的综合运用对某一形象进行再现、深化的思维形式。在高中整本书阅读教学的评价中，形象思维和创造思维的显性化表现主要在于学生能够把握文学类专著中的人物、事物、景物等的基本特点，并据此进行自主地创作。

（1）美篇图文编辑工具

美篇图文编辑工具，可以为学生提供插入图片与文字的编辑功能，从而帮助教师从学生插入的图片与文字中捕捉学生形象思维的具体展现，并据此对学生的阅读成果加以评价。

例如，学生在阅读《欧也妮·葛朗台》这本书时，教师要求学生通过绘画的方式对欧也妮·葛朗台的形象加以描绘，同时，基于文本的理解，对《欧也妮·葛朗台》的小说结局进行改写。学生可在美篇图文编辑工具上完成此项综合性的评价作业并导出文件，据此，教师可快速便捷地依据这一具象化的呈现对学生形象思维的发展进行评价。

（2）喜马拉雅音频分享平台

如果说美篇图文编辑工具主要是辅助教师评价学生在读与写时所呈现出的形象思维与创造思维的发展，那么，喜马拉雅音频分享平台则主要可辅助教师评价学生在听与说时的综合能力的提升。

喜马拉雅音频分享平台本身提供了大量由专业人士朗读的原著音频，同时，学生也可以班级为单位开设音频分享平台，将自己朗读的原著音频或是自主创作的作品上传到平台，便于实现教师的集中评价及班级内成员的互评。

例如，学生在阅读《苏东坡传》这本书时，可通过喜马拉雅音频分享平台听读并模仿专业人士朗读的原著音频，上传自己的朗读作品，充分发挥学生的创造思维能力。在此之后，教师再辅助学生制订评价标准，让学生从音准、节奏、感染力等方面对同学的作品进行评价，从而在评价中进一步提升学生的形象思维。

3. MindMaster 思维导图软件——针对逻辑思维、辩证思维的信息化评价工具

逻辑思维是人们在认知过程中借助概念、判断和推理反映现实的思维方式。辩证思维则常与逻辑思维相伴而生，是一种能够以变化发展的视角来认识事物的思维方式。在高中整本书阅读教学的评价中，逻辑思维和辩证思维的显性化表现主要在于学生能够对相关学术概念加以界定并构建联系，同时，不以僵化的眼光来审视现有的思考。

MindMaster 思维导图软件具备围绕中心主题来创作思维导图的功能。在使用时，可优先设定中心主题，并可在不断思考中为中心主题添加或删除子主题、浮动主题和其他主题等，通过"插入关系线"的标签功能设定各级主题间的联系。

例如，学生在阅读《乡土中国》这本书时，可对某一章节的中心学术概念进行内涵与外延的界定，并基于此构建二级、三级学术概念间的逻辑关系，最终呈现出思维导图，并根据关系线的标签功能不断反思这些学术概念之间的辩

证关系。在单篇教学中，教师往往采用演绎法来帮助学生在文本外部结构的分析中提升逻辑思维和辩证思维，但难以明晰学生对文本内部学术概念逻辑关系与辩证关系的了解情况。MindMaster 思维导图软件则避免了这一弊端。

（二）重视评价过程

1. 桌面式虚拟现实系统——丰富学生表现性评价的信息化评价工具

表现性评价通常要求学生在某种特定的真实或模拟情境中，运用先前所获得的知识完成某项任务或解决某个问题，以此考查学生知识与技能的掌握程度，或者问题解决、交流合作和批判性思考等多种复杂能力的发展状况。

虚拟现实系统相较于传统的整本书阅读评价所创设的评价环境而言，更具有情境的真实性、内容的复杂性和即时的反应性等特征。

而在各类虚拟现实系统之中，桌面式虚拟现实系统因其使用成本低、对硬件设备要求低以及这一技术可利用立体投影设备，扩大显示屏幕，达到增加沉浸感及多人观看等特点，可以较为广泛地被语文教师使用。

例如，在进行《红楼梦》整本书阅读教学评价时，教师可使用桌面式虚拟现实系统创设大观园的生活场景，通过学生在面对相应人物时交互性、即时性的反应来评价学生对于人物性格、文化背景等的了解，也可用于评价学生在进行整本书阅读后所自然习得的言语技能。

这一辅助评价工具克服了传统测验仅能测验低水平知识和孤立技能的弊端，因其特殊的沉浸感，能测量出学生在真实世界中的复杂成就和情意表现，重视了动态性的评价过程，而非最终静止性的评价结果。

2. 有道云笔记软件——形成多样化学生成长记录的信息化评价工具

成长记录袋是一种质性的评价方式。教师可以用成长记录袋收集以学生作品为主的有关资料，通过合理的分析与解释，评价学生在特定领域学习中的努力、进步与成就。

有道云笔记软件可实现成长记录袋的无纸化记录。它的导入功能可以便于教师为学生提供成长记录袋的评价标准，便于学生对文本进行摘录等；它的导出功能则可以实现将学生自主新增数据（含图片与文字）快速导出为 pdf 格式文件，便于教师在进行教学评价时获取学生在整个学习阶段的学习成果。同时，软件所提供的语音速记功能也可以将语音实时转换为文字，从而实现思维、语言与文字的连贯呈现。

　　例如，在进行《科学史十五讲》整本书阅读教学评价时，教师首先可通过导入文件来确定评价标准，如对该书目基本内容的概括、读书总体要求和目标的达成度、单元思考题的参与度，以及学生自己在阅读时产生的新的质疑、反思与评价表等；然后，指导学生在有道云笔记软件中完成阅读记录卡、读书笔记、读后感、名言警句摘抄、自我评价和反思表、小组互评表等；最后，基于以上文件对学生作出在整个活动开展期间的形成性评价和终结性评价。

　　这种辅助评价工具能有效考查学生在真实阅读情境中的自主思考能力以及发现问题、分析问题和解决问题的能力，呼应和促进了认知学习理论指导下的学习方式变革，强调了对学生学习过程的评价。

　　本篇文章致力于为高中语文教师在进行整本书阅读教学评价时提供借鉴，以便吾辈能够更为高效便捷地选择适宜的信息化评价工具。但限于文本篇幅及认知水平所限，笔者在写作时深感对思维的多重解读以及评价工具的详细介绍仍不充分，对于思维的交叉呈现及相关评价活动的复杂动因也都尚未展开论述，希冀在之后的研究与思考中加以深化。

基于智慧课堂的高中语文《红楼梦》整本书阅读教学设计与实践研究 ①

▲

近年来，为响应高中语文新课标、新教材的要求，一线语文教师运用多种方法开展整本书阅读教学实践。在教育技术发展的背景下，线下教学开始逐步走向线上。然而许多传统的教学方法不适用于网络教学，再加上网络教学中，学生学习时间灵活、学习资源不受限制，可展开的教学形式远比传统课堂更为灵活。故而笔者根据整本书阅读教学的实践与体验，基于科大讯飞技术开发的网络平台智慧课堂进行整本书阅读教学探索，试图为整本书阅读教学找到创新的路径与方法，为当下整本书阅读教学提供参考，并为学生提高阅读兴趣、培养阅读能力、形成阅读习惯奠定基础。

一、教学设计

（一）教学目标

课程目标：学生以《红楼梦》为核心阅读材料，通过教师指导、合作研读、分享交流来深入理解著作，找寻感兴趣的角度深入研究，并加深对著作的理解，提升学生的阅读和写作能力，培育学生的思维能力与综合素养。

《红楼梦》整本书阅读教学目标：（1）梳理情节，概括出主要情节；（2）研读文本，剖析重要人物形象；（3）细读文本，赏析语言特色；（4）结合文献，鉴赏评价《红楼梦》。

---

① 上海市格致中学　　闫文治

（二）教学安排

表1　课时安排表

《红楼梦》教学安排		
阅读阶段	课　时	课　型
通读全书	第一课时	导读课
	第二、三课时	自主阅读课
研读重点	第四至八课时	阅读推进课
赏读评价	第九课时	读书会

表2　教学阶段内容表

教学阶段	教 学 安 排
动员准备	学生使用搜索工具收集与阅读书籍有关的资料
	进行前测了解学生阅读情况，借助平台扫描统计
学生自主通读	教师在智慧课堂环境下开设导读课，清除阅读障碍，激发学生阅读兴趣，指引学生阅读方向
	教师在读书平台上布置读书任务，任务以识记、筛选能力层级为主 学生在平台上完成，教师在读书平台上检查、评价
	教师在微课平台上发布微课，包括阅读方法指导、难点释疑等 学生可以在平台上随时观看
重点研读	教师选择重点研读方向，在智慧课堂环境下开设研读课，引导学生思考，教给学生研读方法
	教师布置课后作业，学生通过线上小组合作，在平台上提问、讨论 学生利用平台内的多种功能在班级空间内上传作业，教师在线评价
选题研究	学生自选感兴趣的角度，在读书平台上深度阅读书籍，参照平台上的其他书籍文献与相关慕课，利用搜索工具搜索所需资料进行探究
	学生将探究成果以PPT、文章、视频、音频等多种形式在线上提交 教师线上审阅
交流分享	课上：发言学生自选形式展示，学生通过平台对展示的成果进行点赞评比 课下：教师在班级空间内展示作业，学生留言评价

（三）教学评价

教师依托智慧平台的自动记录做出科学、准确、高效的评价。评价角度如下：

对阅读习惯、态度、数量的评价。阅读平台记录学生的批注内容与数量、阅读驱动任务的完成量、讨论板上的提问与回答次数、每天阅读任务的完成情况和总阅读量。教师结合阅读平台的数据，对学生的整体阅读情况做出十个等级的排名并且打分。

对作业态度与质量的评价。阅读平台记录学生作业的次数、内容以及得分。教师给学生打分的同时可以把评语反馈给学生，鼓励作业认真的学生，对作业不合格的学生提出进一步要求。

对阅读成果展示质量的评价。阅读成果展示平台会记录教师评出的分数，同时也向学生开放点赞功能，学生可以为自己认可的作业点赞。点赞数量与教师评分相结合形成最终评价。

二、实施过程和案例

（一）导读课

首先，充分利用智慧平台各项功能，课前激趣。教师使用问题发布和随机提问功能，进行课前调查，了解学生对整本书的认知情况并激发其好奇心。

问题举例：王夫人与黛玉、凤姐、宝钗的亲属关系分别是（　　）。

——学生在初读时通常只关注情节，并不能准确答出这道看似简单的题目，因此对再次阅读红楼梦产生兴趣。

其次，教师还可引导学生利用网络搜索书本相关资料。

问题举例：你觉得我们应该使用红楼梦的哪个版本进行教学？为什么？

——教师引导学生查询资料了解《红楼梦》的版本差异、成书历史，并把握全书架构。

（二）自读课

学生是否高质量阅读、有无深入思考都关系到最终的教学效果。因此笔者使用智慧课堂工具，推动学生坚持阅读、认真阅读、深入思考。所采取方法如下：

布置线上任务。教师在平台上随文发布提问，引导学生关注作品的语言与细节。学生在线完成任务，随后教师在线评价。

任务举例：针对王熙凤离开秦可卿住处后的三处表现所做的三处描写，能够看出王熙凤什么样的人物特点？

开展线上共读。（1）共读排名：阅读软件可以自动统计学生的有效阅读时间、每分钟阅读字数、批注数量，根据这些数据更新组员和小组阅读排名。通过共读排名比拼，可以提高学生的参与热情。（2）问题互助：学生读书过程中遇到疑问可以随文发布，教师和同学帮助解答。

随文批注问题互助示例："无知的业障！你能知道几个古人，能记得几首旧诗？也敢在老先生前卖弄！你方才那些胡说，也不过是试你清浊，取笑而已，你就认真了！"

生1问："贾政为什么要这样严厉地批评宝玉？"

生2答："宝玉争强好胜爱表现，没有对清客表现出谦让，没有等他父亲先说就表达出自己的看法，贾政可能以为他不知礼太轻狂。"

后台数据追踪。在阅读软件统计阅读时间、字数、批注等数据后，教师根据数据追踪对不达标的学生提出建议或单独谈话，促使阅读主动性不够的学生坚持阅读，帮助学生克服阅读障碍，解决"读起来"的问题。

（三）研读课

阅读的深层目的在于汲取书籍的精神力量和文化智慧，以抚慰心灵、培育人格。所以整本书阅读不能仅仅要求"读起来"，更要"读进去"。学生通读文本之后，需要再次研读，通过深入思考真正读懂文本。所以在教学过程中笔者做了如下设计：

以线上问答为研读方向。学生阅读过程中随文标注阅读疑问，教师和学生在问题下发表看法，给优秀的回答点赞，以形成畅所欲言的提问氛围。在小组合作线上阅读中，学生们踊跃提问、回答的记录是后期研读课的研读方向。

使用大数据整合筛选问题。学生提出的问题多而杂，问题价值高低不齐，教师不能也不必一一解答，故而有必要进行筛选。首先，教师通过数据统计和学生投票把问题分类，先让学生判断每个问题所属的类别。随后，师生课堂投票，根据研究价值、对理解文本的意义，在每类提问中选择一个最有价值的问

题。最后，师生共同品评典型提问。教师和学生就得票高低分析各个提问的优劣，让学生在比较中学会提问。

以在线批注为研读手段。

人物研读选定的研读问题示例：贾雨村和甄士隐在名字上有对比关系，在人物形象上是否也形成了鲜明的对比？

确定研究方向后，学生分组选择与贾雨村或者甄士隐相关的内容在线阅读，学生阅读时随文批注人物形象。

使用页面同屏展示成果。学生完成人物形象批注后，小组合作汇总研读成果。

贾雨村、甄士隐学生批注示例：贾雨村——自负狂妄、看重功名、舍义取利，甄士隐——淡泊名利、豪爽热情、有情有义等。

学生把小组批注同屏给全班同学，汇报小组研读成果。教师适当点拨，引导学生对比贾雨村和甄士隐的人物形象，发现其二人的性格特点、人生观、价值观都有很大的不同。最后教师总结分析人物形象的方法：关注情节变化发展当中人物的行为态度，关注小说对人物的语言、动作、心理等方面的描写，关注他人对人物的评论看法，关注特定的社会背景等。

通过作业平台评价指导。研读课后，为巩固学习成果、提升学生研读能力，教师布置课后研读作业。学生完成作业后，把作业上传到作业平台。教师即时接收作业，在线批改、评价、反馈。教师批改后，分数、评语与建议都能立刻发送到学生的平台账号上，学生根据教师的建议进行修改，教师重新批阅。

（四）汇报课

整本书研读阶段结束后，学生选一个感兴趣的方向，借助相关资源开展探究。由于学生普遍阅读量少，所以教师精选并上传与阅读书籍相关的文献资料到资源库。例如，研究小说中主要人物的学术论文，学生则可根据需求阅读。

研究完成后，学生在汇报课上展示研究成果。由于汇报课时间有限，没有汇报的学生把研究成果上传到班级空间内，可以上传散文、诗歌、小说、论文、视频、音频、演讲、读书笔记等多种形式的成果。学生们在班级空间为喜欢的作品点赞，教师把点赞数量作为评价的一项依据，在阅读活动结束后给表现优秀的学生颁发奖状。

三、教学效果

通过智慧课堂的学情分析、阅读平台的数据，教师可以了解学生阅读行为的变化。同时，笔者也在课程结束后对部分学生进行了访谈。将课程开始和后期的数据相比较，再结合访谈结果，得出了以下结论：

首先是学生提高了阅读兴趣和自主性。平台数据可以得出学生每天阅读频次有了提高。总计 35 人的班级，每天都课外阅读的学生从 15 位增加到了 25 位。学生每日阅读时间也明显变长，每天阅读时间大于半小时的学生从 18 位增加到了 30 位。

其次是学生改变了阅读方法与习惯。根据对学生的课后访谈结果，更多的学生愿意把书多读几遍，浅阅读的情况减少了。另外，学生利用线上沟通功能，经常在讨论区和同学们交流，也养成了阅读交流的习惯。结合平台上的圈画批点痕迹出现的次数和频率，可以看出更多的学生养成了圈画批注的阅读习惯。

四、结论与反思

根据实际的教学操作看，网络智慧课堂环境可以和整本书阅读教学深度融合。传统课堂环境下的整本书阅读教学在开展过程中，常常出现一些问题，比如：阅读公平性问题——部分学生阅读资源不足难以大量阅读；阅读时间与兴趣问题——一些学生自控力不足无法坚持认真阅读，教师因担心这一问题而布置大量阅读任务，学生却因阅读任务而丧失阅读兴趣；阅读评价问题——一般的考试不直接考查整本书阅读，学生从考试得分的角度出发难以产生阅读积极性。面对这一现状，智慧课堂工具能够发挥积极作用，帮助教师解决教学问题，提高教学效率。

然而，由于课程实践时长有限，难以体现长期的阅读教学效果。长时间的教学实践结果还有待检验，而当下也需要完善、科学的批评方式和考试形式作辅助。且智慧课堂背景下的整本书阅读成效与教师素质、态度密切相关，教师只有提高自己的理论与实践水平、愿意在教学中不断成长进步，才能够真正发挥智慧课堂环境对整本书阅读教学的促进作用。

运用在线教学技术推进文言文差异教学的构想 ①

▲

华国栋先生曾在《差异教学策略》中提出："学习同样的课程被认为是一种公平，但其实由于学生对课程内容的理解、掌握、应用程度不同，教师对课程内容的把握和施教不同，学生在课程和教学中获得的实际发展机会和发展程度是有区别的。"当我们意识到学习同样的课程会因为种种原因造成最后结果的不同时，那么，尽可能消除这种差异，或许就是在更高层面倡导教育公平。有鉴于此，我们试图运用在线教学技术来推进文言文差异教学，进一步实现教育公平。

一、倡导差异教学，走向个性化学习

倡导差异教学，除了是出于教育公平的考虑，还有如下方面的原因：

倡导差异教学可以减少传统课堂教学的不必要浪费。在布鲁姆（Benjamin Bloom）看来，传统课堂上，大多数教师倾向于把大部分精力花在最不需要个别辅导的好学生身上，并期望这些学生完全掌握他们所教的东西，而这就是当今教育体制中最浪费、最有破坏性的一面。它压制了教师和学生的创造力，降低了学生的学习热情，也破坏了相当数量学生的自我形象和自我概念。

倡导差异教学是网络时代教育的大势所趋。目前，我们教育领域的热点话题如移动学习、终身学习、泛在学习其实都涉及同一个问题：个性化学习。温儒敏先生提出，新课改的教育理念是为学生形成正确的人生观、健康的人格和

---

① 上海市向明中学　顾月云

个性打好基础，为学生的终身发展打好基础。中国教育学会副会长尹后庆认为要把"知识为本"的教学转变为"核心素养"为本的教学。

倡导差异教学更符合语文学科核心素养的培养。《普通高中语文课程标准（2017 年版 2020 年修订）》提出："普通高中语文课程，应使全体学生在义务教育的基础上，进一步提高语文素养，形成良好的思想道德修养和科学人文修养，为终身学习和全面而有个性的发展奠定基础。"由此可见，语文学科核心素养的提高，是讲究个性化学习的。

而个性化的学习得以实现的前提是要有差异化的教学。在线上教育如火如荼开展的今天，越来越多的计算机辅助技术为差异化教学的真正开展提供了各种技术支持。国外学校用得比较多的平台有 MOODLE 等，但由于 MOODLE 账号需要收费，且在本土化应用方面还有种种不便，因此，我们将在本文中试着借助一款免费的线上教学平台"UMU 互动"，以高中语文选择性必修教材上册第二单元为例，进行教学设计，以期在高中文言文教学领域中进一步推进差异教学。

二、借助线上教学平台，进行在线教学设计

根据高中语文选择性必修教材（以下简称选必）的整体框架设计表，第二单元《中华传统文化经典研习》的人文主题是学习了解百家争鸣，即加深对中华传统文化的认识，领略先秦诸子的思想魅力，继承和弘扬中华优秀传统文化，提升对中华文化的认同感、自豪感，增强文化自信。而语文素养提升的目标有四点：集中学习先秦诸子散文，加深对传统文化之根的理解；注意领会先秦诸子对社会人生的洞察，思考其思想学说对立德树人、修身养性的现实意义；感受先秦诸子或雍容或犀利或雄奇或朴拙的论说风格，理解各家的论说方法，体会其妙处；学会准确审题，发散思考，提炼观点，确定作文立意，撰写文章。

本单元的课文包括儒家的《〈论语〉十二章》《大学之道》《人皆有不忍人之心》，道家的《〈老子〉四章》《五石之瓠》，以及墨家的《兼爱》，共六篇。写作的教学目标是审题与立意。

鉴于上述本单元学习任务的设定，我对本单元六篇课文进行如下步骤的教学设计。先是明确各篇课文的教学目标。

《〈论语〉十二章》教学目标：

1. 语言建构与运用：积累文言字词、文言句法相关知识，疏通文义。重点

积累虚词的意思与用法。

2. 思维发展与提升：在《论语》多为只做结论、不做解释的"微言"中，用自己的逻辑构建"大义"。

3. 审美鉴赏与创造：体会《论语》文质彬彬的风采。

4. 文化传承与理解：理解孔子以"仁"为核心的思想学说对中国文化精神的深远影响。

在明确了单元学习任务和各课教学目标之后，进一步分析班级学情。我所执教的这个班级一共有 32 名学生，其中女生 15 人，男生 17 人，班级总体语文基础较为薄弱。但对学生个体进行分析，其中也有优秀的学生，比如年级第一也出在这个班。所以，32 名学生存在学习动机、学习习惯、学习环境、学习偏好等多方面的不同，具备实施差异化教学的条件。因此，我们结合线上教学技术，对本单元教学进行下述设计。

步骤一：将本单元学习任务与各课学习目标文档发送给全体学生，让学生们对单元整体教学和各课单独教学目标都有所了解。

步骤二：挑选出 6 名语文学习基础与能力都较好的学生，作为核心选手，分别认领一篇课文，作为自己小组的主讲课文，并担任该小组的组长。

步骤三：请各组组长分别组队，每组 5—6 名学生，准备该篇课文的讲解。组内分工，每位组员要承担各自的工作。比如，组员 A：整理本课相关的文言基础知识，含加点字注释、文意梳理、文言句法现象的整理（不含虚词）。组员 B：重点整理本课虚词的意思与用法。组员 C：根据教学目标整理出本课阅读与思考的习题，并准备好参考答案。组员 D：立足于审美鉴赏与创造、文化传承与理解的角度，谈这篇文章所在诸子学派中的坐标位置以及对我们今人的启示意义。可以用写文章、PPT 报告和演说的形式进行。组长（加可能有的组员 E）：协调本组全体成员的工作以及各项文档的准备，确保各课的教学目标都得到落实，并承担本课学习任务作业的讲解工作。

步骤四：教师在审核各组相关文档后，提出修改意见，确认后请各组发布在 UMU 学习平台的"学习任务"栏，设定完成截止时间，请学生们自行完成。

步骤五：各组长在线上分析讲解本课学习任务，教师在旁协助补充。

步骤六：六篇课文学习任务都已完成并分析讲解之后，进入提问与讨论环节。由学生们自行提出各种问题并上传，UMU 学习平台会利用大数据分析，自行筛选出问题，按照得分多少进行有序显示。

与此同时，教师在后台也可以同时得到一份所有学生的提问清单，可以第一时间进行下载，并选择最有代表性的问题进行解答。

表1　后台汇总的学生提问清单

姓名	问　题	发言内容	发言时间	点赞数	点踩数
张三	预习本课时的难点问题	老子"无为"的思想及论证逻辑	2020-10-04 15:24:08	10	0
李四	预习本课时的难点问题	子曰："譬如为山，未成一篑……"一句的论点是什么	2020-10-04 15:28:11	10	0
……	……	……	……	……	……

教师在提问环节之后，可以有针对性地就学生们在提问环节中出现的问题，进一步追加讨论。而在学生们上传自己的回答之后，UMU 学习平台会再一次运用大数据进行分析，自动筛选并显示最高频的核心词汇。教师可以根据动态的核心词汇显示，引导学生们一步步走进问题的核心。

三、设计的依据、问题与对策

（一）设计依据

进行上述教学设计，让学生自行组队，并承担不同的角色工作是有利于差异化学习的落实的。每个学生都可以找到相对来说最适合自己的角色工作，从而尽可能将自己的最近发展区最大化，取得最优化的学习效果。而且，建立在 UMU 学习平台上的教学设计，对于学生自己实在完成不了或者不需要完成的任务，他们完全可以跳过，从而提高学习效率。而后台的大数据统计，会记录学生在完成各部分练习的时间，甚至一些学习习惯。这份报告对于教师进一步掌握学生的学习差异并有针对性地进行指导会很有帮助。

（二）问题与对策

在这项设计中，容易出现的问题是学生在教学目标的整体落实环节中容易出现偏差。就本单元教学，教师可以提供系列参考问题供学生们在设计相关学习任务文档时使用，以尽量纠偏。

　　此外，这项工作要求教师的备课工作量极大。教师事先不仅需要完成传统课堂上的所有备课环节工作，还需要进行大量的资料收集、准备工作，并能即时应对各种动态教学环节中出现的各种可能性的问题。这种立足于差异化学习目标的线上教学看似把教师从"讲台上的贤能者"的角色变成了以学生活动为主的课堂教学的辅助者，但对教师的要求其实更高。在新教材试行的初期，教师个体恐怕没有能力来承担全部的线上教学准备工作。甚至 UMU 互动平台作为免费学习平台的存续性与稳定性也都打着大大的问号。如何取得更多的资源支持，在教师精力和体力允许的条件下真正开展文言文的差异教学，需要更多的团队之间，甚至部门之间、组织之间的合作。

基于微信公众平台高中生物微课程开发的探索与实践 ①

▲

在上海"3+3"新高考背景下，一方面，生物高考由高三提前至高二，生物学习时间由三年缩短至两年，但高中生物教学内容并没有减少；另一方面，每年参加生物高考的学生数量有所增加。这使得高中生物的学习难度和授课难度进一步增大。在这种时代背景下，开发出一种基于移动终端，便于学生及时学习的高中生物微课程就显得尤为迫切。

微课程是运用建构主义方法、以在线学习或移动学习为目的的实际教学内容。微视频是指个体通过 PC 和手机等视频终端摄录，上传至互联网进行共享的，长度在 30 秒至 15 分钟之间的，内容广泛、视频形态多样的视频短片的统称。高中生物微课程的开发立足于高中生物课程标准与教学基本要求，将微课程教学设计与微视频录制进行有机整合，并借助微信公众平台进行传播。

本研究使用的微信公众号为个人申请并由个人运营维护的订阅号，可以设置置顶功能，学习使用方便、快捷。

一、微课程研究现状的简述

在国外，微课程应用软件已得到快速地发展和应用。学者兰贝（Rambe）和比尔（Bere）利用类似于微信的 WhatsApp 软件构建学习社区，通过实践证

---

① 上海市格致中学（奉贤校区） 邢胜杰

明该软件有助于增强学生参与的主动性，提升教学的有效性①。随着移动互联网技术的快速发展与普及，微信正在广泛而深刻地改变着人们的生活方式与学习方式，微信在学生群体中具有很高的占有率。不少学者都对微信应用与教学的可行性进行了研究，白浩等认为，公众号具有开发成本低、信息发送便捷、沟通反馈及时、受众面广等特点，能够很好地支持微课程学习，具有开发微课程学习的前景②。

杨丽青③等人的研究将普及面广、交互性强、功能多元的微信和公众号引入分层教学，在系统分析分层教学内涵的基础上，借助公众号的教育优势，重构分层教学模式，打破时间和空间的限制，力求解决目前分层教学中存在的问题。以上研究虽然有将公众号引入学科教学中，但都没有系统地将对某一知识的模块探究的微视频课程，按照不同学习者的能力要求，定期推送给学生，并及时对学生的学习效果进行评价。本研究结合高中生物教学案例，探究开发基于微信公众号的高中生物微课程。

二、公众号的构建

（一）申请微信公众号

登录微信官网，选择注册类型中的订阅号，通过信息登记、邮箱绑定和密码设定后即可成功注册获得微信订阅号，本研究的微信订阅号为"Biology-of-GZFX"。

（二）学习微信公众号操作方法

微信公众号最基本的功能是群发消息，有图文消息、文字消息、视频消息、语音消息和图片消息，共五种可供选择。点击界面创作管理里面的"新的创作"即可开始编辑功能，编辑方法与 Word 类似，编辑结束后通过点击"保存并群发"即可将内容推送给所有关注的用户。

① Rambe P，Bere A. *Using mobile instant messaging to leverage learner participation and transform pedagogy at a South African University of Technology*［J］. British Journal of Educational Technology，2013.

② 白浩，郝晶晶.微信公众平台在高校教育领域中的应用研究［J］.中国教育信息化·基础教育，2013(2).

③ 杨丽青.基于微信公众平台的分层教学模式的设计与研究［D］.北京交通大学，2016.

（三）组建学习群

教师在班级日常教学中对该公众号进行宣传、推广。尽管学生关注微信公众号后即可学习该平台推送的所有内容，但为了更快捷地解决微课程学习中遇到的各种疑难问题，本研究还创建了微信学习交流群作为公众号的延伸和补充。另外，对于高中生使用手机缺乏自制力的问题，还需要教师对学生进行正确的引导和培训，规定在校使用手机的时间段以及场所。

三、构建基于公众号的教学活动设计框架

基于公众号的微课程教学设计活动与传统教学有一定的区别。为了比较清晰地呈现这种新型教学活动设计的基本情况，笔者制作了一张活动设计框架图，如图1所示。

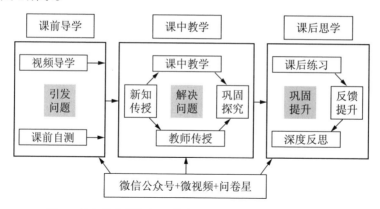

图1 基于公众号订阅号的高中生物微课程教学活动设计

依据《普通高中生物学课程标准（2017版）》，引发问题的"课前导学"，主要目的是激发学生学习兴趣、引发学习思考；解决问题的"课中教学"依据教学专题在课程标准与教学基本要求中的重难点定位，结合学生课前自测的答题情况，有针对性地进行契合学情的教学设计；巩固提升的"课后思学"既能帮助学生对所学知识进行检测与巩固，也为进一步探究学习和深度反思提供了可能。

四、开发基于公众号开展高中生物微课程的实施内容

在确定研究范围为"生命的过程"基础上，本研究开发出4个模块共计12

个专题的教学设计，并在此基础上开发出 12 个微视频课程。

本研究通过微信公众号编辑与推送教学内容，截至 2022 年 6 月已发布 22 期内容，其中包括微课程讲解和课外拓展知识介绍等内容，如表 1 所示。

表1　基于公众号的高中生物微课程开发目录

模块一	模块二	模块三	模块四
光合作用	视觉与听觉的形成	DNA 的复制	有丝分裂
细胞呼吸	体液免疫与细胞免疫	转录与翻译的过程	减数分裂
生物体内三大有机物转化	植物向光性与顶端优势的原理	基因工程	细胞分裂的过程

此外，要依据高中生生物学核心素养设置学习内容。学科核心素养是学科育人价值的集中体现，是学生通过学科学习而逐步形成的正确价值观念、必备品格和关键能力。生物学学科核心素养包括生命观念、科学思维、科学探究和社会责任。本研究在开发过程中充分通过课程内容的展现传递生物学核心素养。

五、微视频课程的投放与应用路径

基于微信公众号的高中生物微课程开发的研究路径如图 2 所示：第一步为微信公众号及微信群的创建；第二步是素材搜集与 PPT 制作；第三步是微视频的录制，录制软件是 Camtasia Studio 7.1；第四步是微课程内容的定期推送；第五步是对学习信息的反馈与处理，它是学生通过微视频学习效果的直接反馈，也是师生之间沟通与交流的桥梁。

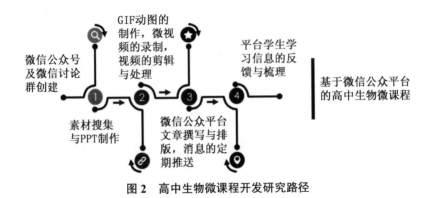

图 2　高中生物微课程开发研究路径

六、基于公众号开展高中生物微课程的成效

本研究在实施过程中始终遵循课标与教学基本要求，紧扣教材，收获了以下四个方面的教学效果。

利用公众号分析学生学习习惯。研究发现学生每天有两个微课程收看高峰，分别是中午 12 点和晚上 8 点。从一周来看，学习主要集中在周五至周日三天。基于以上两点，安排微课程的最佳推送时间，既有利于教师课程开发，又能提高学习的有效性。

利用公众号组建学生学习交流区。利用公众号可以随时向学生推送学习任务，这种推送主要是教师针对全班学生的点对面和教师向某一个学生的点对点交流，但学生与学生之间的交流不是十分便捷。针对这一问题，本研究主要通过创建班级微信学习群和微课程留言组建立学生学习交流区，既解决了微课程学习中的疑难问题，又促进了师生和生生之间的学习交流。

帮助学生提高学业成绩，养成微课程学习的习惯。微视频课程推出以后，笔者任教的四个班级在当年的高中生物学业水平合格性考试中通过率均达到100%；微视频课程推出以前，笔者任教的生物等级班获 A 率为 38.2%，微视频课程推出以后，笔者任教的生物等级班获 A 率连续两年超过 50%，分别为50% 和 52%，均高于微视频课程推出以前。

基于公众号的高中生物微课程是课堂教学的重要补充。这种教学方式既能突破课堂限制，有助于生物学知识的及时传播，也有利于培养学生自主学习的习惯。此外，学生可以通过循环学习加深印象，教师也可通过公众号数据搜集和整理问题，在课堂上更加有的放矢。

基于公众号的高中生物微课程的开发构建了一条传统课堂以外的全新的学习交流通道，让基础薄弱的学生对原先模棱两可的知识得到了更好的巩固和复习，激发了学生强烈的求知欲，有利于学生认知能力和学习主观能动性的提升和发展。在"3+3"高考新政背景下，该研究促进了学生学习习惯的转变，由以前"不确定""不会做""很无助"的被动式学习转变为"我确定""我会做"的主动式学习。在遇到诸如新冠疫情等突发性公共卫生事件，传统课堂教学受到重大影响时，该研究构建的学习方式可以打破时空限制，学生与教师"足不出户"仍然可以让教学活动井然有序地进行。不可否认的是，高中生由于缺乏

自制力,在开展在线学习时很容易被游戏或者其他手机 APP 所干扰,导致学习过程无法连续进行。因此,在开展基于公众号的微课程学习时,还需要家长和教师对学生进行正确的引导和管理,保障微课程学习的有效开展,这将是我们接下来需要深入探讨和研究的命题。

运用智能手机玩转物理实验 ①

▲

《普通高中物理课程标准（2017 年版 2020 年修订）》中指出："当今社会，信息技术越来越多地应用于我们的生产生活。提高物理教学水平，发展学生物理学科核心素养，离不开信息技术与物理学习的融合。要设计各种学习活动让学生利用信息技术提升物理学习能力。例如……利用手机等信息技术工具便捷地解决某些物理学习问题。"新课标还谈到了要"重视科学探究能力的培养和信息技术的应用……可适当介绍一些有利于物理教学或物理实验的软件工具，辅助学生学习物理或进行物理实验等"。对高中生介绍并使用一些基于智能手机传感器设计的物理实验的软件，开展在户外或在家可进行的真实情景下的物理实验探究，既可体现物理是一门以实验为基础的自然科学，也能够为"教育数字化转型"积累一些实践经验。

手机已经广泛应用到人们的日常生活中，各种高精度、高灵敏度的传感器使得手机的智能性越来越强大。结合手机软件可实现多种物理量的测量，可通过调用手机的内置传感器，包括加速度传感器、陀螺仪传感器、光敏传感器、磁传感器、位移传感器、压力传感器、声传感器等，根据手机的运动情况和周围环境进行相应的数据测量。目前可实现约 30 种内置功能，例如测量加速度、角速度、光照强度、磁感应强度、压力和声音的大小与频率等基本物理量。本文利用智能手机内自带的一些通用传感器和 phyphox 软件，开展了利用智能手机即可在课堂或家庭中进行的物理实验。

———————————

① 上海市黄浦区教育学院　陈琪琪

一、利用手机测重力加速度

（一）实验系统的搭建

为了使手机在摆动过程中自身不发生旋转，我们需要在硬板纸的四个角上各打一个小孔并系上不可伸长的轻绳，将手机插入硬板纸预留的孔槽中。为了可以将手机的摆动看作单摆做简谐运动的理想模型，应选用 1 m 左右的轻绳，并使得手机做小幅度的摆动。实验过程中需注意不要让手机在水平面内做圆周运动或者碰撞到其他的物体。打开 phyphox 软件菜单中的"Pendulum"实验选项，用卷尺测量固定点到手机质心间的距离，将此作为单摆的摆长输入到软件中，可自动计算得到该次实验所测得的重力加速度的数值。

（二）实验数据记录与分析

改变单摆的摆线长度，重复上述实验过程，得到五组实验数据。并将实验数据导出到计算机作进一步分析，如表 1 所示。

表 1　单摆实验数据记录与处理

L/cm	T/s	T^2/s^2
112.4	2.13	4.536 9
99.0	1.98	3.920 4
93.4	1.94	3.763 6
81.3	1.80	3.24
70.8	1.69	2.856 1

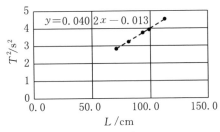

图 1　单摆的"T^2-L"图像

由表 1 中的实验数据绘制单摆做简谐运动时的"T^2-L"图像，如图 1 所示，对数据点进行线性拟合后得到图像的斜率为 $k = \dfrac{T^2}{L} = 0.040\ 2\ \text{s}^2/\text{cm} = 4.02\ \text{s}^2/\text{m}$。

（三）实验结果

根据单摆的周期公式 $T = 2\pi\sqrt{\dfrac{L}{g}}$，可求得重力加速度的值为：$g = \dfrac{4\pi^2 L}{T^2} = \dfrac{4\pi^2}{k} = 9.81\ \text{m/s}^2$。

二、探究圆周运动向心加速度与角速度间的关系

（一）实验系统的搭建

将手机插入硬板纸预留的孔槽中，利用胶带将其固定于自行车后轮的辐条上。实验过程中需注意自行车后轮在做圆周运动的过程中，手机的运动不受阻碍，且保持手机做圆周运动的轨道半径保持不变。打开菜单中的"Centripetal acceleration"实验选项，缓慢摇动自行车脚踏板使得自行车后轮缓慢加速转动，加速到最快转速后停止转动脚踏板，再使自行车后轮缓慢减速直至停止。

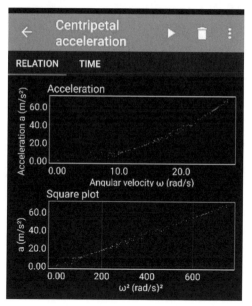

图 2　圆周运动的"a-ω^2"图像

（二）实验数据记录与分析

首先开启软件的远程控制，实现通过计算机远程控制手机软件。然后让自行车后轮带动手机转动起来，点击"开始"按钮，装置转动一段时间后再点击"暂停"按钮，系统自动记录下圆周运动中某时刻的向心加速度和角速度的数值，并自动画出向心加速度 a 随角速度 ω 变化的"a-ω"图像和向心加速度 a 随角速度 ω 的二次方变化的"a-ω^2"图像，如图 2 所示。

（三）实验结果

物体做圆周运动时，在轨道半径 r 不变的情况下，向心加速度 a 与角速度 ω 的二次方成正比即 $a \propto \omega^2$。该实验还能进一步改变手机做圆周运动的轨道半径 r，重复上述实验过程，则得到的"a-ω^2"图像的斜率不同，轨道半径 r 越大，图像的斜率也越大。

三、探究圆筒在斜面上的运动规律

（一）实验系统的搭建

选择一个直径略大于手机宽度的圆筒，将手机置于圆筒中，并在手机的两侧各塞入若干个纸团。打开软件菜单中的"Roll"实验选项，同样通过计算机远程控制手机软件，将圆筒从斜面顶端静止释放。实验过程中需注意：斜面的材料质地要坚硬些，避免圆筒滚动时斜面发生明显的形变；塞紧纸团，使手机在圆筒滚动过程中，手机在圆筒中的位置保持不变。

（二）实验数据记录与分析

将圆筒置于斜面顶端，先点击"开始"按钮，再静止释放圆筒，待圆筒滚到斜面底端后点击"暂停"按钮，系统自动记录下圆筒在斜面上滚动过程中利用手机内的陀螺仪测量圆筒滚动时某时刻 t 对应的角速度 ω。在软件中输入圆筒的半径 r，根据线速度与角速度、半径间的关系 $v = \omega r$，软件可自动计算得到该时刻圆筒边缘的线速度 v，软件自动画出圆筒边缘的线速度 v 随时间 t 的变化"v-t"图像，如图 3 所示。

（三）实验结果

由图 3 可以看出，圆筒在斜面上往下滚动的过程中，圆筒边缘的线速度 v 逐渐增大。根据"v-t"图像，发现其较好符合线性关系，可得到圆筒在斜面上的运动规律是在斜面上从静止开始的匀加速滚动。该实验还能不断减小斜面的倾角，再重复四次上述实验过程，得到五次圆筒分别从不同倾角的斜面滚下的"v-t"图像，如图 4 所示。从图像中可观察到，斜面的倾角越小，图像的斜率也越小，说明圆筒滚动的线加速度（或角加速度）随倾角减小而减小。

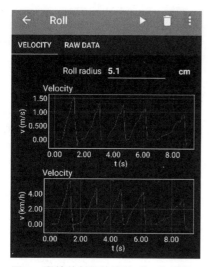
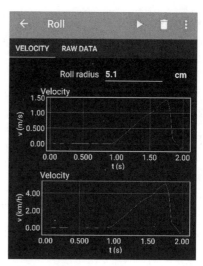

图 3 圆筒从斜面滚下的 "*v-t*" 图像　　图 4 圆筒从不同倾角的斜面滚下的 "*v-t*" 图像

四、测量地磁场的磁感应强度和磁倾角

（一）实验系统的搭建

地球及其周围空间存在着地磁场。在地球表面某一点，当小磁针静止时，小磁针 N 极所指的方向即为该处地磁场磁感应强度的方向，它与水平面的夹角即为当地的磁倾角。利用智能手机自带的磁场传感器作为磁力计可测量地磁场的磁感应强度和磁倾角。首先利用智能手机自带的指南针工具，确定实验者所处位置的东南西北方向并绘制在白纸上作为参考方位。打开软件菜单中的"Magnetometer"实验选项，实验前应搞清磁力计三轴所指代的方位：当手机指向南北方向，x 轴磁力计示数为 0；当手机指向东西方向，y 轴磁力计示数为 0；当手机指向竖直方向，z 轴磁力计示数为 0。

实验过程中需注意应在较空旷的地方进行实验，防止其他电器产生的磁场的干扰；手机要放置在水平桌面上；测量时手机转动要缓慢一些。

（二）实验数据记录与分析

1. 地磁场的水平分量

将手机沿水平方向放置，在水平面上紧贴桌面缓慢旋转手机一周，将得到一个实验图像。将实验数据导出到计算机作进一步分析，对表 2 中第五列数据

"Absolute field（μT）"进行排序，将最大值记入表 3 的 B_{1max} 中，将最小值记入的 B_{1min} 中，然后根据 B_{1max} 和 B_{1min} 的数据，计算平均值得到地磁场的水平分量 B_1 的大小。

表2　地磁场水平分量磁感应强度大小的数据记录

Time (s)	Magnetic Field x (μT)	Magnetic Field y (μT)	Magnetic Field z (μT)	Absolute field (μT)
5.7	13.937 5	−11.812 5	−28	33.433 35
5.56	14.625	−10.75	−28.062 5	33.420 91
5.6	14.312 5	−10.937 5	−28.125	33.398 98
……	……	……	……	……
12.14	−9.562 5	−1.75	−22.75	24.739 98
12.13	−9.562 5	−1.812 5	−22.687 5	24.687 03

重复上述实验过程，对五组测量记录进行数据分析，得到的结果如表 3 所示。

表3　地磁场水平分量磁感应强度的最大值和最小值

实验次数	1	2	3	4	5
B_{1max}（μT）	33.433 35	34.290 01	32.523 61	33.249 35	32.516 16
B_{1min}（μT）	24.687 03	27.381 99	23.913 42	25.757 13	24.839 72
B_1（μT）	29.060 19	30.836	28.218 52	29.503 24	28.677 94

地磁场的水平分量五组数据的平均值为 $\overline{B_1} = 29.259\ 18\ \mu T = 2.925\ 918 \times 10^{-5}\ T$。

2. 地磁场的竖直分量

将手机沿竖直方向放置，紧贴竖直纸盒缓慢旋转手机一周，将实验数据导出到计算机作进一步分析，将最大值记入表 4 的 B_{2max} 中，将最小值记入表 4 的 B_{2min} 中，然后根据 B_{2max} 和 B_{2min} 的数据，计算平均值得到地磁场的竖直分量 B_2 的大小（测量五组）。

重复上述实验过程，对五组测量记录分析得到的结果如表 4 所示。

表4　地磁场竖直分量磁感应强度的最大值和最小值

实验次数	1	2	3	4	5
B_{2max}（μT）	34.076 77	34.777 02	35.766 82	35.239 69	35.452 98
B_{2min}（μT）	30.602 93	31.163 88	32.002 26	31.264 18	31.558 54
B_2（μT）	32.339 85	32.970 45	33.884 54	33.251 94	33.505 76

地磁场的竖直分量五组数据的平均值为 $\overline{B_2} = 33.190\,51\ \mu T = 3.319\,051 \times 10^{-5}\ T$。

（三）实验结果

实验处地磁场的磁感应强度为：$B = \sqrt{B_1^2 + B_2^2} = 44.246\,01\ \mu T = 4.424\,601 \times 10^{-5}\ T$。

实验处地磁场的磁倾角为：$\theta = \arctan \dfrac{\overline{B_2}}{\overline{B_1}} = 48.6°$。

五、思考与讨论

在线教学过程中，教师往往只能通过提前拍摄的实验视频来代替当场的演示实验，学习过程中的学生实验和课堂小组活动也无法正常开展。现有"在线教与学"的模式，缺失了教学过程中重要的一环——学生实验，缺少学生间的相互合作与交流、讨论问题的意识，这些对于学生科学探究能力的形成和学科核心素养的培育都是不利的。学生亲自经历实验探究的测量记录、数据处理等过程，既能提升学生的学习兴趣，同时也能促进学生物理学中能量观念的形成。特定的实验测量仪器在日常生活中较难获得，因此传统的实验教学通常在教室或实验室里进行。智能手机的物理实验软件既容易获取又轻巧便携，相当于让每个学生都随身携带了一个微型 DIS 实验室，学生拥有更广泛的空间自由，教师的实验教学方式也可灵活多变。

基于智能手机所带传感器开发的物理实验软件，可以让智能手机成为学生探究物理规律的伙伴，学生在户外和家中即可设计并进行物理实验。这不仅能激发学生的创新意识，增强物理学习动机，提升学生在物理学习中的自我效能感，还能加深学生对物理现象的理解，让学生对数据更加敏感，提升学生获取信息和寻找证据的能力。运用智能手机的物理实验软件进行物理实验还能够培养学生实事求是的科学态度，提高学生良好的实验素质，达成培养学生学科核心素养的目标。

用文字上网课，促成有成效的对话 [①]

▲

新冠疫情已经在全球肆虐三年有余，在线教学已由当初"被迫为之"转为"主动为之"，线上教学对学生学习所起的作用有多少？究竟怎样才可真正带来学习方式的改进？教师作为学习的指导者和促进者，如何最大限度发挥反馈的力量？本文从"用文字上网课"这一教学模式展开探究。

一、让文字优势显现

信息技术为学生提升读写能力开辟了各种新方法，但限于各种条件，学校在把这些方法融入教学方面进展较为缓慢。信息技术与课程教学个性化融合的有效方法有哪些？在线教学如何开展才能更有效？实践证明，用文字上网课，发挥文字沟通的优势，有助于学生参与有成效的对话。在线讨论群中，学生通过"打字"来交谈，既能让其他人看到自己的观点，同时也能看到与自己不同的见解，这种学习方式增强学生对自己的认同感——自己会读写，能与"世界"互动。

以下为语文课《邓稼先》中的微讨论（节选）：

平台：学校在线平台讨论群

话题：从性格和为人来讲，奥本海默和邓稼先，你觉得自己更像谁？为什么？

孙同学：我更像邓稼先。他是个极有能力但低调谦虚的人，不张扬、不自耀，甚至会让别人注意不到他。和他一样，我的处事准则是：办高调的事，做

---

① 上海市卢湾中学　周燕

低调的人。

方同学点评：赞成！我也是这样想的。

老师点评：好一个"办高调的事，做低调的人"！

黄同学：我认为我更像奥本海默，我与他一样酷爱物理，有些"锋芒毕露"。我一直认为成功的一个决定性的因素，就是知名度。

老师点评：老师欣赏你！

张同学点评：愿你也成为优秀的物理学家！……

这是《邓稼先》互动环节的在线发言，讨论持续约 20 分钟。讨论前，学生先学习视频，探究课文"为什么要把邓稼先和奥本海默对比着来写"这一问题。视频学习之后，通过在线讨论平台，进行对话实践。从以上呈现的记录来看，用文字对话，不仅仅是让学生都有说话的机会，也不是表面上的"你有来言，我有去语"，它还是一个多层面的学习与思维活动，每个学生的思考，在集体的对话中不断修正与维持。

二、用文字对话的类型、策略与成效

为了探寻最适合语文的网上教与学路径，探索"用文字上网课"的优势，笔者利用线上平台发起了 100 多场讨论，文字记录逾 11 000 条。实践证明"光用文字上网课，有一些比实体课和即时视频更优越的地方，那就是更适合互动和讨论"。用文字上网课的关键，是组织更高质量、更多参与度的对话。我们要达到的目标是：其一，巩固学生学习效果，了解学生对核心知识的理解和运用情况；其二，让学生参与有成效的文字对话，培养作为表达者和创作者的认同感和成就感。

（一）用文字对话的类型

为了实现用文字上网课的目标，我们主要设置了以下互动类型。

1. 巩固课内所学，强化阅读经验

这类互动要求学生围绕话题，展示自己阅读和学习的收获，进一步强化阅读经验。例如，我们学习《台阶》时，有这样的互动话题：请你用"我从——处，读到一个（　　）的父亲，因为——"这样的句式，分享你的阅读感悟吧。

方同学：我从"好久不见，父亲好像问自己又像是问我：这人怎么了呢？"读到了一个饱经沧桑而不服老，却又无奈的父亲。因为，他渴求尊重，努力做更多的事，但他一辈子的努力却终究还是败在了岁月无情的刀下。

2. 联通课堂内外，抒写感悟理解

这类话题，创设特定情境，联通课堂内外，让学生在参与对话中提升语文能力。例如，学习《土地的誓言》时，我们这样鼓励学生运用文字表达：你去过东北吗？东北的景、物、人给你留下了什么样的美好印象？

谢同学：我曾在去年寒假去过东北的哈尔滨市。我看见五彩缤纷的冰雕；我看见结了厚厚的冰的松花江；我看见在那寒风刺骨的冬日里，依然坚持游泳的冬泳健将们。这是一座温暖的冰城，有着热情、勇敢、好客的人们。

3. 阅读关联写作，开展随堂练笔

例如，《爱莲说》随堂小练笔是这样设计的：作者为了表达自己的思想感情，托物言志，用"莲"来自比。同学们，选择一种你最喜爱的植物，写写它具备什么样的品质吧。

许同学：我最喜欢山荷花。这种生长在深山里的植物，白色，花小而结构简单，十分不起眼。但当下雨时，别的花都被打得立不起腰来，一副萎靡不振的样子，山荷花却显示出了另一番风貌：它变得通体透明，雨珠挂在上面衬托出它那奇特高洁的样子，透过它透明的身躯，世间的万物都呈现在它身上了。而在经过雨水（喻困难艰辛）后，山荷花呈现出一种脱俗高洁的气质。

4. 拓展同主题诗文，交流感悟心得

由课内到课外，拓展积累同主题诗词。例如，学习《土地的誓言》时的互动：对故乡土地的热爱是人们最朴素、最真挚的情感之一。当日寇的铁蹄践踏祖国大地的时候，无数的青年面对破碎的山河、遍野的哀鸿，发出了悲愤的呐喊。请说一说艾青的《我爱这土地》和《土地的誓言》在情感和内容上的共同点有哪些。

（二）用文字对话的优势

和实体课堂相比，用文字上网课呈现出以下优势：

首先，学生能人人发言，参与度达100%，而且大家可以同时畅所欲言，不会相互干扰。而在实体课堂中，教师抛出问题后，只允许3—5人回答问题，学习的积极性和参与度大打折扣。其次，文字互动讨论时，学生可以根据话题，停下来思考、看稿、查资料、完善修改文字，再用严谨、规范的书面语表达出来。实体课堂和即时视频这样做就会比较尴尬。我们看到，讨论群呈现了学生积极思考和表达的过程，呈现了让人交口称赞的发言，对比之下，恍然大悟：最传统的文字具有不可替代的优势。再次，文字讨论，成果直观呈现，学生从彼此的观点中受益。我们明确要求学生阅读并点评其他学生的发言，同时，教师的逐一点拨，激发了学生的挑战欲和表现欲，学生因此得到了个性化的学习机会。不少学生平时上课从不举手发言，却在"用文字上网课"中展示出实力和优势，变得越来越有信心。由此可见，用文字上网课，很好地规避了实体课堂讨论的诸多痛点。

（三）用文字对话的策略与成效

在反复实践之后，我们逐步提炼出文字对话的使用策略，帮助学生清楚表达观点，为观点引用证据和理由，如表1所示。

表1　用文字对话的使用策略

目标	找到证据和例子去支持自己的观点/见解	在支撑某个观点的过程中寻找弱点
问题	没有证据去支撑自己的观点	某个观点好像没有得到很好的支持
策略	为自己寻找可靠的证据	让学生评价每一个观点的证据
	你观点的证据是什么？	我不相信这一点，因为……
	你能给出一个支持你观点的证据吗？	你的证据不能支撑你的观点，因为……
策略	为自己的观点给出一个理由	
	你为什么认为那是对的？	
	你能为那个观点进行辩护吗？	

同时，我们引导学生公平分享他们的作品，互相阅读、倾听彼此意见，学会合作交流。有了对话策略和足够的对话空间，讨论群变成了一个共享的、无边界的学习场。从信息传播场的角度看，用文字上网课，学生是学习伙伴，互相构成学习环境，对彼此的学习产生显著影响。用文字上网课的价值，不完全在于学习新知识，也在于借助信息的交流来整合思维，还在于让学生养成倾听、尊重、宽容他人的人文精神。我们用图1和图2分别呈现这种关系的转变。

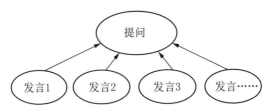

图1　实体课堂的问与答基本模式图示

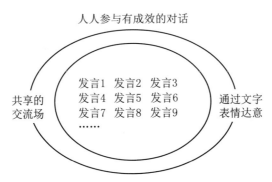

图2　用文字上网课互动讨论图示

三、未来"教与学"变革的思考

本文以探寻最适合语文的网上教与学路径为出发点，从不同角度呈现了"用文字上网课"的优势，提炼出课堂中用文字上网课的目标、类型、策略和成效。

用文字上网课，学生会认真阅读自己输入的每个词句，并认真修改，且能得到及时反馈。这不仅让学生学会了娴熟的书面语表达，而且从三个方面提升了他们的读写能力：其一，它提供了一种学生在班级中的归属感；其二，为学生提供了信心，让他们愿意尝试更复杂的读写活动；第三，参与有成效的对话，让学生发展出表达者和创作者的认同感和成就感。这样的一种学习方式，是关联，是累积，更是探索的喜悦与坚持。

未来，信息技术与课程教学的个性化融合之路在何方？我们认为，教师除了要认真研究教学内容，更应该了解随同新技术一起到来的新的教学模式、身份认同；学会在新教学实践中投放有价值的问题，和学生一起创生有成效的对话。

云端之上"四史"背景下"循迹"课程的再设计①

▲

习近平总书记在《求是》杂志发表的重要文章《学好"四史",永葆初心、勇担使命》中指出,要通过在全社会开展党史、新中国史、改革开放史、社会主义发展史教育,引导广大人民群众特别是青少年弄清楚中国共产党为什么"能"、马克思主义为什么"行"、中国特色社会主义为什么"好"等基本道理。要抓好青少年学习教育,着力讲好党的故事、革命的故事、英雄的故事,厚植爱党、爱国、爱社会主义的情感,让红色基因、革命薪火代代传承。

"循迹"课程是以校友茅丽瑛烈士的学习为核心,综合周边区域内的红色资源发展起来的一个实践类课程。以弘扬与培育民族精神教育为魂,践行社会主义核心价值观,激发学生对祖国的热爱和对中华民族更加强烈的使命感和责任感为目标,旨在培育具有远大理想、责任担当、自信自强、奉献社会为主要特征的有梦想的青少年,被评为黄浦区首批德育共享课程。

青少年阶段强化"四史"教育,有助于增强学生的使命担当。如何更有效地利用现有的"循迹"这门共享课程,提升"四史"教育对他们的影响力,是一个亟待思考的问题。

然而,在常态化疫情防控背景下,大型的集体活动——场馆参观、校际互动……变得有些奢望。那共享课程又该如何推行,更是一个亟待突破的难题。

一、从"走马观花"到"下马看花"

作为一线教育工作者,在亲历了近三个月的线上教学,体会"危"的同

---

① 上海市向明初级中学　乐飞

时，也感受到了"机"的存在。在后疫情时代，线上教学与线下教学相互融合已经成为趋势。教学如此，德育亦是如此。只有当对这一新的教育需求进行提前预判和系统谋划，才能更好地应对时代挑战，实现立德树人的根本任务。所以在统筹规划下，利用云端技术，将网络平台变成"新型讲台"，线上线下"通力合作"开展德育活动，提高实效，是我们全新的尝试。

活动一：讲好英烈的故事——与展品相结合，讲述展品背后的故事

国庆节期间预备年级学生通过自行参观中共一大会址、龙华烈士陵园、上海烈士博物馆、淞沪抗战纪念馆等设有茅丽瑛烈士展品的场馆，仔细观察展品，寻找《茅丽瑛》一书和影片《七月流火》中对应的故事情节，准备一个与展品相关的故事。

后期通过视频的编辑，学生对自己参观场馆时所拍摄的展品画面配以故事的讲述，给人以"我是小小讲解员"的直观感受。

如有学生来到了中共一大会址，看到了国家一级革命文物茅丽瑛烈士遗物——汪伪特务写给茅丽瑛的恐吓信，自然联系到了读本中的"子弹信"这一故事，在用手机拍摄相关展品的同时，就将故事近距离定格在了这一展品上。在后期的制作中，这位同学在为我们讲述"子弹信"的故事时，声情并茂地朗读了这封恐吓信。视听感受颇为震撼。

类似这些内容经过汇编、制作，通过网络平台进行展示，不仅能弥补场馆参观带来的遗憾，更能产生不错的效果。

在这个活动中，我们紧紧扣住校史资源中茅丽瑛烈士这个点，从生动的红色故事中激发知史爱党爱国爱校情怀。在这过程中，我们不变的是"六个一"活动中的读《茅丽瑛》一书和观《七月流火》这部影片，变的是后疫情时代的学习方法：学生们深入学习茅丽瑛的事迹，在家长的带领下走进与之相关的红色纪念馆之后，纷纷换了身份，由参观者变成了解说员，转过身来，面向镜头，通过手机直播或视频录播的形式向同学们实地讲解着红色展品背后的历史故事。在"翻转"学习中，改"走马观花"为"下马看花"，构建学习方式新形态——实现从教为中心向学为中心的转变，通过生动的故事输出、互联网的交互体验，使学生们近距离感受四史，传承革命情怀。

二、从感性认知到思辨统一

三个月时间，让我们得以放慢脚步，从繁忙的日子中剥离开来，重新审视、思考了"循迹"这门共享课程的后续推进，让它最大限度地发挥其价值。

活动二：讲好身边的故事——与时事热点相结合，分享平凡人的英雄事

英烈精神是中华民族精神的重要组成部分，体现了中华民族的优良传统和品质，学习英烈是为了更好地传承民族精神、弘扬民族精神。近年来，校园内一直在开展"新时期我们如何学英烈?"这个话题的讨论，旨在让学生明确坚定的信念、顽强拼搏的壮举、无私奉献的情怀都是中华民族精神的集中体现和生动践行。

现如今我们紧紧把握住疫情带来的教育契机，让学生去发现自己身边平凡人身上在关键时刻挺身而出，为国家、为人民奉献出自己的力量——其实这也是新时期英烈精神很好的诠释。

点拨之后，从学生们录制的故事中我们发现，不仅有面对新冠疫情，防疫一线涌现出的无数先进典型人物，如医生、护士、交警等，更有在我们身边默默无闻地在平凡岗位上执着坚守的平凡的人，他们以"逆行者"的无畏姿态，传递着凛冽寒风中最珍贵的爱。而后的一句话点评中，学生们不约而同地认识到，他们之所以能在平凡的岗位上续写着不平凡的故事，都源于肩头的那份责任、源自心中直面危险的那份勇气，而这份责任与勇气的背后都是他们对国家深深的爱，都是他们不怕牺牲、勇于奉献的英雄主义精神，都是他们为了国家利益牺牲小我的精神。

这个活动既是活动一的延续，又是一段时间以来学校所开展的"红色寻访活动"的一个阶段性总结。回想学生们一期的录制，总让我们觉得缺少些什么，细细想来是他们仅仅讲述了一个个"逆行者"的故事，而将两个活动做了无形的割裂。点拨之后的二期录制中学生们结合时事，自己去发现在今年特殊时期我们身边的平凡人身上的挺身而出的精神，自己去领悟思考或者与同学、师长讨论与英烈精神一脉相承的内涵所在。在调动了学习的积极性的同时，也使不同学习能力的学生在学习上有的放矢。正是有了"思"与"辩"的统一，在网络平台对这部分内容的分享交流中，学生对前期的"新时期如何学习英烈精神"有了更直观的认识。学生学习能力得到了新的拓展——在开展爱国主义教育中，注重学生认知能力、思维能力、创新意识尤其是自主学习能力的培养。

三、从自身突破到二次共享

以上两个活动虽然在前期"循迹"这一特色课程之上有了突破，但在一定程度上还是传统的德育活动设计，一般还是以教师带着学生去学习、认知为主的。但疫情之下两个活动的再度牵手时，教师重新调整了课堂内外时间，将学习的决定权全部交给了学生，学生结合书籍的阅读、影片的观看去寻找自己感兴趣的红色展品，去寻找身边最感人的故事。在此过程中教师发现问题及时点拨、引导，给予一定的指导与帮助，进而形成让学生自主学习、探究，并完成内化过程的新型课堂教学结构。

新突破：录制跨学科微课——形成学生思想道德教育的合力

我们采用思政跨学科微课的形式，发挥好思政课在各门学科中的引领作用，发挥历史学科的育人作用，形成学生思想道德教育的合力。

历史教师从历史的角度对时代背景进行挖掘，制作成微课，主要聚焦茅丽瑛成长历程中的历史维度，揭示英烈成长历程中个人与国家的关系，个人理想与家国伟业之间的关系。这在很大程度上弥补了学生通过网络搜索所获得知识的流于表层的不足，也弥补了班主任由于任教学科的局限而很难予以指导的不足。

政治教师结合茅丽瑛成长历程中几个关键要素，从关心社会与时政、学好文化知识和从小树立远大志向三个方面，引导学生进一步解读茅丽瑛身上的精神品质，明确自己的历史责任，敢于创新、勇于担当，为实现中国梦贡献自己的一份力量。

由于历史教师和政治教师的加盟，让"循迹"课程把各学科间在学习茅丽瑛精神的内在联系充分发挥，让学习更符合社会的要求、学生的需求，凸显价值观在学生成长中的引领作用。

微课的录制辅以线上平台的推进，成功对接活动一，实现学生认识的升华。实践证明，线上教学所引发的蝴蝶效应，正在极大地冲击着传统学校教育，推动学校教育发生深刻变革。后疫情时代，学校德育工作的推进同样需要线上线下融合，统筹各种资源，营造协同育人新环境。

总之，一个小小的尝试，使这个已有的课程得到延伸和升华，进而丰富了思想道德教育的内容，开辟思想道德教育的新途径，也为后期资源的再共享奠定了基础。

利用教育 APP 提升小学数学作业订正有效性的实践探究 ①

▲

在全球疫情的影响下，线上教育迎来了新的机遇与挑战，疫情防控期间线上教学迫使"互联网＋教育"不断走进教育教学的方方面面。手机、平板电脑等移动设备的 APP 技术正在以不可逆转的强势走进现代教育领域，变革并创新着传统数学作业学习模式，成为新型作业模式的领先者。这对于教师和学生都是一次新的尝试。

一、研究背景

在后疫情时期，上海市教委仍然不断推进教育数字化转型。经过了一段时间的线上教学后，我对线上教学有了初步的认识，也发现了其中存在的问题，尤其是课后作业的形式与线下教学颇有不同。

小学数学作业是小学数学教学的重要环节之一，是帮助学生巩固和深化课堂所学知识以及理解和掌握新知的重要手段。本文通过利用晓黑板 APP 对加强五年级学生数学作业订正的一些做法来探究线上教学在作业检测方面的优势和问题，切实提高作业订正的实效性。

二、存在的问题

在线教学的实施优点颇多。它共享优秀的教育资源、不受时空限制、覆盖

① 上海市黄浦区重庆北路小学　王思懿

面广、时效性长。但与线下的传统课堂相比较而言，也有着不可避免的缺陷，存在着一些问题。传统教育中，教师可以面对面敦促学生完成并订正作业。而线上教学不能做到传统课堂教师对学生的约束效果。对于自律性较差的学生，要做好高效订正更是难上加难，线上教学作业目前主要存在以下两个问题：

（一）订正不及时

线下教学时，教师直接在学生作业本上批改，非常直观，而线上教学时，作业的批改都是在线完成，过程复杂了，导致部分学生在递交完作业后对作业的对错及教师的评价漠不关心，更别提及时地订正错题了。

（二）低效订正

一部分学生，在作业订正中产生应付的心理。对于作业中所产生的错误或不足，无法静心思考与分析，只能被动地听教师的讲解，而非积极主动思考，甚至直接省略了审题的步骤，只是根据教师的批改进行推断，从而完成订正，导致订正效果不佳。

此类现象若长期存在，将会让作业订正流于形式，不能真正起到纠正学生理解错误，帮助学生重新认知的作用。作为教师，应找到问题的关键，发挥网络优势，弥补在线教学的不足，从根本上解决问题，以便改善学生作业订正的现状，让高效的作业订正提高学生的学习效率、学习能力和思维品质，真正实现减负增效，更好地适应未来教育改革与发展的大趋势。

三、运用晓黑板 APP 功能，加强作业订正有效性

批改、订正作业是教学过程中的一个重要环节，它完成的好坏直接反映了学生对知识的掌握情况，且对强化教学效果、进一步提高教学质量和促进教学改革具有重要意义。因此，笔者尝试用晓黑板 APP 来提升学生作业订正的有效性。

（一）利用网络及时性优势，培养订正好习惯

教育的精髓是行为习惯的养成。小学生年龄小，自我约束力差，对作业完成及订正的质量和时间没有概念。有些学生过度依赖家长，尤其是在面对订正的时候，总是拖拖拉拉，不愿自己动脑筋。但往往需要订正的题目本身就是学

生掌握不够的知识点。艾宾浩斯遗忘曲线告诉我们，"遗忘的进程是先快后慢，到一定时候不再遗忘"。因此，越是拖拉，所学的知识就遗忘得越多。学生在订正作业的过程中需不断回忆课堂的内容，势必也就拉长了订正的时间，而往往答案的正确率也不尽如人意。

针对学生订正拖拉这一问题，我充分利用了互联网数据传输的"及时性"的优势。首先，对完成作业和订正作业的时间节点做出调整。通过晓黑板开设每天的作业上传群，并将数学作业的上传截止时间定为当天的 20:00，而订正的上传时间截止到 20:30，一旦超过时间，作业或是订正将无法通过作业群递交，只能通过私信交给教师。力求做到当日作业当日清，迫使一些平时爱拖拉的学生也必须按时递交当日作业并及时完成订正。且这个时候，学生对于当天的课堂内容记忆还是比较深刻的，也就能更高效地完成订正了。其次，借助此项功能，还能第一时间梳理出没有完成作业的学生，并及时进行提醒，鼓励帮助他更顺利地完成当天的作业。

同时，针对线下教学教师统计学生订正通过情况的工作量较大的问题，线上教学还可以开启晓黑板 APP 打卡功能，作业订正通过的学生自行完成打卡，平台将直接统计出未打卡的学生名单，对于这些没有完成订正的同学，教师只要通过"一键提醒"功能，系统就能自动通过短信或者电话对这些学生进行催促，很大程度上减少了教师的工作量。

若能长期坚持使用这些功能，便可以使学生对作业订正的时间和质量形成自我监控，从而养成良好的自觉订正习惯。

（二）发挥网络随时性特点，提升订正实效性

线上教学的作业批改极大程度地缩短了学生递交作业、教师批改作业、作业下发后教师再针对典型错题进行讲解，直到最后学生完成订正这一漫长的过程。学生可以在规定时间段随时上传作业，这也就意味着学习能力强的学生可以提前上传作业，教师也能及时通过学生的反馈发现问题，并第一时间对学生进行指导。

例如，在五年级《体积》一课的配套练习册中有这样一题："下面的两根木棍一样粗，它们的体积一样吗？为什么？"通过对第一批递交的作业的批改，笔者发现很多学生在答题的时候，出现了表述不准确的现象，于是立即在作业群里面对所有学生进行了提示，并给出示范，提供了准确的表述方法。

而在讲解一些较为复杂的题型（如应用题）的时候，可以先通过照片，展示一题多解的解题过程，让学生先有所思考，再搭配语音进行细致的讲解，既拓宽了学生的思维，又切实提高了订正的有效性，使学生对知识点的掌握更牢固、扎实。

集体讲评和个别辅导的有机结合也很重要。针对个别同学，如果在作业批改过程中发现有知识点没掌握，教师还可以通过私聊，借助语音、照片等多样的形式进行针对性的个别辅导。避免学生重复机械的无效训练，从而达到有效的作业订正。

为进一步检测学生订正的效果，教师可以针对学生集中错误的题目，随时开启晓黑板中的"调查"功能，编辑问题，并以选择题的形式检测学生的掌握情况。通过实时性的辅导，有利于让学生自己发掘错误所在，因而对同类题型产生"免疫"，从而达到提高学习效率的目的。

（三）丰富评价形式，调动订正积极性

数学作业的评价，单纯用对错来评价学生的学习思维、学习成绩，不仅影响师生间思想、情感的交流，还影响学生的学习情绪。在线上作业的评价中，教师仍然需要利用针对性评语，对学生作业做适当的点拨和鼓励，主要以激励赏识为主。每次作业批改后，我都会将优秀作业分享给所有学生，帮助学生树立榜样，激发学习动力。

笔者还尝试在优秀作业上进行重点批改，突出主要步骤及解题思路，或对于一些好的学习方法进行表扬，帮助学生养成良好的学习习惯。有时候也展示一题多解的方法，帮助学生拓展思维。还会定期展示典型的错题，让学生自己发现错误，从而进一步强化学生对知识点的掌握，突破重难点。

同时，每天利用晓黑板中的"晓评价"功能，对个别作业表现优异的学生，围绕"思辨""实践"等指标，奖励评价卡片。学生可以通过扫描卡片背后的二维码录入评价信息。教师每周一次通过公布光荣榜呈现学生进步情况的分布，给予学生正面激励。

四、效果和反思

通过几个月的不断尝试，笔者发现原来学生订正不及时以及低效订正等现

象都获得了明显的改善。从原来教师催着订正，转变为主动完成订正，大大缩短了订正的时间，提升了订正的效率。

还有一部分原来比较内向的学生，也渐渐大胆起来。在订正的过程中，他们遇到不懂的问题能大胆向教师提问，直到学懂弄通为止。这样一问一答的互动形式，有效提高了教学质量，促进学生健康快乐地成长。

笔者通过对执教班级所有学生的练习册进行了全面的批改后，发现线上作业订正的完成率和正确率都令人满意，且通过复习环节对学生的检测，了解到学生对于基础知识点的掌握也是比较牢固的。

不过在运用晓黑板实施线上教学的过程中还是存在一定的局限，如：同学间合作交流的机会明显少了，学生的易错题缺乏系统的整理，个别学生还出现严重的"山高皇帝远"心态，成为游离在学习状态外的一种特殊学生群体。针对这些现象，我反复思考，提出以下几点对策：

（一）实现分组讨论，探究错因促进步

线上教学受空间条件的制约，在错题订正这一环节很难实现小组讨论的形式，而不少学生没有能力独立改正错题。因此，成立团体订正互助小组很有必要。既能培养学生团队合作意识与团队合作能力，又能促进多向交流融合，实现思维互补。笔者认为教师可以委派班干部带领学生进行分组讨论，使学生能够在教师的监督下，针对易错题开展高效的沟通，加强对错误原因的认识，共同防范。这可以帮助学生最终建立起自我诊断的机制，使作业订正真正成为学生进步的工具，促进数学学习的开展。

（二）启动错题整理，巩固知识共成长

学生的错题是一种宝贵的教学资源，如果能得到有效利用，将有利于学生摒弃题海战术，腾出更多的时间从错题中进行学习，起到减负增效的作用。因此，我建议教师多收集一些学生的易错题，并整理、汇总成一个班级错题库，在晓黑板的"班级文件"中与学生共享。教师和学生都随时可以从班级错题库中调取相似题型的习题进行巩固练习。

（三）加强家校联合，双管齐下收获多

对于自律性较差的学生，家长的监督也是一种有效且可靠的力量。教师可

以在线上反馈作业批改的同时，将订正的要求发送给家长，由家长配合教师，一同监督学生作业的完成情况。而对一些学生迟迟未上传作业的情况，教师也可以单独与家长联系，及早发现问题，家校联合，携手解决。

总之，事物的存在和发展都具有两面性。线上教学已经成为趋势，它在继承传统教学优点的基础上为学生提供更宽广的学习环境、学习方式，但也存在着不足和弊端。线上教学只有发挥自身的优势，克服薄弱之处，才能形成行之有效的现代化教学系统。

小学英语低年段线上模块
复习课的探索与实践 ①

▲

根据小学英语的学科特点和小学低年段学生特点，任课教师如何基于单元整体视角下设计适应线上教学的模块复习课来引导小学低年段学生复习巩固所学知识，温故而知新，培养学生良好的学习习惯，值得本文进行探讨。

一、基于单元学习目标，合理定位复习目标

线上教学是线下教学的有力补充。教师在备课设计线上单元整体视角下的模块复习课时，首先要基于学生手头的教材和练习册，合理安排和控制教学内容。

例如，本文选取 1B Oxford English（牛津英语）中的 Module 1 Using my five senses 这堂空中课堂复习课作为课例。本堂复习课的单元目标为：通过对三个主题 In the park，In the classroom 和 In the restaurant 的复习，巩固所学核心词句，在朗读、倾听、仿说等学习形式中提升语言水平；通过完成对应三个主题的三个任务 Think and draw，Point and say 和 Say and act，在观察、思考、仿说等学习活动中培养积极创新的学习能力；通过在三个不同场景 In the park，In the classroom 和 In the restaurant 中使用不同的感官，体验出游、上课、就餐三种不同的实践活动，萌发观察事物的好奇心。

单元教学目标是总体目标的有机组成部分。教师在设计线上模块复习课时，要考虑到线上教学的局限性、学生的实际水平和学习需求。同时，教师还

---

① 上外·黄浦外国语小学　翁恺悦

要认真分析每个单元的教学内容，梳理并概括与主题相关的语言知识、文化知识、语言技能和学习策略，制定教学重点，统筹安排教学，合理定位可达成、可操作、可检测的教学目标。

比如，笔者在针对自己低年段班级学生对于单词分类概念模糊及个别单词元音发音不准确的薄弱点，设计的 1B Oxford English Module 1 的在线模块复习课的单元目标为：通过对三个主题 In the park，In the classroom 和 In the restaurant 的复习，巩固所学核心词句，在朗读、辨音、分类、倾听、仿说等学习形式中提升语言水平；通过完成对应三个主题的三个任务 Think and guess，Think and say 和 Say and act，在观察、猜测、游戏、思考、仿说等学习活动中培养积极创新的学习能力；通过在三个不同场景 In the park，In the classroom 和 In the restaurant 中使用不同的感官，感受人与动物及人与人之间的亲密联系，萌发观察事物的兴趣，初步形成观察事物的意识。在线上复习课中，笔者通过正音、带读等教学方式巩固学生的单词学习，加强学生对于单词的认读；结合学生已学知识，借助图片，通过设计趣味游戏（根据动物尾巴图片，猜动物）和问答的方式，来帮助学生分类单词如：Zoo animals 和 Farm animals。

【教学片断 1】

T：In Module 1 Unit 1 we learned four words. They are 'frog，rabbit，bee and bird'. Please pay attention to the sound of 'ee' and the sound of 'ir'.

带读 bee，bird

T：In this Unit，we mentioned some 'Zoo animals'. Do you know any 'Zoo animals'？

S：bear，panda，monkey，tiger（学生通过图式的小动物尾巴，说出小动物的名字。）

T：In Module 1 Unit 2 we learned four words. They are 'sheep，hen，dog and cat'. What kind of animals are they？

S：They are farm animals.

此外，笔者还设计了分层语用环节。Level 1 借助图片和板书，让学生看图回答问题，巩固复习本单元核心句型。Level 2 借助图片和句型结构，让学生看图进行仿说，锻炼学生的语言能力。

教师在设计教学目标时，要把核心素养看成是一种引领的方向，依据其内涵细化具体目标，制定学生英语学习的长期目标与每模块、每单元的短期目标，将有些抽象的长期目标转换成具象的短期目标，进行全盘设计。

二、基于单元整体设计，巧妙铺设复习情境

英语教材中的对话和语篇是英语教学内容的基础资源。在单元整体视角下设计模块复习课，教师在确定了教学目标后，要对教学内容、问题结构、语言特点等进行深入解读，基于单元整体创设情境，将模块中的每个单元串联起来，通过热身、引入、操练、巩固四个环节让学生能够在语用输出中巩固复习每个单元的核心内容。

例如，本文选取 1B Oxford English 中的 Module 2 My favorite things 这堂空中课堂模块复习课作为课例。在该堂复习课中，授课教师创设了"Alice 过生日"的语境，通过 Alice 在生日当天的三场活动：Alice 和妈妈去玩具店挑选生日礼物，在 Alice 家中进行生日派对以及 Alice 和同伴们在公园中玩耍。在 Alice 和妈妈去玩具店挑选生日礼物的情境里，教师通过设计"听一听　勾一勾"、"听一听　选一选"、跟读等教学活动来帮助学生复习 Module 2 Unit 1 Toys I like 的核心内容。此外，学生每完成一个学习任务，都可获得一颗星星积点，让学生进行自评。在 Alice 家中进行生日派对的情境里，教师整合了 Module 2 Unit 2 Food I like 和 Module 2 Unit 3 Drinks I like 的核心内容，设计了"看一看　说一说"的活动，请学生帮助 Alice 摆桌子；"读一读　放一放"的活动，请学生帮助 Alice 摆放食物名牌，方便 Alice 的小伙伴们取餐；"读一读　演一演"的活动作为学生的语用输出，培养学生的学习能力和文化品格。在 Alice 和同伴们在公园中玩耍的情境里，教师通过"猜一猜　说一说"的活动，让学生根据听到的动物叫声猜一猜小动物的名称，以此来复习巩固学生在 Module 1 中的所学内容。

在 Module 2 的模块复习课中，授课教师巧妙地在单元整体视角下设计"Alice 过生日"这一模块主题，并设计三场 Alice 生日当天活动的趣味情境，将 Module 2 的三个单元串联起来进行复习，带着学生了解生日文化，培养学生的文化意识。此外，授课教师还通过改编了 1B 牛津练习册中 Module 1 中的口语练习，帮助学生巩固复习 Module 1 中的已学知识。

在单元整体视角下的模块复习课是将多个单元的教学内容、教学方式和方法融合起来进行复习。教师在备课线上模块复习课时，首先要考虑每个单元的话题

和功能，从中找到内在联系。线上模块复习课不仅能提高复习效率，避免枯燥的知识讲解和无效重复，还能节省时间，提升学生核心素养中的综合语言运用能力。

比如，笔者在为自己低年段班级的学生设计单元整体视角下的线上模块复习课时，以 1B 牛津课本中 Module 2 Unit 3 Say and act at Eddie's birthday party 文本为基础，设计 Eddie's birthday 的模块主题，同时整合 Module 2 模块中的三个单元的核心内容设计了两个单元主题 Shopping for Eddie's birthday gift 和 At Eddie's birthday party，帮助学生在有限的时间内提高复习效率。笔者还设计了对应三个单元的语用任务：Look and say，Listen and tick 以及 Read and answer，让学生在会听、会说、会读的语用任务中，提升自身的核心素养。

三、基于学生学习特征，有序提升学生思维能力

英语学习需要大量的听、说、读、写训练。小学低年段学生喜欢模仿，好奇心强，能理解直观、具象的内容，但没有养成倾听的良好习惯，经常会有注意力不集中的情况。在线教学过程中，虽然师生缺少面对面的互动，但教师可以通过配备三类语言：亲切的口头语言、适当的肢体语言和趣味的文本语言来激发学生的学习兴趣，引导学生参与和思考，培养学生良好的学习习惯，有序提升学生学习能力。

例如，本文选取 1B Oxford English 中的 Module 3 Things around us 这堂空中课堂模块复习课作为课例。在这堂复习课中，授课教师分别设计了两个 Project：Look，tick and say 来复习巩固 Module 3 Unit 1 Seasons 和 Module 3 Unit 3 Clothes，以及 Draw and say today's weather 来复习巩固 Module 3 Unit 2 Weather。在授课过程中，授课教师通过课件上的图式指令：请你听、请你读、请你说、请你猜、请你演、请你想，来引导学生参与各类课堂活动。比如，在 Project：Draw and say today's weather 中，教师通过重构有关 "Ben 和小伙伴们早晨会谈" 的趣味文本，并在听文本之前，以问题为引导 "Do they greet each other?" "Do they talk about the weather or the activity they are going to do?" 来培养学生倾听的学习习惯。

在小学低年段的英语教学中，对学生倾听习惯和仿说能力的培养是一个主要方向。"听" 是 "说" 的前提。因此，教师在设计单元整体视角下的模块复习课时，可以将 "听" 与 "说" 相结合，比如可以让学生根据听力语料，口头

回答问题。教师还可以将"听"与"读"结合起来。"读"的过程，也是"听"的过程。比如，可以让学生听录音跟读，自主朗读文本，来训练调节学生自己的语音、语调、语速，丰富其对英语的听觉体验，提升其辨音能力。

比如，笔者在为自己低年段班级的学生设计单元整体视角下的 Module 3 Things around us 的在线模块复习课时，除了设计单词带读环节，来帮助学生正音复习单元核心词汇；设计问答环节，来帮助学生巩固单元核心句型。此外，笔者还根据 Module 3 中三个单元的教学文本，利用书本人物 Kitty 和 Ben，重构了一个有关"我最喜爱的季节"的对话文本。首先，笔者通过让学生听录音跟读和分角色朗读，来理解和熟悉对话文本，培养学生指读的学习习惯。然后，笔者通过问答形式，引导学生思考并尝试获取对话文本中的关键信息。这些问句的答案，为学生口头尝试自编有关"My favorite season"搭建了口头表达框架，如图 1 所示。

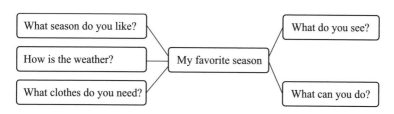

图 1 "My favorite season"口头表达框架

四、结论

在本文中，笔者从目标定位、情境创设、习惯培养三个方面探讨了如何在单元整体视角下设计一堂小学英语低年段在线模块复习课。教师在为小学低年段学生设计相对应的在线模块复习课时，首先要基于单元学习目标，定位可操作、可实施、可检测的复习目标；其次要基于单元整体视角，巧妙铺设具有逻辑性的情境和主线；最后，要基于低年段学生学习特征，有序地提升学生思维能力。

在"双师"合作教学的背景下，教师要对自己的角色再思考，再探索，再实践，再提升。在线教学虽然一定程度上存在局限性，但也给予了教师一个展示自身个性化教学的宽广平台。教师应探索"线上教学"与"线下教学"的有机结合，逐步建立新型师生关系，实现有效教学。

"书"香悦行"e"起走^①

————————————————————— ▲ —————————————————————

随着"互联网+"的发展，人类生活工作与共享息息相关。在共享单车、共享充电宝等为人们的生活提供了便利的同时，教育资源的共享、优质教育的合理整合和推广，也越来越被关注。特别是疫情之后，各个学校高度重视信息技术与教育教学的融合发展，新的教育模式悄然来临。

近几年来，学校根据学校办学特色，秉承"童年阅读，幸福人生"办学理念，收集和梳理了与阅读有关的教育内容，开发了校本资料——《快乐阅读，伴我成长》。通过分层、有序、递进的阅读方法、技能指导以及丰富的阅读活动，培养学生的阅读兴趣，提高学生的阅读技能，促进学生的良好品行的养成。根据《黄浦区学校德育特色课程体系建设三年行动计划（2018年—2020年）》的要求，在2019年第二轮德育共享课程申报中，"'书'香悦行"成为黄浦区德育共享课程之一。

一、目标与思路

（一）依据学校特色，共享资源

学校隶属黄一中心教育集团，集团内各所小学虽然办学理念和特色不一样，但都十分重视培养学生良好的行为习惯，重视学生阅读兴趣的激发，阅读能力的培养，注重在实践中感悟、提高，养成良好的品行。集团内的学校都处于同一区域内，可以共享区域内的人文教育资源。因此，"'书'香悦行"为黄一中心教育集团中各所小学提供了教育的载体和途径，可以共享实施。

———————————

① 上海市黄浦区四川南路小学　　邵云仁

（二）借助信息技术，明确目标

借助学校微信公众号和互动学习平台，以"文明借阅人""文明购书人""文明参观者"为主题，向黄一中心教育集团的各所学校分年级进行推送，开展线上云寻访、线下亲子行相结合的阅读实践活动，打破学校之间的物理边界，让区域内的学生了解各个阅读场馆的地理位置，知晓参观礼仪，购书规则和要求，引导学生养成良好的阅读礼仪，真正做到"知于心，践于行"。

（三）依托社会资源，分层实施

此次在集团学校中共享的课程内容是阅读基地寻访活动。它是我校校本资料《快乐阅读，伴我成长》第二单元"走进书的殿堂"中"我们身边的图书馆""学做文明小读者""小书迷逛书城""文明购书"等教学内容的实践活动。根据学生的年龄特点，分年级实施（见表1）。注重让学生在实践中不断领悟、感知，在实践中体验准则并且规范自身的行为习惯，促进知情意行和谐发展。

表1　各年级阅读基地寻访一览表

年　级	阅读基地	主　题
一年级	学校图书馆	身边的图书馆
二年级	上海少年儿童图书馆	和悦阅游图书馆
三年级	上海书城	小书迷逛书城
四年级	上海档案馆	查阅档案　知晓历史
五年级	上海博物馆	走进博物馆　感受历史魅力

二、过程与做法

基于疫情防控需求和共享要求，阅读基地巡访活动改变了以往由学校组织集体开展活动的形式。学校充分发挥"互联网+"作用，借助信息技术和互动学习平台，采用课内和课外相结合、阅读和实践相结合、技能和品行培养相结合等活动策略，积极创新教育方法，拓宽教育途径，开展阅读实践活动。

（一）精心设计云分享

寻访前，我们组织德育领导小组成员依据活动目标，在原来共享课程的基础上，制定符合学生年龄特点的各年级阅读基地寻访方案，收集基地的各种信息，进行筛选、整理、编辑，形成阅读基地实践微信公众号的推文，推送给黄一中心集团的兄弟学校，共享阅读实践课程，进行线上寻访活动。

集团内各所学校的德育教导事先召开会议，讨论如何根据各校的实际情况进行课程实施。小学低年级的班主任们利用班会课时间，根据我们学校微信公众号推送的内容，让学生们事先了解基地的基本情况、寻访内容和完成的任务，并在礼仪规范上予以指导。集团内的其他学校把我校阅读基地云寻访的公众号，通过微信转发到班级群，公布活动内容和方法。学生们根据推送的内容，进行云寻访。

（二）知行合一增素养

根据阅读基地寻访的要求，家长利用国庆长假和双休日，带领孩子们走出学校，来到各自的阅读基地寻访。一、二年级学生走进社区图书馆、上海市少年儿童图书馆，了解借书的基本流程，学习图书馆的借阅规则，逐渐养成良好的借阅习惯，提高文明的意识。三年级的小书迷们来到上海书城，走走逛逛，知道了书城是我们购书的好地方。四、五年级学生走进了上海市档案馆、上海博物馆，实地考察场馆的楼层分布情况，按照学习单的要求，完成打卡任务。在实践活动中，学生们感受了中华优秀传统文化的魅力，和谐了亲子关系。

在阅读基地寻访过程中，我们注重学生良好行为习惯的培养和实践。无论是寻访前的导行课还是任务单中都有明确的要求。如一、二年级做一个文明小读者，引导学生从礼貌用语的使用、安静环境的保持、借阅行为等方面进行自我评价。三年级以"文明'防疫'我做到"为主题，提出在书店里要戴好口罩，少触摸公共设施。四、五年级根据博物馆的参观礼仪，提出了"未经许可，不在展厅内摄像和使用闪光灯进行拍摄；带手机参观时，将手机调至静音模式"等要求。我们从日常阅览、参观细节入手，培养了学生的文明礼仪、参观礼仪、借阅礼仪，提升了学生的综合素养。

"纸上得来终觉浅，绝知此事要躬行。"我们在培养学生阅读兴趣，养成良好的阅读习惯的同时，更要引导学生走进历史之书、社会之书、文化之书，知行合一，躬行实践，提升学生发展的核心素养。

（三）互动平台促评价

活动后，我们借助 UMU 互动学习平台，根据云寻访的内容，让各年级的学生们完成任务单，并进行自我评价。如二年级"和悦阅游图书馆"寻访任务如下：

1. 上海少年儿童图书馆（南京西路现馆）的小学部位于（　　　）。

　　A. 副楼一楼　　　　　　B. 主楼二楼　　　　　　C. 主楼三楼

2. 登录上海少年儿童图书馆官网，阅读《小学部读书须知》，小学咨询电话是（　　　）。

　　A. 62189606　　　　　B. 62189987　　　　　C. 62189699

3. 在上海少年儿童图书馆阅览书籍时，你做到哪些文明礼仪？（　　　）

　　① 不大声说话　② 不随意走动奔跑　③ 阅读时要爱护书（不能随意撕、划）　④ 阅读后归还到原处　⑤ 不边吃边看书　⑥ 离场时记得座位归位

　　A. 做到其中 5～6 项　B. 做到其中 3～4 项　C. 做到其中 1～2 项

4. 上传自己在上海少年儿童图书馆阅读的照片或者借阅证的照片。

5. 用一两句话说说游上海少年儿童图书馆的感受。

有的学生上传了参观阅读基地时的照片，有的学生表示以后还会经常到图书馆借阅书籍，还有的学生把寻访成果做成了精美的小报在教室中展示。体验任务带给学生更深的学习体验，从而促进其成长。

三、效果与反思

（一）信息技术搭平台

在这次阅读基地巡访活动中，我们尝试借助信息技术创新活动的形式。公众号的推送，让学生们知晓各个阅读基地的地理位置、楼层情况、发展历史以及参观、借阅的文明礼仪。UMU 互动学习平台的运用，对学生实际学习和实践情况有了客观的评价。UMU 软件是移动互联网时代的一种学习方式，是知识分享与传播的学习平台。阅读基地寻访活动利用 UMU 软件支持单选题、多选题、开放式问答和上传图片等多种题型。我们发起在线互动，任务单在平台设置后，瞬间生成二维码嵌入各年级的公众号。学生家长在完成线下寻访后，

利用手机无需注册，就能完成打卡任务，非常便利。教师们可以通过后台数据，及时掌握学生的活动参与情况、完成任务的质量和活动感受，并且给予评价，明显提高了活动的有效性。

（二）同频共振享交流

因为有了信息技术作为支撑，德育课程的共享成为可能。学校把有关阅读基地寻访的公众号推送给集团内的兄弟学校相对应的年级，让其他学校的学生根据推送的内容进行线上学习、线下实践，并完成寻访的任务单。从 UMU 互动平台后台数据中，可以看出集团中的黄一中心小学、海华小学、裘锦秋学校和北京东路小学等学校有 144 人次参与了阅读基地寻访活动。由于是初次运用线上线下相结合的方式开展活动，共享学校的学生的实践评价反馈还不够及时，有待今后改进和完善。

（三）家校携手共育人

从这次实践活动开展的情况来看，线上线下相结合的活动开展形式，更要借助家长的支持和配合。家长和学生在线上共同学习，了解活动的具体情况和要求；利用节假日或双休日，与学生一起走进图书馆、书店、博物馆，选择学生喜爱的书籍阅读，与经典对话、与文明同行，沐浴在浓浓书香中，感受亲子间的和谐、幸福时光。

阅读实践基地寻访活动是我校实施德育共享课程的初步尝试。希望在"教育4.0时代"，我们能进一步拓宽思路，加快推进线上优质教育资源的建设与共享，深入推进信息技术在教育教学中的融合应用，推进教育模式的变革，做好区域德育共享课程的开发和实践，使之产生校际德育互融互补的化学反应，逐步形成指向学生发展核心素养培养的德育共享课程群。

在线教学背景下的小学自然
高年级作业设计与交流 [①]

▲

为了应对疫情之下的线下教学暂停问题，上海市教委组织了全市各学科的骨干教师，对上海教材中的每节课都进行了录制，汇总形成了一套完整的教学视频——空中课堂。作为小学自然教师，我基于小学自然学科课程标准，依据日常教学内容，有意识地针对空中课堂的教学，进行在线作业的布置。学生通过完成在线作业，可有效改变所学内容的遗忘规律，加深对知识的理解，为知识的延伸、应用奠定基础。教师通过作业反馈，能及时了解学生对所学内容实际掌握情况。为及时调整在线教学辅导提供了依据。

一、在线作业的设计与反馈

《上海市教育委员会关于印发加强本市义务教育学校作业管理相关措施的通知（沪教委规〔2019〕9号）》中明确指出：作业是教师依据课程标准及其他相关课程指导意见布置给学生利用非课堂教学时间完成的学习任务。作业管理是学校日常管理的重要组成部分，是落实全面育人、推进课程教学改革、提高教育质量、激发学生学习兴趣的有效抓手。作业是课堂教学必要的延伸。可是我们上海现有科教版小学自然学科的作业暂时是空白的。根据我区融合信息技术新型的教学模式，结合小学自然学科的特点与我校实际情况，开展了相关研究。以下是笔者实际操作中的一些想法和做法。

---

① 上海市黄浦区蓬莱路第二小学　王　瑜

（一）科学概念类作业的设计

科学概念既是小学自然教学的基本内容，也是培养学生科学能力、科学观念的载体。通过科学概念作业的设计，有利于提高学生对基本科学知识的掌握，如：

（单项选择题）＿＿＿＿＿＿面镜，不是显微镜中反光镜的镜面。

A. 对光线有发散作用——凸面镜

B. 对光线有会聚作用——凹面镜

C. 对光线有反射作用——平面镜

通过平台对学生作业情况统计，可清晰地发现学生学习后，掌握科学概念的实际效果。

通过晓黑板平台提供的学生多次科学概念类作业情况统计，可发现：（1）学生完成作业的积极性越来越高；（2）学生完成知识性概念类作业的正确率越来越高；（3）虽为同样例题，但各班正确率差距比较大；（4）将科学概念拓展到实际应用尚有欠缺。

由此可见，空中课堂教学要加强科学理论在实际应用的教学内容。

（二）倾听习惯类作业的设计

古罗马诗人奥维德曾说过，没有什么比习惯的力量更强大。教师如何知道学生是否认真听讲了，能否及时抓住教学重点，能否理解所学知识？针对这一系列问题，笔者设计了一些相关类型的作业，有意识地关注学生认真倾听的习惯。

通过晓黑板平台提供的学生多次倾听习惯类作业的情况统计，可发现：（1）我校学生倾听教学时，总体比较认真（平均准确率达 71%）；（2）学生答题正确率起伏比较大（最高班级：89%，最低班级：58%）。

各班学生正确率起伏波动较大，这和自然课涉及面比较广有关。同时空中课堂中不同的教师教学风格不同，活动形式丰富。学生有时关注了某一方面知识，忽视了另一方面知识，这是小学生年龄特征所造成的。作业反馈呈现的问题，教学就应有相应的改变。笔者针对学生存在的问题，通过自制视频，来弥补不足。

（三）整理资料类作业的设计

小学自然教学，不仅要让学生认知基本的科学知识，培养良好的科学习惯，更应培养学生使用科学方法的兴趣，从而对科学活动产生好奇心。

整理资料是一个比较花费时间的科学方法，学生要针对教师的问题，通过各种途径收集相关的资料，经过阅读、分析、筛选，去除与研究问题无关的资料，尽量用自己的简练语言去概括、简化原始资料，内容要浅显易懂，要有自己的观点，能开阔思路、增长见闻。

对此，笔者进行了两种不同方式在线尝试。尝试一：家庭互动模式。学生将整理好的资料，讲给家长听。让家长变为听众与评委的家庭互动模式，有利于培养学生整理资料的兴趣。根据爱德加·戴尔教授"学习金字塔"理论，"教别人"可以记住90%的学习内容。为了让教师及时、明确知道每个学生的具体完成状况，学生还需要将讲述给家长听的内容稿发给教师。尝试二：网络展示模式。学生将整理好的资料通过文本的方式或录音的方式，在班级群平台里展示出来。大家通过网络展示模式，可以借鉴到同学作业的优点，相互学习、共同进步。

根据马斯洛需求层次理论，人不仅需要得到家庭的认可，也渴望得到团体、朋友的赞同。在网上老师、同学的点赞，也会进一步激励学生主动参与"整理资料"的热情。

二、在线互动交流作业的尝试

互动交流使师生、生生间能够相互影响，相互完善，共同提高，从而形成一个真正的学习共同体。教师通过在线教学平台，将班级学生聚集起来，一同进行互动交流。在线教学平台上的互动交流不同于我们平时课堂上的讨论交流，区别如下：（1）学生在线互动交流整个过程都会在平台上留有痕迹，这也是学生思维发展的轨迹。（2）学生在线交流的过程中，可以是学生与学生间，相互交流，相互补充，共同获得启迪；也可以在其他学生相互交流的启迪下，不断地修正和完善自己的观点，获得最终的结论。（3）教师可以参与全班学生的交流活动，根据某一学生的观点发表自己的一些想法，或做一些引导等；也可以单独和某一个学生进行点评和互动交流，师生间的互动交流不会影响整个

班级集体交流的进程。

（一）在线互动交流的内容

我们开展的在线互动交流的作业，希望能够开启学生的思维，有利于学生创新思维的培养。让学生讨论的作业内容，必须是学生要通过认真思考与反复探讨才能解决的问题，如：

（讨论题）今天老师讲述了许多凸透镜的特性，你能否利用凸透镜的这些特性，来知道放大镜放大的倍数呢？

我们选择了部分有代表性的学生回答，呈现给大家：

#1楼　徐同学：把放大的字和普通的字比较一下大小。

教师评价：思路不错，不过表述不太完整，再想一下，是否还有其他更好的办法。

#4楼　刘同学：将放大镜放在有一排字的纸上，数出放大镜直径范围内有几个字；再将放大镜提高，直至字放大到最大、最清晰，数出此时放大镜直径范围内有几个字；A除以B就是放大镜放大的倍数。

学生评价：这个方法不错。

#6楼　顾同学：将放大镜放在书面上，把看见的字体大小的数据记录下来。把放大镜从书面移开，到看到放大得比较清晰的字体时，再把数据记录下来。再用前面记录下来的数据除以后面记录的数据，得出的商便是这个放大镜放大的倍数。

学生评价：你将前面方法的制作步骤整理得太清楚了！

#10楼　杨同学：先量出物体的长度，再量出用放大镜放大后的长度，最后用放大的长度除以原来的长度，得到放大倍数。

学生评价：这个方法既简单又有效，聪明。

（二）在线互动交流的反馈

1. 在线互动交流中，学生参与情况积极

根据晓黑板平台提供的学生多次在线互动交流作业情况统计数据，可发现：学生十分积极地参与在线互动交流；有学生多次进行问题的讨论（讨论数远超参与人数）；学生会对其他同学的观点进行私人点评。

由此，我们发现在线互动交流活动是受学生欢迎的一种作业形式。在相同时间内，不仅可以有效地扩大学生发言面和发言量，还可以加深学生对问题的理解。部分没有在线发表见解的学生，跟随（或阅读）整个班级同学的交流过程，也会在这一过程中得到启发。

2. 在线互动交流中，学生思维得到发展

在线互动交流的设计初衷是：促进学生思考，通过思维的互动，产生新的想法。也就是说师生、生生间互动后产生的观点，一定是一个相互之间产生影响、相互作用的过程。给予充足的相互讨论时间，学生经过头脑风暴，思维被激发，精彩回答也就不断涌现出来。

3. 在线互动交流中，教师发挥引导作用

学生是学习的主体，谁也不能替代学生自主学习。在教师的引导下，学生自己寻求解决问题的办法，从已知到达未知的彼岸。

在线互动交流中，教师既可以主导全班学生集体交流的进程，也可以同时和某个特定的学生进行一对一交流指导。学生通过班级集体交流的形式，可以集思广益。在集体的智慧下，将原本看上去十分困难的题目逐步攻破。师生还可以一对一交流，学生间也可以相互交流。以下是师生交流实录：

#5 楼　虞同学：将放大镜放在有格子的纸上，数出放大镜范围内的格数 A；再将放大镜提高，直至格子放大到最大、最清晰，数出放大镜范围内的格数 B；A 除以 B 就是放大镜放大的倍数。

师评：这是一个好办法，想想还有其他办法吗？

回复：方法二：用直尺量出方格的边长；再将放大镜提高，直至格子放大到最大、最清晰时，将直尺搁在放大镜上量出被放大的格子的边长；B 除以 A 就是放大镜放大的倍数

师评：这个方法比你第一种方法精确多了！

回复：方法三：放大镜的放大倍数与焦距有直接的关系。例如，一个放大镜的焦距为 10 cm，其角放大率为 2.5 倍，通常写作 2.5x。所以只要简单地计算一下就不难得出放大镜的放大倍数了。

师评：你在家玩单反相机的吧？这的确是一种解决思路。用单反相机知识来解释，赞！

学生的思考过程，通过步步递进的方式，不断获得提高。两种交流形式，是同时进行的。这就是在线教学一个特有的教学形式。

三、在线作业的设计的思考

空中课堂是教学时代进步的产物。笔者真心希望上海市教委对小学自然空中课堂配套作业这一部分也能及时推出,这样才能使这个新型教学模式发挥出更大的效果。笔者的尝试,只是起到一个抛砖引玉的作用。

(一)作业题型的优化

小学自然作业题型的不断优化,可以让学生始终保持完成作业的积极性,也可以让在线授课教师能针对自己学校学生的实际情况,不断完善教学互动。经过实践,获得的感悟为:(1)多项选择题和单项选择题同样可以巩固学生的科学概念,但是多项选择题相比单项选择题更加考验学生知识的掌握全面程度。(2)二维性作业是由自然核心概念和科学实践两个维度所构成。设计出相对数量的二维性作业题既便于学生理解科学概念,又能培养学生解决问题的能力,这是后续努力的方向。(3)整理资料类作业,可以将"家庭互动模式"和"网络展示模式"整合在一起。学生将整理好的资料,先讲给家长听,让家长和学生进行家庭互动;再将学生表达的话语用录音的方式上传到班级群里来。通过作业展示的形式,会使学生有一份荣誉感,从而促进学生更高质量地完成资料的整理。同时教师可以直观感知学生资料收集效果。(4)学生对在线互动交流模式比较感兴趣,互动交流的整个过程对学生思维的培养也有一定的帮助,我们可以利用学校提供的交流平台适度地开展在线互动交流。

(二)学生倾听习惯的培养

上海市的空中课堂是教师隔着屏幕授课,对教材上的知识点讲述得比较清楚,但难以兼顾到全市学生。设计出一套好的作业,不仅仅是课堂的延伸,更应该"反哺"于课堂。为了让学生养成倾听习惯,在空中课堂在线互动环节中,笔者设计了一些关注学生注意力培养的习题。

具体做法是:在空中课堂教学前,通过晓黑板的"通知"系统,发布作业。等空中课堂教学结束后,笔者再通过晓黑板的"晓调查"系统,开放答题权限。让学生带着问题去听课,这样有助于学习注意力的集中。

（三）关注作业的讲评与辅导

一次完整的作业应该包含：作业设计、作业布置及完成、作业批改、统计分析和讲评辅导五大部分。

如何更好地开展作业讲评与辅导工作？针对这一问题，笔者采取的措施是：当学生完成"晓调查"的作业后，教师通过"晓通知"进行在线答案提示和分析，让学生自行校对。每一单元结束后，教师录制一个视频，回顾一下本单元的知识点，同时根据晓黑板平台上统计的学生作业的反馈情况，点评本单元每道练习题，分析产生错误的原因。

空中课堂是以全新的教学方式将传统的课堂教学与新时代下的多媒体技术相结合，突破传统教学中的局限性，打破教学的"围墙"，让学生和教师有更加宽广的学习平台。

新型的教学形式刚出现时，一定会存在这样或那样的小问题。希望有更多的教师和笔者一起，大家群策群力携手共同完善在线教学，让科技与我们共同创造更美好的教育未来。

数字化教育背景下的可视化体育课外教学探索 [①]

--- ▲ ---

在新冠疫情的持续影响下，全市中小学线上空中课堂展开新的篇章，而在线体育课却是其中最特殊的一门。虽然授课地由熟悉的操场转移到了居家环境，但课外体育锻炼仍然必须达成让学生得到一定的生理负荷、熟练掌握必要的运动技能等课程要求。因此，如何保证学生在课后坚持做到"课外体锻一小时"是体育教学数字化的现实问题。

随着近几年"健康第一"的指导思想的深入倡导，教育理念正在积极转变，但后疫情时代形成的多元环境，使得线下线上双结合的目标很难实现。我们必须采取比以往单一课堂教学更积极、更新颖的方式，以"体育第一"的姿态，力争课堂实践讲解练习、课外网络巩固增强，"切实保障学生体质状况的持续改善"。

一、问题提出

新的"战场"意味着新的挑战，也是对我们的一次考试。以往驾轻就熟的上课模式、授课手段以及作业布置方式在数字化环境课堂教学时不再适用。在面对只有冷冰冰的电脑和手机屏幕时，我们必须构建适应数字化教学的虚拟教育（课堂）场景。而要做到这些并非易事，其中的难处笔者认为有三点。

（一）在线体育课教学实施难

如何确保在没有教师在场的情况下，学生仍能完成教学目标？居家环境不

---

① 上海市黄浦区蓬莱路第二小学　都悦

比学校，它既没有宽阔的操场，也没有各种体育项目的设施和道具，更没有教师现场监督。在此种情况下，如何让学生按教学要求保质保量地完成体育锻炼是我们首要面对的问题。

（二）在线体育课互动解惑难

如何在无法面对面教学的情况下指导学生巩固课堂教学内容，提升教学质量？口传心授自古一直是技能技巧类教学的唯一方法，可以让师生间无障碍地面对面沟通交流，体育课尤为如此。当面教学可以确保学生直观地了解各种复杂的技术技巧，同时方便教师对学生反馈的问题做出即时修正和提点，必要时甚至可以亲自示范技术细节而达到最佳的教学效果，但这恰恰是一般的数字化教学较难做到的。所以，如何在隔空的状态下及时发现问题并给予指导就成为棘手的难题。

（三）在线体育课评价约束难

如何在没有当面授课的情况下去评价学生阶段性的学习效果？网课虽然一直在上，但教师并不清楚网络另一头的学生到底在做什么、有没有做，完成情况也是未知的和不可控的。在这种局面下，教师就像被蒙住眼睛、捆住手脚的"管家"，对"家"里的实际情况一无所知。实际情况可能是多数人无法自觉地、持久地保持一定量的课后体育锻炼。针对这种情况，设计必要的约束和控制措施来确保其完成就成了摆在教师面前的现实问题。

笔者以执教的二年级学生为对象展开探索。这个年龄段的学生普遍活泼好动，注意力容易分散，对有趣的事物只能够短时间内全神贯注；同时又普遍带有畏难情绪，感兴趣的事争着做，让他们重复练习有难度的体育项目在课堂上尚坚持不了多久，更别提课后。因此，现阶段网课的三个难题应归结到如何确保网络环境下"居家体锻"的时间和质量这一核心问题上。

二、设计实施

（一）"网络登山队"，助力健康每一天

根据学生个人情况，教师在日常回家作业中挑选出两套适合居家环境的体育作业来要求学生完成，以此确保每天的练习时间。分别是体能型为主的

作业：跳绳、仰卧起坐；技能型为主的作业：后滚翻、纵横叉、队列队形等。在实际练习过程中，教师还专门设计了以"天天练"为目的的"网络登山队"记录表，学生在每次锻炼后将数据记录到数字表格中，鼓励学生每天坚持锻炼。

在实际练习中，以双项目结合训练为例，一次完成 60 秒的跳绳加 30 秒仰卧起坐为 1 组，建议学生每日至少完成 2 组，每周不少于 4 次，然后将最优一次成绩记录在表格上。教师则将学生上一阶段的成绩作为"基数"开始新数据的记录，每周总结一次，让学生看看自己是否有所提高。这种方法有效提高了学生参与的积极性，激励他们不断超越自己，变得更强。

（二）"一周展示日"，阶段进步看得见

每周日举行"一周展示日"以增强学生"自我激励"与"自我考评机制"。具体做法是：根据教师平时授课时掌握的每个学生的最好成绩确定基数（如每分钟跳绳多少次），学生只要坚持自觉锻炼，在原基数的基础上取得进步的——哪怕增加一点点都算进步，并借"学生训练成绩视频"以确保训练真实性。凡有一点进步的，教师都将给予及时的肯定与表扬。

学生通过在线数据表，可以统计出一周以来自己的增长百分比，看看自己比上一周提升了多少，然后根据自己这周的锻炼成绩给予自评。同时，家长也一样需要参与进来给自己孩子一句话评价。此方法的目的是确保学生每个星期都有所进步，同时也调动家长一起参与进来共同监督。

（三）"月度挑战赛"展现成果新舞台

每月举行一次"月挑战"，只要是在自创的"网络登山队"表格中获得百分比提升的学生都可参加。将这一个月来的最优成绩的视频发布到教师提供的数字化网络平台上展示给班级所有人看到。凡是有勇气展示自己进步的学生，都有可能获得学期末该项目的免试资格。

这个方案在实践中确实让一大部分的学生及家长获得了很大的积极性，不仅给予了学生充分展示自己体质和能力的舞台，还调动了学生的好胜心与表现欲以及主观能动性，从而达到就算教师不在场的情况下也能自主地去坚持锻炼的积极效果。

（四）"网络家访日"搭建家校交流新桥梁

教师根据"一周展示日"和"月挑战"完成情况，结合学生"网络登山队"数据进行"网络家访"。在一对一的沟通反馈中，了解学生一个阶段以来的真实情况及存在的问题，并给予专业的指导和鼓励，从而架起一座沟通师生间信息交流的桥梁。

三、实践效果及经验总结与反思

经过精心的设计与几个阶段的实践，在线课外教学获得了不错的效果：一方面，根据"网络家访"的交流，家长反映自己孩子课外体育锻炼时间普遍得到了增加，锻炼的兴趣也比以往更加高涨；另一方面，通过对"网络登山队""一周展示日""月挑战"等一系列数据平台的分析，也可以确定，此套方案对多数学生的体质有较明显的促进作用。

从本案例教学内容的设计与实施过程可见体育与其他学科的不同：语数外等均有标准答案，网络授课较容易，且在社会上也早已运用多时，可以找到较多成功方式；而体育课不同，相对而言结果因人而异，难说有标准答案。体育课以往也比较缺乏课后的检查方法，某种程度主要还得靠学生自觉。而现今的数字化教学方案设计恰恰成了学生自觉地巩固与提升各项教学目标的关键。

作为内容设计者，笔者在一开始就从整体上注意到了小学可视化体育课外教学的三大难处：一是让学生居家自觉地进行体育训练难；二是教师对学生"隔空指导"难；三是网络考核难。也就是说，数字化体育课与其他课程比，很容易变成"走过场"。故此，必须设计一个可视化的数字环境来调动学生的主观能动性，如：其一，在数字化信息技术的加持下，做到让每个学生依托可视化条件，在各自原有成绩基点上进行训练，同时并不强求达成某一个目标，而是以每个学生在原基础上各自有进步为目的（有进步就表扬，为此特意设计了"网络登山队"表，让学生能先进行自我检测）；其二，加设"视频成绩展示"环节，既确保学生成绩的真实可靠，又让学生获得更多的荣誉感，这对二年级小学生的激励作用是尤其明显的。

当然，在探索过程中也逐渐发现有些学生的体锻成绩进步较慢甚至踏步不前的情况。经数字化平台的分析研究，主要有以下两个原因：

一是学生本身体质较差，无形中增加了体育锻炼的实施难度。其主观上虽也想努力，但最终效果不太令人满意。这种情况出现时，教师需要增设相应的快速通道，更多地关照其日常的锻炼情况，并随时针对其出现的困难给予及时的可视化指导。

二是不同个体出现的主观能动性差异。从阶段性实践中可以看到，个别学生自尊心较强，生怕做不好会挨批评，羞于展示自己的不足，从而对体育锻炼有畏难情绪。这种情况需要教师耐心地做心理辅导，鼓励学生抛开顾虑，以更积极的态度面对体育锻炼。同时也可以以自由结对的形式，让其他成绩相近的学生结为体育锻炼伙伴，并与教师组成线上的互帮互助小群，一同进步。

数字化赋能下的体育课外教学，正在以百花齐放的姿态呈现出其强大的助学效能，也为后疫情时代的体育在线内容设计提供源源不断的实践经验。相信随着数字化教学的深入，可视化体育课外教学也将迎来新的春天。

交互式 0—3 岁早教信息平台
赋能科学育儿指导 ①

--- ▲ ---

党的十九大报告指出，2035 年我国基本实现社会主义现代化，加快教育现代化，实现"幼有所育"。0—3 岁婴幼儿托育服务体系的建构则是幼有所育能否实现的关键。正如习近平总书记强调，信息化是教育现代化的重要特征，"没有信息化就没有现代化"。信息技术赋能教育是在规模化教育的前提下实现教育公平、教育多样性和个性化的最有效的手段。2016 年，我校在多年早期教育实践的基础上开发了交互式 0—3 岁早教信息平台，在"互联网 + 科学育儿指导"这一发展趋势中探索出了新的发展契机。

一、交互式 0—3 岁早教信息平台的构建背景

（一）构建交互式 0—3 岁早教信息平台，是满足 0—3 岁婴幼儿现实发展的需要

当前，社会早教需求量日益增长，早教服务压力与日俱增。我校早教服务出现婴幼儿报名登记信息和实际参与早教活动间隔时间较长的现象。传统的线下早教服务受限于时空、师资等条件的制约，难以在短时间内充分满足所有适龄婴幼儿的需要。另一方面，依据公益普惠原则，我校每次早教活动优先安排未参与过早教服务的婴幼儿参加早教活动，这使得已经参与过、还想继续参加的婴幼儿的活动需求无法得到满足。

① 上海市黄浦区早期教育指导中心　聂文龙

（二）构建交互式 0—3 岁早教信息平台，是满足 0—3 岁婴幼儿家长科学育儿指导的需要

2019 年，国务院办公厅发布《关于促进 3 岁以下婴幼儿照护服务发展的指导意见》，指出基本原则为"家庭为主，托育补充"。政府发展婴幼儿照护服务的重点是为家庭提供科学养育指导。这进一步明确了家庭对婴幼儿早期教育负主体责任。

基于以家庭为核心的托育服务定位，我校探索出了交互式 0—3 岁早教信息平台。交互即交流、互动。交互的本质特征表现为过程性和动态性。因此，交互式早教信息平台并不是单向的信息发布平台，而是多频的、交叉的、注重反馈和调整的互动平台，强调家长的参与感、体验感和获得感，旨在通过家长与教师的互动，引导家长充分参与早教过程，促进家长指导能力的有效提升。

（三）构建交互式 0—3 岁早教信息平台，是互惠共享、优化配置早教资源的需要

近年来，有早教服务需求的婴幼儿家庭数量呈逐年递增之势，早教服务呈现"需求大、资源少"的特点。早教服务供不应求的现状催生了通过线上方式共享早教资源的需要。通过交互式早教信息平台，我校可以将家庭亲子课程、早教资讯、活动安排等信息共享给分中心及区内婴幼儿家庭，释放更多的教育资源，实现线上、线下指导无缝对接，优化配置早教资源。

二、交互式 0—3 岁早教信息平台运作模式

（一）模块设置

我校开发的交互式 0—3 岁早教信息平台专门服务于婴幼儿家长，主要包含活动报名、早教资讯、视频课程、时光相册及家园互评五大模块，表 1 是每个模块的功能介绍。

表1　交互式0—3岁早教信息平台模块设置

模块名称	功　能
活动报名	在线打卡，管理早教活动过程
早教资讯	共享早教信息资源，对家长进行科学育儿指导
视频课程	共享早教活动资源，对家长进行科学育儿指导
时光相册	记录婴幼儿成长过程
家园互评	分析婴幼儿发展动态

（二）交互方式

通过交互式0—3岁早教信息平台，教师可以进行信息管理、早教资讯发布、活动记录及婴幼儿发展评价，家长则可以进行活动报名、共享早教资讯、活动记录和婴幼儿评价。其中，活动记录和婴幼儿发展评价是需要家园共育完成的。

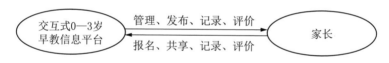

图1　交互式0—3岁早教信息平台教师与家长交互图

具体交互过程如下：

1. 早教活动报名与管理

教师在这一模块开设活动详情和活动列表栏，显示参与对象、活动时间、地点以及报名人数等。家长可以在报名时段内报名适龄班级，录入家庭信息和婴幼儿月龄段，等待排班。教师收到报名信息后，根据婴幼儿月龄进行分班，并通知家长查阅所在班级及教师信息。

2. 早教资讯发布与共享

信息化时代，当海量的育儿信息已经变得唾手可得，提供科学、专业又有针对性的育儿文章成为交互式0—3岁早教信息平台这一模块的特色与优势。教师根据带班过程中常出现的问题及家长困惑、咨询较多的问题，阶段性进行早教资讯的专题整理，并发布在平台上。资讯主要来源于上海市学前教育网、育之有道 APP 及科学育儿指导公众号等0—3岁早教官方信息网站，确保了资讯的前沿性、科学性和专业性。对早教资讯的阶段性更新则确保了信息发布的

针对性和时效性。

另外，对于资讯仍无法解答、覆盖家长常见问题的情况，平台还设置了家长咨询区。家长通过平台留言，三个工作日内，平台会整理家长留言，并请早教中心相应月龄段的、经验丰富的教师进行解答，家长还能进行满意度评价。所有接受咨询的教师均持有幼儿园教师资格证、育婴师证等专业证书。

3. 家庭亲子课程发布与共享

根据早教中心的线下课程，教师开发并录制了一套家庭亲子课程。婴幼儿月龄越小，发展差异越大，新手父母也越需要专业、详尽的育儿指导。因此，我们将该套家庭亲子课程按月龄进行了更为细致的划分，分为0—1、2—3、4—6、7—9、10—12、13—15、16—18、19—24、25—30、31—36，共10个月龄段。课程录制后，由早教专家的反复论证、严格把关。该套家庭亲子课程已经上线。只要家长进入平台，点击各月龄段的视频课程就可以进入学习，还可以在视频课程详细页报名没有参加过的视频课程，获得直观的课程指导。

4. 时光相册

凡是参与早教中心线下活动的婴幼儿均可以使用时光相册记录在早教中心的快乐时光。"时光相册"模块分为婴幼儿第一次活动、时光日记、云相册三种记录。教师可以将婴幼儿活动花絮、亲子互动的场景以照片的方式上传到云相册，家长也可以在时光日记中使用文字记录婴幼儿的童言稚语。

5. 家园互评

家园互评模块包括家长评价及教师评价，主要是记录婴幼儿在活动后的发展情况与活动实施效果，评价维度有婴幼儿在活动中的兴趣，参与情况，与材料、环境互动情况。设置这些评价标准的目的不在于一分高下，而是通过家园互评的形式，让教师与家长都能观察到婴幼儿的表达和行为表现，便于在下个阶段的教育过程中及时调整育儿行为。

三、0—3岁早教信息平台实施效果

（一）满足0—3岁婴幼儿家庭的早教服务需求

在信息化教育实践中，教师、婴幼儿、家长的互动更加便捷，家长在家即可根据交互式0—3岁早教信息平台的网络资源对婴幼儿进行早教指导。家长可以通过信息平台进行线上视频观看，同时，也解决了固有的种种难题，如：家长报名后排队较久无法及时享受早教服务、早教次数受限无法再次接受早教服务等。

（二）提升了家长的科学育儿能力

通过交互式0—3岁早教信息平台的线上资源和指导，具备一定科学教养能力的家长在家为婴幼儿继续提供适宜的个性化早教，不仅为婴幼儿提供了即时的、个性化的、科学的早教，也大大提高了家长参与早教服务的意愿和频率，线上交互活动使得家长的体验感、参与感增强，教育的获得感大大提升。

（三）实现数据信息和早期教育资源的共享

通过交互式0—3岁早教信息平台，教师、家长随时随地都能了解最新的早教资讯，并根据婴幼儿的教育需要检索、下载适宜的教育资源。随着"大数据时代"的到来，教育大数据对推动学前教育领域的变革与创新具有巨大潜力，充分发现、利用并挖掘这些数据的潜在价值具有重要意义。例如，婴幼儿身高、体重等健康数据及各领域发展数据均被录入平台并永久保存，成为早教教师观察、评价、预测婴幼儿发展的重要参考，这也为幼儿园提供了丰富的数据信息，可以对幼儿身心健康发展进行动态监测分析和反馈干预，为托幼一体化提供丰富的数据支撑。

四、反思与行动展望和建议

交互式0—3岁早教信息平台推动了早期教育管理的一体化，实现了数据信息和早期教育资源的共享，满足了更多0—3岁婴幼儿家庭的早教服务需求。然而，在后续的实践研究中，还有以下方面需要进一步改进。

（一）加强信息平台的数据分析功能

早教信息化平台既有实用功能，如幼儿报名、教师统计等，又有宣传功能，如教师发布文章、在家长互动区回答家长咨询的问题，但是对于数据记录与分析的利用有待加强。在后续的实践中，可以探索通过文字记录、图片、视

频等内容全方位地记录婴幼儿的早教经历和成长轨迹，便于教师和家长对每次活动进行数据分析。

（二）加强教师的信息素养

交互式0—3岁早教信息平台的开发、使用与完善都离不开信息技术的支持。随着交互式0—3岁早教信息平台功能的不断完善，对教师的信息素养、信息技术能力也提出了越来越高的要求。在后续的交互式0—3岁早教信息平台使用培训中，需要进一步加强教师的信息素养，以应对新的挑战。

总之，在信息化时代，实现学前教育的信息化建设是教育发展的必然趋势。在"互联网+"的发展背景下，我们将继续为早期教育资源的共享建构平台，丰富和完善交互式0—3岁早教信息平台的内容和功能，以实际应用推进学前教育现代化的发展。

第二部分

在线教学模式

　　与线下教学相比，在线教学最大的区别在于师生处于不同的地点，而这种各处异地的状态无疑会对教学活动的组织和实施造成不小的影响。教学组织的形态、师生互动的形式、临场使用的体验等的变化也意味着探索建构在线教学模式是非常必要的。

　　时下较为常见的在线教学模式有三种，即：在线课程异步教学模式、教师直播同步教学模式和虚拟课堂临场教学模式。本单元中，教师在此基础上从问题导向入手，根据自身所属学科特点及班本化需求，进一步构建个性化的师生双主体在线教学模式，也为线上、线下相融合的"双线混融"教学模式的探索提供有效的实践经验。

赋能在线教育　引领自主学习[①]

新冠疫情促使学校以在线教育的形式重构教师的教与学生的学，学校通过在线学习平台的建设，注重在线教育中对学生自主学习的引导，围绕教学五环节开展了系列在线教育教学的探索，满足了学生居家期间高质量的学习需求。

一、拟解决的问题

上海市大同中学创办于 1912 年，学校有着良好的课改传统，始终坚持以改革创新撬动学校内涵发展。2019 年，学校启动信息化综合改革项目，将在线教育平台建设列入学校改革议程。2020 年适逢新冠疫情暴发，根据市教委"停课不停学"要求，在线教育势在必行。为了落实疫情下在线教育的开展，学校顺势将在线教育平台的建设前置并付诸实施。

我们认为在线教育的开展既是疫情下不得已而为之的做法，也是学校运用信息技术、转变教学理念和教学方式的一次重要机遇。为了加强在线教育期间学生自主学习的引导，我们重点关注如下问题的解决：第一，学校如何组织全校师生开展在线教育平台的使用与技术培训；第二，教师如何发挥在线教育的优势引导学生开展自主学习，通过课堂教学、作业提交、批改反馈、学业辅导等环节以激发学生学习的自主性；第三，如何保障在线教育有序，做好在线教育管理工作。

[①]　上海市大同中学　李樱

二、解决路径和思路

我们不能简单地将在线教育等同于线下教育的时空转移，而应充分认识到在线教育对师生教学方式所带来的深刻变革。在这一理念指导下，我们明确了从以教师为中心的在线课堂走向以学生为中心的在线学习平台，教师的角色从单纯的知识讲授者走向学生学习资源的供给者、学生自主学习的指导者、学生学习效能以及学生个性化学习问题的诊断者，促使学生的学习方式实现从被动到主动、从共性到个性的深刻转变。

（一）"1+4+X"在线教育模式成形

通过对各大在线教育平台的横向比较，学校最终选择依托在线教育公司的技术支持打造符合学校在线教育理念的在线学习平台，从而奠定了我校"1+4+X在线教育模式"的基本格局。

"1"指向学习指南。教师制定一单元和一周学习指南，为学生在线自主学习进行指引，建议在哪些时段完成哪些学习任务，也预告哪些时段会上线哪些资源。

"4"指向我校在线学习平台的四大功能分区。包括导学本：涉及在线自主学习、测试反馈、学习情况统计等功能；网络作业：涉及平台作业布置、作业批改、答案反馈、错题统计和在线测试等功能；作业辅导：供教师对网络作业或导学本中的问题在线解答，并可实现与作业题的关联；直播课堂：在学生完成自主学习、网络作业和作业辅导后，教师针对课程要点及学生个性化问题以直播形式集中线上反馈。

"X"指向腾讯课堂直播平台、微信、qq等即时通信工具，供教师开展个别辅导和师生间的信息互通。

（二）打造支持学生自主学习的在线学习平台

通过对全体师生信息数据的导入、学科课程教学框架的建设、录课工具软件的按需调整，学习平台正式投入使用。随着应用的深入，我们发现平台的部分功能设置与使用细节不符合我校在线教育的理念和需求。通过与平台技术人员沟通，我们对平台部分模块功能进行了重构和优化。

（三）以学生为中心的在线教育环节的建设

1. 构建"备课组＋主讲"在线教学机制

"备课组＋主讲模式"为我校在线教育的主要机制。该模式依托备课组集体力量，在教学目标指引下分工准备和编订在线课程学习资源，包括学习指南、导学视频、学习资料、配套作业。

2. 加强在线课程的有效管理

在线教学难以识别学生的实际参与度，为了加强对学生在线教育的有效管理，保障教学秩序，学校主要采用了下列管理策略：直播课堂实时反馈出席情况；直播课堂即时签到；直播课堂设置连麦功能；直播课堂设置留言互动功能。

3. 提供多渠道的在线辅导

教师多渠道为学生提供在线答疑和作业辅导。第一，教师通过网络平台作业辅导栏目，录制与作业习题一一对应的讲解视频，并与作业题直接关联，学生哪里不懂点哪里，观看讲解视频答疑解惑；第二，教师通过直播课堂进行集中答疑与问题反馈，对共性问题和个别疑难问题与学生及时交互；第三，通过腾讯课堂等备用平台，对个别学生或群体开展个性化课业指导；第四，通过微信、QQ 等即时通信工具对有需要的个别学生开展及时的答疑解惑。

4. 提升作业布置与反馈的便利性

我校在线学习平台可针对不同学科不同类型的作业提供相应的技术支持，如判断题、选择题，可在学生提交时自动批阅并反馈成绩，错题会自动加入学生在线错题本；英语学科的听力测试提供作业附加音频附件功能，学生可打开音频文件，在播放听力同时进行答题；对于日常打卡作业，平台还提供了每日打卡和学生互批功能。此外，平台设置有作业照片批注功能，学生在作业批阅后还可浏览到上传图片中与实物作业相同的红笔批阅痕迹，有效保障了学生获得教师的及时反馈。

5. 加强检测评价的有效反馈

为了检测和把握学生阶段学习的掌握情况，学校利用学习平台的网络作业功能进行在线学情调研检测，按照监测试卷题型要求设置答题卡，选择题自动批改，非选择题可选择手工批阅，学生拍照上传，教师进行打分与批注反馈。

学生在设定时间后即可查阅参考答案、观看试题讲解视频，第一时间解决

学生的疑问和难点。阅卷完成后，学生可及时查看个人的得分情况与阅卷反馈信息。错题将自动归入学生错题集，全班错误率超过一定数值，会自动归入教师错题集，便于师生精准把握缺漏，改进后续教与学。

三、实践和推进过程

（一）组织领导：项目攻关小组建立

在线教育平台建设作为推进学校信息化综合改革项目的重要举措和应对疫情下居家在线教育开展的重要载体，为了在短时间内实现全校师生在线教育的正常开展并保障线上教学的秩序，学校专门成立了信息化攻关小组。

（二）视频导学：教师在线培训课程上线

为了在短期内完成对全体教师的在线培训，确保教师胜任在线教育的开展，学校通过企业版微信中"腾讯乐享"平台（上海大同教育）开展教师在线培训，具体内容包括：在线教育理念、平台及备用平台使用方法、录课软硬件使用指南、视频处理与上传、教学管理与方法。

（三）队伍建设：三级培训网络设置

除了在线培训课程的设置，学校还建立了由"信息技术骨干—学科技术员—教研组教师"组成的三级指导网络。信息技术骨干由攻关小组成员担任，负责对部分关键技术进行专题培训以及为一线教师提供技术支持、故障排除等服务；学科技术员由教研组从组内遴选，重点为组内老教师、信息技术薄弱教师提供相应技术支持，协助将在线教育在组内落实推进。

以技术骨干为中心，以学科技术员为辐射的三级培训网络构成了学校点面兼顾的培训指导机制，这为短期内技术培训的全覆盖、故障疑难的指导排除以及高密度的技术咨询提供了重要保障。

（四）查缺补漏：在线教育调研开展

为了摸清师生在线平台教学活动的开展情况，把脉弱点、难点和痛点，学校采用线上调研问卷的形式搜集和整理师生反馈信息。在调研结果分析的基础上，组织信息技术骨干编制《故障排除指南》，发放给学校师生以便故障自查和排除。

部分关键问题还会进行二次调研，以便了解问题解决情况。同时调研所发现的问题也会同步反馈给平台开发技术人员，以便对学校平台进行更新与升级。

（五）即时反馈：在线技术解答

为了排除师生在操作过程中生成的技术问题，学校通过企业微信群、引入人工智能客服、邀请公司技术客服进驻学校企业微信平台等方式，多管齐下为教师提供便捷、有效、及时的在线技术解答。

四、取得成效

通过在线学习平台的建设，学校形成了"1+4+X 在线教育模式"，优化了在线教学五环节，形成了"备课组＋主讲"教学机制以及作业布置、在线辅导、网上培训等相关方案，为学生自主学习能力的培育提供了重要支持。

截至 2020 年 5 月，各年级各学科通过导学本模块共计开设网络课程课时数 3 260 节，全校公用网络公共课程（艺术、体育、心理、研究型课程）开设共计 16 大类 169 节，网络作业发布共计 2 719 份，满足了疫情期间师生在线教学开展的需要，保障了在线教育的质量。

教师反馈：在线平台解决了疫情期间"停课不停学"的关键问题，不但为教师提供了授课、作业、批阅、练习的工具，还提供了非常方便的管理工具，大大提高了教师在线教学和与学生互动的效率。

学生反馈：有了这一学习平台，高三的学习进度完全没有受到疫情影响，老师们上传了大量适合我们的资源，无论是讲座还是题解，需要的资源总能很方便地找到；在适应这种学习方式以后，感觉自己的学习效率大大提高了，比如老师讲解一套习题，原先要在课堂上全部听一遍，现在只要点击"我的错题"，观看这几道题的讲解就好了。

五、反思展望

（一）完善在线学习平台建设，加强在线教育实效性

学校在线学习平台在疫情大考下也暴露出一定的局限和不足，如对学生实时在线学习管理具有滞后性，学生作业辅导反馈仍显复杂和不足，在线教育平

台对教师教学开展仍具有一定束缚。学校如何在后续行动研究中进一步完善平台的建设，强化在线教育的实效性还有待进一步探索。

（二）探索在线教育反哺线下教育的教学实践

随着学生逐步返校复学，在线教育再次转为线下授课。我们认为在线教育不仅仅是为了解决疫情期间"停课不停学"的被动之举，而应从时代发展、教育变革、课程更新等角度探索以线上教育反哺线下教学的建设，如学校课程引进社会课程资源，学生辅导探索多元形式等，最终实现线上与线下教育的融合发展。

（三）依托在线教育深化教与学方式的转型

疫情期间在线教育的开展为线下教学带来了深刻的变化，教师的教与学生的学不再受限于时空的束缚，学校的硬件资源和教师的水平。在线教育为教师的教与学生的学提供了新的可能，是一种泛在学习的新模式、一种支持学生自主学习的新载体。

双新背景下基于 OMO 模式的高中物理教学实践研究 ①

▲

2020 年初，一场新冠疫情打断了新学期开学的脚步，却加速了信息技术在教育领域发展的步伐。一时间，掌握线上教学方式和技能，成为每个教师的刚需。每一位教师都能至少借助于一两个线上教学平台，使用一两种线上教学手段，开展线上教学活动。

一、研究背景分析

2017 年教育部颁布的《普通高中物理课程标准（2017 年版）》中，在课程的实施建议章节里，明确提到了"积极探索信息技术与物理教学的深度融合"。建议教师积极探索基于网络的教与学的方式，利用具有网络互动功能的平台为课堂教学与学生课后学习服务。教师应有效利用具有互动学习功能的网络学习资源，提高物理课程学习的效果。针对学生物理学习中存在的疑难问题，利用网络、云课堂等形式服务于学生学习。

到 2019 年底，新课标颁布不到三年，高中物理课堂的变化已是翻天覆地。以笔者所在的学校为例，教室里的硬件设施从普通的"台式机＋黑板"升级为电子白板，教师们逐渐学会了使用信息技术产品来服务教学，这大大丰富了教师上课的形式，提高了课堂教学的效率。然而，这些变化大多还只停留在课堂上，只局限在课内的 40 分钟教师的教学方式和学生学习方式的转变。课堂之外的教学关系和教学模式没有大的转变。

---

① 上海市光明中学　杜　娟

　　随着信息化技术不断发展迭代，一方面，计算机和互联网的高速发展促使信息科技日新月异，为数字化教学提供了物质基础；另一方面，随着新课标颁布、新教材实施，新的教育观念和教育思想也正在与时俱进。在这两方面的共同作用下，技术与教学发生了碰撞，产生了新的需求与教学形态，OMO 教学模式正是在这样的背景下应运而生。

二、OMO 教学模式的概念界定

　　OMO（Online Merge Offline）一词最早提出是用于商业模式的建构，后来引用到教育领域，其概念无清晰的界定。本文探索的 OMO 教学模式，可以理解为：线上和线下教学的深度融合、无边界融合，从而使得教学效果最优化。

　　混合式学习理论为 OMO 教学模式提供了理论基础。混合式学习理论是 20世纪 90 年代以后，基于网络环境发展起来的新教育理念。混合式学习不是简单的在线学习和线下学习的结合，而是"适当的时间、通过应用适当的学习技术与适当的学习风格相契合，对适当的学习者传递适当的能力，从而取得最优化的学习效果的学习方式"。这五个"适当"，从线上和线下两方面对教学活动提出了要求，让线上、线下教学有机融合为一体，实现更好的教学效果。

三、OMO 教学模式在高中物理教学中的应用

（一）课堂内，线上与线下教学手段的融合

　　日常的课堂教学过程是以线下教学方式为主的，线下教学的很多优势依然是线上教学很难替代的。线下教学过程中，教师和学生的距离感更近，眼神、表情、手势等各种非声音类的语言能更好地传达给学生；教师可以近距离地观察学生的学习状态和出现的学习问题，学习过程中的非数据类的反馈比线上更为及时。然而，线下教学也有明显的劣势，比如，练习完成情况的数据反馈无法及时被教师获取，教师的判断更多是凭借感觉与经验进行的主观分析。因此，在课堂内融入线上教学的手段，使得教学形式更丰富，可以大大提高教学效率和教学效果。

　　比如，在进行新课教学时，往往要配合典型例题来了解学生的掌握情况，有些概念辨析类的问题我们可以通过几道选择题来进行反馈。这时教师借助于

Plickers 软件 APP 可以全面了解学生对题目的掌握情况。具体操作如下：事先为每位学生发放一张由该软件生成的纸质二维码（二维码与学生的学号对应），学生思考后举起二维码相应的方向做出选项，教师用手机或者平板对全班学生的二维码进行一次性扫描，只需要五秒钟左右的时间，全体学生的答案都被记录下来，教师可以马上知道此题的得分率以及典型错选项，并且可以知道哪些学生选错。

再如，在高二、高三年级按照章节进行复习时，知识点和例题复习完后，发给学生一份题型为选择题的练习卷，当堂检测。借助于"门口易测网"的软件，学生将答案做在由该软件生成的答题纸上，教师用平板电脑或者手机在互联网环境下，可以快速对每位学生的答案进行扫描。三分钟左右的时间，所有学生的成绩都可以记录下来，并且当即生成各种评价报告。

根据"试题报告"和"试题分析报告"讲评得分率较低的题目，并对错选率高的选项有针对性讲评，矫正学生的错误理解。根据"知识点报告"调整接下来的教学，对得分率低的知识点进行针对性教学；根据"班级报告"和"比较报告"，可以了解对本章知识掌握较弱的个人和集体，便于进行个性化教学。在 40 分钟里，完成了章节知识梳理，当堂检测与反馈，并进行及时的查漏补缺，极大程度缩短"讲解—练习—评价—反馈"的时间，教学环节更加紧凑，对于学生暴露的问题能进行及时矫正，有利于下一阶段学习的开展。

此外，借助于互联网环境，在线链接各种教学资源，可以使教学过程更自然流畅。比如，教师在介绍解题方法的时候，将事先精心准备好的例题呈现给学生当然是一种很好的做法，但是如果在线上题库里随机搜索一道试题作为例题进行讲解，将最真实的反应呈现给学生，更能拉近师生距离，呈现出的解题思路和方法也更能被学生所理解和接受。

（二）课堂外，线上与线下教学方式的融合

1. 微课视频，帮助学生利用好碎片化时间

微课短视频，可以为学生预习提供学习资源，为课后作业提供习题讲解，成为物理课堂教学过程的有效补充。录制短视频的软件可以用 PPT、希沃白板等自带的录屏功能，也可以是另外的录屏软件，如金舟、Camtasia 等录屏软件。一般短视频的时间不宜过长，三分钟左右即可，围绕一个主题或者一道习题展开，便于学生利用碎片化的时间观看。笔者任教的高三年级正处于复习冲

刺阶段，学生在习题训练中遇到的问题既有共性的，也有个性的。共性问题可以课上重点讲解，而个性化的问题显然不适合集中讲解。因此，笔者利用希沃软件录制了大量的微课视频，并以课程形式发布给学生。

学生扫码报名课程后，可以观看该课程中的所有微课，并随着教师对课程的更新观看到最新的视频微课。这种微课程的优势在于，学生可以根据个人需要自主选择与学习，提升了学习的效率；劣势在于，由于缺少了教师的监督，对于学习主动性不强的学生，教师很难掌握其学习情况和效果。如何趋利避害，尽可能发挥其优势，是值得在实践中思考的。

如果每位教师精心选编内容、严格把控拍摄质量和物理学科的科学性，使得每一个小视频都是优质的，那么这些视频收集起来可以成为宝贵的教学资源。如果组内教师合作，微课视频系列化，将是组内的宝贵资源库。这是值得每一个物理备课组的教师去思考并实践的工作。

2. 交互视频，提供个性化专题辅导

交互视频，也是微课视频的一种，和其他视频的区别在于视频中可以实现与观看者的交互。笔者在实践中了解到希沃软件自带"知识胶囊"，可以在录课过程中插入问题与学习者互动。

暑假中，通过每周检查学生的暑假作业，发现学生在某些知识点的学习上仍存在问题。于是笔者录制了一些针对某个知识点的小专题，每个专题在15分钟内，其中有知识点提要、例题解析以及互动测试。

学生在观看专题时，不仅看到知识讲解，还有互动试题，学生完成提交后可以看到及时评价。如果正确可以进入下一个学习环节；如果错误，可以重新回看该学习环节。学生如果全部看懂并答对，那么将对本专题所涉及的知识有了较好的掌握。

此外，"知识胶囊"支持数据导出，教师可以了解到学习该专题的人数、时长、完成率等信息。虽然也可以看到每个学生的学习情况，但由于学生无须实名登录，所以无法匹配到具体的人，关于这方面的改进还可做进一步的实践与探索。

（三）课堂本身，已是线上与线下无边界的存在

从疫情开始至今，笔者先后使用过的在线课堂平台有空中课堂、钉钉在线课堂、钉钉直播、腾讯课堂、腾讯会议、晓黑板、classin、希沃等。这些平台

中空中课堂主要是提供教学资源，可以组织学生一起观看，课后再进行讨论；其他平台则是提供一间容纳师生的教室或者会议室。钉钉直播教室，教师的感觉更像是一个主播，师生之间的感觉更加亲近；腾讯课堂、腾讯会议、钉钉在线课堂可以提供屏幕共享功能，但是学生的视频头像看不到，或者是学生视频无法与屏幕共享同时出现在屏幕上，功能上受到限制，教师仍然是有对着屏幕讲话的感觉；classin教师可以同时出现教师头像、上台的学生头像和屏幕共享文件，但是该软件需要付费，成本较高；晓黑板、希沃在使用过程中出现卡顿次数较多；此外某些平台的黑板书写感较差，比如钉钉课堂。经过长时间的尝试与摸索，笔者发现几个软件叠加使用效果会较好，比如打开钉钉在线课堂，屏幕共享希沃白板，将事先做好的课件通过希沃播放，希沃软件自带的功能可以在线使用，为教学提供便利。

从课堂教学效果的角度来说，线下优于线上，毕竟线下的面对面的课堂互动，好于线上隔着电脑屏幕的网络互动。但是，作为线下课堂的补充，线上课堂仍是好的选择，为主动性强的学生提供了学习的机会，丰富了学生的学习形式，成为学生学习的多一种选择。

此外，由于线上课堂具有随时随地的便利，使得物理课堂的边界模糊了。任何一位学生可以在课后邀请教师进入一间云课堂进行答疑；任何一位教师可以利用假期邀请一批学生进入云课堂进行学习与讨论。课堂无边界、学习无止境，在一切都可以随时随地开展的模式下，时间成为最宝贵的资源，如何高效利用线上与线下教学手段，更优整合线上与线下教学资源，值得每一位教师不断探索。

基于在线测试的"先学后教"模式 在高中地理教学中的实践研究 [①]

▲

在学业水平考试复习阶段，教师了解学生实际复习中有哪些难点之后，再进行"精确"教学，可以提高复习效率。教师借助部分小程序可以进行在线测试、反馈结果，对于复习阶段的教学有一定价值。但如何把这些小程序功能和高中地理课堂教学深度融合呢？笔者做了一些教学实践和思考总结。

一、基于在线测试的"先学后教"模式的理论基础

近些年，在线教学成为教育行业最热门话题之一，很多教师思考着如何更好地发挥在线教学的优势。笔者认为，基于在线测试的"先学后教"模式可能是一条教学新路。

"先学后教"模式强调学生的主动学习在前，教师的点拨引导在后；学生发现问题在前，教师解决问题在后。根据建构主义理论，知识和能力是学生自身内化形成的，不是教师示范教授而得。"先学后教"模式把学生学习的过程前置，把教师讲授的环节后置，凸显了学生在学习过程中的主体地位。但如何进行"先学后教"成为行业人士讨论的焦点。不少教师采用学生先进行自学讨论，然后教师提问归纳的方法。应该说这种方法具有可操作性强的特点，但是教师在课堂上难以对学生整体情况进行快速精确的分析判断，从而使得最后的归纳总结未必针对学习难点，教师授课的有效性和精准性不能得到保证。

把"先学后教"建立在在线测试基础上，"教师教什么、怎么教、什么要

---

① 上海理工大学附属储能中学 顾宏帅

多教、什么要少教"这些困惑，可以迎刃而解。在2021年上海市普通高中学业水平合格性考试复习阶段，笔者借助问卷星在线测试功能，设计了"先学后教"的流程，如图1所示。

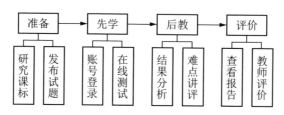

图1 借助问卷星进行"先学后教"的流程

在准备环节，教师需根据课程标准编制试题并利用问卷星平台进行发布。须确保每套测试卷对重难点知识的覆盖程度。教师还应设置合适的测试卷数量，确保考生的测试数据能反映其稳定的学习水平。考虑到地理学科的属性，每份测试题都应配置一定的地理图表，以培育区域认知等核心素养。在先学环节，学生需用手机（或者其他设备）登录，完成在线测试。首次测试前，应对学生进行充分的宣传教育，告知该次活动的作用和目的。先学环节放在合格性考试复习前较合适，它可以帮助学生进行自主学习、自我发现和自我探究。后教环节，教师须查看考试结果分析报告，重点把握报告反映的共性难点试题，并及时进行讲评和变式训练。该模式下，教师针对性地对难点内容进行讲解，可以实现"精准教学"。评价环节，学生查看测试分析报告，了解自身对学科知识的掌握程度，教师可对学生进行有针对性的评价。基于在线测试的"先学后教"的模式改变了以往学生的学习主要依赖教师讲授的状况，将最大限度地发挥学生的学习自主性。可以发现，准备环节是本教学模式的关键和基础，是该模式中教师教学工作的重心所在。

二、基于在线测试的"先学后教"模式在教学中的实施路径

目前上海普通高中学业水平合格性考试地理学科的单项选择题总分占比为80%（截止到2021年6月）。高质量完成单项选择题可确保全员通过考试。基于在线测试的"先学后教"的模式在学业水平合格性考试的复习阶段具有较大价值，其实施途径的关键是编制单元知识结构，科学设计试题。

高中地理科目教学内容多、知识体系大，教师首先应以课程标准为依据，梳理学科各单元之间的结构关系。在此基础上应梳理出各单元详细的知识结构。单元知识结构是编制试题过程中细化了的参考依据，它呈现了教学内容的重点和难点。以高中地理"世界气候类型"这一教学内容为例，其单元知识结构如图2所示。图2中实线框内的为教材中出现的教学内容，虚线框内的表示教材中并没有出现，但是为了单元结构的完整和知识体系的建立，教师需要在教材基础上补充和完善的教学内容。"世界气候类型"应至少包括"空间分布、形成原因、气候特征、造成影响"四方面，每一方面包含若干主要知识点。如气候类型的"空间分布"这一方面，应包含"区域的地理位置"、气候类型的"常规分布"和"特殊分布"三个主要知识点。可以看出，梳理详细的单元知识结构对教师提出了较高要求。教师需要对学科体系有宏观的把握，也需要对重点内容有细微的处理。如图2所示的"世界气候类型"单元知识结构，体系完整、结构清晰、层次分明，该单元的在线测试试题的编制就有据可依，有根可循。

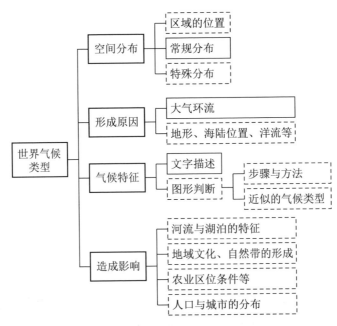

图2 "世界气候类型"单元知识结构

在编制单元知识结构的基础上，教师应科学地设计试题。从试题的分布结构看，试题数量要足够多，在各指标属性区间内均衡分布。以知识点、难度与认知分类这三个属性为核心，形成三维立体交叉网络。网络上的每个交叉结点上都应有合理的试题量。在保证这一结构的基础上，还应保证试题在题型和区分度上的分布要合理，使得整个测试题库结构处于基本的均衡状态。从试题质量要求看，试题内容要科学、无学术性错误，无歧义，表述简单明本。从试题呈现形式来看，确保试题的文本和地图信息能同时呈现出来。问卷星具有强大的图文编辑功能，可以实现网页上同时呈现文字和地图信息的功能。

笔者认为，基于在线测试的"先学后教"模式在普通高中学业水平合格性考试中具有较好的适用性，其实施路径也清晰明了。如前所述，其关键点是，教师须对学科知识点分布做详细梳理和结构化呈现，从而保证编制的试题可以覆盖学科知识体系的每一个角落。

三、基于在线测试的"先学后教"模式的教学实践

2021 年 6 月，笔者任教班级的高一学生迎接本年度地理学科学业水平考试合格性考试。开始复习之前，笔者在研读课程标准和教材基础上，借助问卷星平台，编制了若干套在线测试的试题，并进行了三次基于在线测试的"先学后教"的教学实践。

A 套测试由 50 个单项选择题组成，卷面满分分值 100 分。测试时间为 40 分钟。参加测试的学生共 92 人，均在手机上操作完成。测试结束，系统给出测试分析报告并把每个学生的测试报告反馈给个人。教师重点关注均分、分数段分布以及得分率异常偏高和异常偏低的试题。图 3 显示的是 A 套测试各分数段的人数分布。图 4 显示了 A 套测试中，第 32 题各选项的人数分布情况。

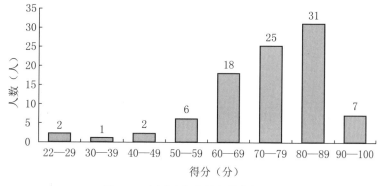

图 3　A 套测试各分数段的人数分布

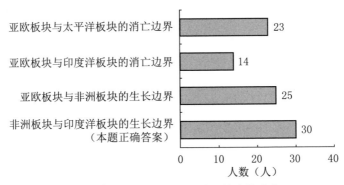

图4　A套测试第32题各选项的人数分布

　　首先，教师可以查询测试结果是否达到了预设的均分目标。合格性考试的难度系数是0.8。A套测试试卷难度系数为0.739 3，接近于合格性考试的难度系数。从分数段的分配来看，本次测试结果并没有呈现明显的正态分布，90分及以上的人数为7人。这说明虽然本次测试的整体难度系数合理，但高分段同学人数较少。这表明，全面复习开始之前，对基础知识掌握牢靠的学生人数较少。其次，报告可以显示哪些试题的得分率较高，哪些试题的得分率偏低。教师在复习阶段可以把更多的教学重心向得分率较低试题对应的教学内容倾斜。本次测试报告显示，得分率最高的是第8题，其得分率为98.92％。得分率最低的是第29题，其得分率为5.38％。教师要分析为什么这些试题偏难或者容易。一般而言，地理程序性知识较难而事实性知识较简单。这从本次测试各小题得分率可以得到印证。在编制试题时，教师要充分预估考试群体的实际情况，根据预设均分目标和方差来设置地理程序性知识和地理事实性知识之间的比重关系。最后，每一个学生也将看到自己的测试评析报告，有助于其开展自我诊断、自我评估，在有针对性的训练中开展复习。

四、总结与归纳

　　基于在线测试的"先学后教"模式可以为教师提供强大的课前诊断功能。它以最近发展区理论和建构主义学习理论为基础，为学生的学和教师的教提供了很好的"处方"。建构主义学习理论认为，学习的过程是基于学习者自身原有的认知和经验对新的知识和经验的理解和意义的主动建构过程。知识并非被动接受的，而是有认知能力的个体在具体情境中相互作用而建构出来的。学生是学习的主体和中心，教师是学生学习的组织者、指导者、帮助者和促进者。基于在线测试的"先学后教"模式注重复习阶段的主动建构，强化了学生学习的主体地位，并以教学活动实施的先后时间为主线，通过教师的智慧行动，将课前、课中、课后的教学环节高效衔接，确保了教学活动科学性和完整性。

比起传统的教师为主导的教学模式，基于在线测试的"先学后教"模式的优点如下。一是，基于大数据分析，测试结果精准且可视。每一份测试报告都是可视化数据，更多的测试报告就是大数据分析的结果，具有较强的复习指导意义。此外，在线测试试题永久保留，便于再次编辑和重新发送，具有很好的可编辑性。它是一种适应移动互联网技术下的优质教育资源。二是，有利于激发学生的学习主动性。在该模式下，学生的"先学"活动要求是明确的、量化的，它是对一个个具体问题的思考和解决的过程，是学生利用原有知识、技能对新的知识和经验的理解和意义的主动建构过程。这个环节中，学生是学习的主体和中心。具体表现为，经过一次在线测试后，哪些知识点掌握较好、哪些知识点还没掌握，测试结果一目了然，学生会更明确接下来自己的复习重点是什么。三是，提升教师教学有效性。如果说，"先学"活动环节中，教师研读课标、编制试题的教学行为属于学习活动的组织者的话，那么在"后教"的活动环节，教师的角色转变为指导者、帮助者和促进者。基于测试分析报告的研读，教师已经充分了解学生"先学"后的收获和困惑，带着学生的疑点和难点来进行"后教"，尤其是对"先学"解决不了的问题和高频考点重点教学。比起"先教"，"后教"可以帮助学生更精准地打通一些"知识关节"，形成比较完整的知识链和能力链。

当然，基于在线测试的"先学后教"模式也存在需要完善之处。例如，该模式要求学生在课堂使用手机或者电脑进行在线测试，这对于教师课堂的管理提出了很高的要求。毕竟，考虑到中学生的自律性，手机、电脑等设备还没有完全走进中学的课堂。此外，在线测试带有一定的"应试"味道，仿佛学习就为了考试的意味较重。如何在该教学模式中增添"育人"的成分，注重对高中生的人地关系理念、生态意识、国家情怀的培育，也是地理教师必须着眼考虑的问题。

"双新"背景下，学业水平考试的题型可能改变。随着考试中填空题占比变得更多，当前版本问卷星的测评结果诊断功能将减弱。教师应密切关注教育考试动态，及时了解平台的功能更新，确保"先学后教"模式能够接轨新的考试题型和平台模块。

图解"晓、云、点"在线教育举措^①

▲

在线教育通过全新的理念和先进的学习方法，将丰富的教学资源与互联网技术充分结合起来，使师生足不出户便可完成教学任务^②。随着智慧教育的高速发展和在线教与学活动的顺利开展，多种在线教学模式应运而生。作为上海市大同初级中学教育信息化的研究成果，"晓、云、点"教学模式也在实践中日趋成熟。

一、"晓、云、点"在线教育举措

在线教育一般包括计算机及基础网络设施、教师、教学平台、教学内容、学生五个基本构成要素，五个要素缺一不可，构成了完整的在线教育行为^③。

通过对学生学习方式的统计，笔者发现上海市大同初级中学的具体在线教学行为可分为课程点播、直播教学和学习服务三类。这三类教学行为以学生为主体，以教师为主导，以教育信息技术为支撑，以不同的网络平台为载体，分别以"点"播在线课程资源、异步进行"云"直播教学和"晓"联系沟通学习服务的形式呈现，形成了具有学校信息化特色的"晓、云、点"在线教育举措。

---

① 上海市大同初级中学　杨晖
② 史怡明.新冠肺炎疫情背景下的在线教育现象分析［J］.开封文化艺术职业学院学报，2020（5）.
③ IDKW 图解中心.一本书看懂互联网教育（图解版）［M］.北京：人民邮电出版社，2016.

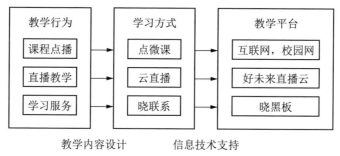

图1 上海市大同初级中学在线教育举措

（一）点播在线课程资源

课程是教学的载体，课程资源点播是在线教育实施的主要方式之一。疫情期间学校学生的课程点播资源有两个渠道来源，分别是市优质课程体系空中课堂和校本的补充微课。

1. 系统优质课程体系——"空中课堂"

上海市教委顶层设计在线教育体系，对现有资源进行筛选、整合和优化，组织了一批优秀教师进行中小学段各科课程的教学视频录制，对本市基础教育课程进行全学段、全学科、全区域覆盖，每节课提供电子学习单和作业单，确保在线教学满足不同层次和差异的学生需求。

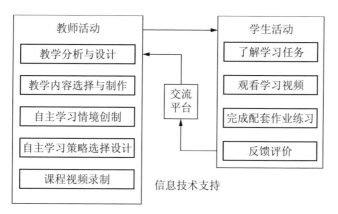

图2 "空中课堂"课程资源使用方式

2. 学校针对性微课资源——校园网在线学习

上海市大同初级中学教学信息化平台的开发与建设较为完善。学校未雨绸缪，提前构建了在线的学习平台，并鼓励教师进行微课的设计和制作。在线教

学期间，学校教师以"空中课堂"的教学内容为基础，根据学生的实际学情录制补充性专题微课。制作流程见图3。

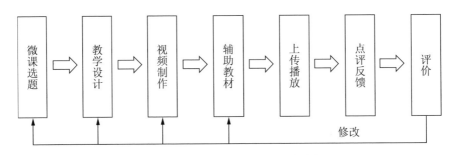

图3 校园网在线学习微课制作流程

录制好的微课作为校本课程资源投放到校园网平台。教师可进行微课的上传和信息编辑，学生可对本年级所有学科的微课视频进行浏览与下载。系统具备学生学习时间的监控功能，且开放了教师查询监管的权限，任课教师可在后台了解本班学生对于任一微课资源的学习情况，如登录时间、学习时长和观看次数等。使用方式如图4所示。

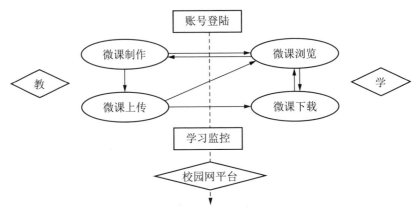

图4 在线学习微课资源使用方式

（二）异步进行"云直播"教学

在观看市教委统一组织的"空中课堂"之余，部分学校根据自己的办学特色和教学实际，号召教师开设网络直播课。笔者所在学校就开展了异步"云直播"教学。笔者以数学学科的"云直播"为切入点，对特色化直播教学进行剖析。

1. 直播云平台保障

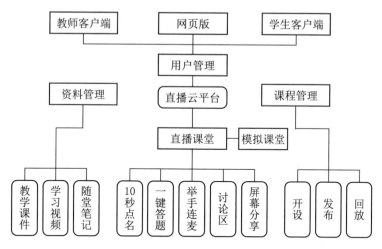

图 5 直播云平台功能模块

学校统一使用好未来直播云平台进行课堂直播。该网络平台可对各种课件和视频进行实时播放、书写和批注，还具备点名、答题、倒计时、举手连麦等功能，满足了日常教学需求；直播云课堂中设有模拟教室，教师可提前进入虚拟教室进行教学演练；平台内的每节直播课会自动录制，同学们可在课程结束后进行不限次数的回看，便于复盘学习；课程结束时教师可以一键生成本节课的随堂笔记，保留过程性的知识讲解文稿记录。

2. 直播课型安排

在实际的教学实践中，数学"云直播"课堂可分为普遍性教学和个性化教学两类。其中普遍性教学包括新授课和讲评课，而个性化教学主要是分层答疑。

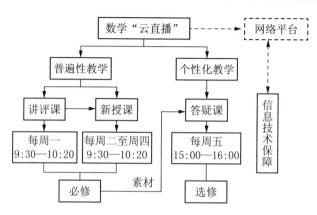

图 6 数学"云直播"教学课型安排

（1）普遍性教学——新授课、讲评课

数学教研组老师根据学情拟定教学进度，统一线上备课制作 PPT 课件，然后在周二至周四的云直播课堂中进行新知授课。学生们每周末的作业是一次线下练习，限时完成后教师会对上交的练习照片进行批改和数据统计，周一教师会开设一节讲评课进行相应的错题分析，按知识点和关联性进行题组讲评。

（2）个性化教学——答疑课

为保证资优生和学困生的差异化学习要求得到满足，每周五下午教师会开设一节答疑课，学生们本着自愿原则参加。资优生会在答疑课上分享自己做到的好题，借此机会对自己课外学习的知识进行解惑和巩固；学困生则会来询问未理解的例题或练习题，请求教师进行再次详细地讲解。

3. 直播教学流程

一节数学课的"云直播"会有如下的流程：课程发布、课前准备、课堂直播和课后反馈。教师会提前进行课程的平台设置，并通过晓黑板推送本节课的课程通知，以便于学生做好相关的学习安排。

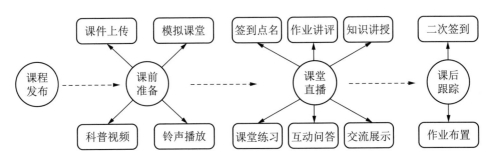

图 7 "云直播"课堂流程

教师在直播课程开始时组织 10 秒签到，学生端会即时跳出一个需应答的交互按钮。对未能及时签到的学生，教师会根据平台统计名单进行点名从而确认出勤及迟到情况。每节课会在展示与评析上次作业的典型错误后再开始当天新知的讲授。在教学过程中设有练习环节，判断和选择题可通过一键答题即时作答，计算解答题则启用倒计时限时完成；学生可通过举手连麦的方式与大家分享解题过程，也可在讨论区交流自己的不同解法。在下课时会通过二次签到调查学生的早退和缺勤情况，布置当天作业。

4. 直播课堂的小特色

（1）候场的科普视频

每次课前都会有同学提前来到直播教室，在候场的时间里，教师会随机播放一段暖场小视频，内容是数学趣味知识、天文科普知识或德育热点集锦。如此举措既能避免讨论区中没营养的交谈，又能让同学们从视频中学到一些有趣的知识，还能调动同学们及时来直播教室的积极性，一举三得。

（2）数学特色的微视频讲题活动

根据数学课的特点，笔者发起了学生拍微视频讲题活动。讲题内容可以是当天的作业，也可以是对某个知识点的理解。学生将讲解视频发送给教师，教师筛选修改后再在直播课堂中进行交流展示，这也是直播课堂的一个特色环节。通过拍视频讲题活动，学生的逻辑思维能力、语言表达能力以及对数学的学习兴趣都得到了极大的提升。

（三）"晓联系"沟通学习服务

在线上教与学的过程中，除了日常的直播教学和课程资源库的使用，家校沟通和学习服务更是不可或缺的一环。在此教学行为中，上海市大同初级中学采用晓黑板软件作为学习服务的平台，充分发挥了"晓联系"的服务功能。

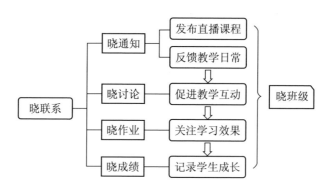

图 8 "晓联系"在线教学行为

作为学习服务的沟通桥梁，"晓联系"主要用于以下几个学习服务：

1. "晓通知"发布教学日常

教师可通过晓黑板直接对班级成员发布直播课堂通知，学生点击通知链接就可直接进入直播教室，交互性好，课程发布方便。一些防疫类的班级通知也可通过"晓通知"进行发布。

2."晓讨论"促进教学互动

数学教师可以在晓黑板上以讨论帖的形式发布"晓讨论",学生在观看空中课堂或数学直播课的过程中,如存有疑问可在此讨论帖下提问,教师会用文字、语音或图片形式进行跟帖回复。

3."晓作业"关注学习反馈

每天的作业是在晓黑板上以"晓作业"的形式呈现,学生可以在下方上传自己的作业照片,教师再对作业进行批注回复。"晓作业"中设置有批改、通过、打回订正和设为优秀作业等交互功能。

4."晓成绩"记录学习成长

线上教学的练习成绩可用"晓成绩"发送给家长,且每位家长只会收到自己孩子的成绩。教师可对练习情况进行总体反馈,如平均分、知识点薄弱区等,也可对每位学生进行单独点评。此服务能令家长对于孩子的学习情况有第一时间的精准了解。

二、"晓、云、点"在线教育举措的启示

(一)正视在线教育举措中的问题

"晓、云、点"在线教育举措使得学生对于学习的支配变得更加得心应手,不再受时间和环境限制,随时学、随处学成为可能。但"晓、云、点"在线教育举措也折射出了在线教学的众多局限性:过度依赖于网络平台,直播教学方式下的部分内容教学缺少效率,师生之间缺少直接的互动和反馈,学生的自我监督能力薄弱等都是在线教育在后续需要跟进的问题。

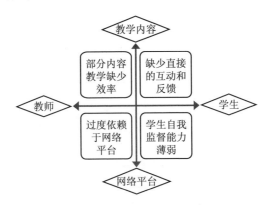

图9 在线教学中存在的问题

（二）对在线教学中教师角色的思考

在线教育的快速发展对教师的信息化素养提出了更高的要求，但也给教师带来了广阔的发展空间，其中教师角色的转变是启迪学生智慧的关键①。通过"晓、云、点"等教育举措的实施，笔者感悟一线教师可以从转变教育观念、更新知识技能、坚持终身学习、开展协同育人四个方面进行教师角色的重塑。

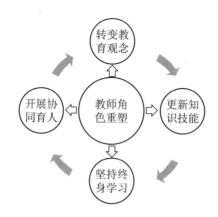

图 10   在线教学环境下教师角色重塑途径

转变教育观念，将教育技术与教学过程有机结合，以提高学生综合素养；更新知识技能，注重知识结构的迭代和更替，主动抓住技术的发展趋势，及时感知学生的学习需求并予以指导；坚持终身学习，正视在线教育环境下各项教学因素的改变，积极地探索和实践在线教育的新教学理论和方法、教学策略；重视备课组等团队的力量，发挥集体的优势，取长补短，提高教学效率，开展协同育人。

三、小结

在线教与学是对中小学教育信息化环境建设、资源建设和教育教学改革前期积累的一次大考，教师也在这场在线教学实战中迅速地调整自己的教学心态与方式，为取得更好的在线教育效果而努力。"晓、云、点"教学模式以"点"播在线课程资源，异步进行"云直播"教学和"晓联系"沟通学习服务为在线

---

① 马国峰，陈利国.智慧学习环境下的教师角色重塑［J］.西部素质教育，2019（12）.

教学举措，是教育信息技术与时代催生的产物，但也可能会成为今后的一种趋势、潮流。

　　作为一线教师，我们应该立足于自身的教学实践，对当今时代下的新教师角色进行思考与重塑，肯定在线教学优势的同时正视在线教育中仍存在的问题，取其精华去其糟粕，不断地反思与进步。

打"通"壁垒：六年级语文教学的
云端实践与线下运用①

▲

　　计算机和网络技术给教育领域带来了深刻的变化，如今，信息化的教学理念被越来越多的教育工作者认可并践行。在初中语文教学中，越来越多的教师调整自己的时间和精力去分析信息技术的使用策略，将其有效融入语文课堂。在云端教学全覆盖后，教育与信息技术的关系趋于双向渗透更是在短期内加速。恢复线下教学至今，云端实践的成果依旧在各个方面为语文教学的有序开展和优化创新提供着平台支持和思考启发。

一、打通壁垒

　　"互联网＋教学"的深度融合带动了一系列网络在线课程平台的发展。我校此次使用的"学习通"兼具规模性、系统性、操作性、针对性等优势，并在此基础上保留了传统教学中的班级化管理、优化了纯网络教学中的数字化统计，展现出前沿的信息化、时代性和自由度，在不变中打通壁垒。

（一）教学灵活：打通传统课堂教学的时空壁垒

　　教师制作包含完整教学环节的"速课"，发送给学生，让学生自主学习。"速课"抓住学生有限的注意持续时间，富含图片、视频、声音等要素，较传统课堂更为生动有趣，并且给学生更多思考空间，极具启发性和灵活性，打破传统课堂时间和空间的限制，为学生提供高效的语文学习平台，提高他们语文重难点探究效率。

① 　上海市卢湾中学　陈激雯

（二）认知升级：打通学生对于学科的固有认知壁垒

教师发布简短鲜明的讨论主题，让学生在板块里畅所欲言，发表看法，分享成果。对于学生发表的观点，教师可以进行引导，不以对错进行评价，利用言语激励学生，使其积极主动表达。"讨论楼"板块类似贴吧、BBS论坛、微博等社交平台，贴近学生，很大程度上激发了学生的学习兴趣，从而会引导学生认真分析学习任务。

（三）自主选择：打通书本知识与社会生活的选择壁垒

教师引导学生使用图书馆板块自主阅读，拓宽视野。通过信息技术的使用，书籍按教材、学段、种类等不同方向呈现在学生眼前，既基于书本知识，又合于生活，将学习的自主选择权交给学生，引导学生将语文知识和生活实际联系起来，让学生意识到语文学习对生活的重要意义，引导他们主动完善语文综合能力。

（四）评价多元：打通学科综合能力的评价壁垒

评价系统分为师生评价、生生评价和自我评价这三个方式。师生评价参考在线时长、学习进度等指标，线上给出针对性评价。同时，也会定期请学生对课程做出评价打分，对平台资源进行反馈，由原本的单向评价延展为双向评价。生生评价鼓励学生之间进行线上分享交流评价，在细节上给出个性化的建议。自我评价会发布问卷或笔记模板让学生自查，反思自己语文学习中出现的不足。

评价系统的融入让学科教学评价更加多元化，对学生语文综合能力发展有不可替代的作用，同时体现了对话教学的本质，它改变了以往课堂教学教师"一言堂""满堂灌"的教学模式，给师生之间、生生之间提供了更多交流与对话的机会。

二、云端实践和线下运用

笔者在六年级语文教学中主要基于学生"听、说、读、写"四项能力培养展开，在三个月的云端教学过程中形成了一定的实践成果经验，并在恢复线下的一年多的时间里得到了有效的融合运用。

（一）听：云端"数字化"，线下"自助化"

在线教学尤其是录播课往往呈现出学生生成环境的局限性，而"学习通"通过数字化准备、数字化管理、数字化互动、数字化生成，看似冷冰冰的数字化平台创生了量化却不死板、自主但不茫然、自由而不懈怠的"云端课堂"新秩序。

准备阶段，教师精心准备教学资源，继而推送网络平台，发布学习任务，学生则需要根据教师的要求和上传内容进行自主学习，记录并反馈学习疑点。教师以此收集学生学习的反馈信息，有的放矢地设计教学活动。课程签到板块中，可以对学生每一堂课的出席进行精细管理，学生账号绑定家长的联系方式，可及时进行家校联系。课堂生成中，学生可在直播板块中提出个人疑问，互相评价留言，还可以运用笔记板块实现"云听"成果以图片、录音等方式进行数字化保存，并且进行分组，加强了听课的自我效能感和管理能力。课后，教师在线发布作业，学生反馈练习情况，师生之间互相交流，最后师生双方要分别进行教与学的反思总结。

在线下，在有效保留"云听"听之环境自主化、听之过程自由化、听之结果可量化的优点的基础上，综合传统课堂学生生成、真实互动、实时反馈等特点，从而形成自助化的趋势。例如，空中课堂素材中如生字词学习、作家作品介绍、课文板块梳理等内容在课堂中一般会有更加丰富有效的环节来开展；而对于一些专题讨论可能因为不同班级教学时的详略展开和学生反馈有所不同，可以在课后作为自助选听素材：或拓展补充或重难点回顾或多方位理解，以供不同学习能力和学习需求的学生自由选择。

（二）说：云端小活动，线下班本化

"学习通"为学生线上语言表达交流提供了自由锻炼的平台，线上课程与班级特色相结合，语文学科学习与生活相融合，评价指标的过程性和多元性，以及学生学习的自主性组成了云端表达新特点。

在日常诵读的基础上，丰富的技术支持让线上语文学科特色活动的开展得以实现。我班在 2020 年 3 月末开展了一场别开生面的朗读比赛。第一周笔者在"讨论楼"发布参赛邀请函，学生在指定时间内上传朗读音频并自由评论留言。第二周进行投票评比并通过问卷由学生自己推荐优秀作品，相比传统课堂的评比，线上投票更快捷环保、准确服众。第三周公布结果并制作优秀作品集

锦，同时建立了晨读打卡群和课程更新推送。学生每天早上都可自由收看，声音和电子书图片同步播放，即使在晨练或用餐时也可以不用特意拿书。新颖的晨读方式深受学生喜爱。两个月里，学生坚持天天打卡。我班师生共同打造的"晨读推荐"课程已开展至第三期，点击人次超两千。

在恢复线下教学后，结合"书香校园"的建设，并总结线上教学开展经验，笔者认识到传统课堂呈现的问题，主要有以下三个方面的原因：一是由于传统课堂时间的限制，朗读多为齐读，学生个人能力展现不充分，大家对于读课文的兴趣不浓；二是对于教师寻找的范读资源难以产生认同感；三是随着时间的推移，前期学习的课文难以持续巩固，内容语言细节会逐渐淡忘。于是，笔者在线下展开二次实践：在 2020 年 9 月，笔者执教的六 3 班组织开展了"星海晨读"活动，班学生上传每个阶段学习的三篇课文音频并自由评论。笔者发现环境的私密性和自由度其实让很多学生更能放得开，愿意去尝试充满感情的自由朗读，让学生更加有自我成就感。

通过线上和线下共同作用，对于六年级的语文教学而言，朗诵也不再是课堂"个人秀"，而是能依托信息技术真正为"全民达人"的展示舞台，让线下线上的琅琅读书声共生成为交响曲，最终形成班本特色，并在六年级的其他班级里实践推广。

（三）读：云端沉浸式，线下项目化

同样是阅读，教室、阅览室、公共图书馆的体验都不相同，在云端也要创建"云端阅读新体验"。通过布置与学生能力相匹配的阅读任务、设计明确的阅读目标、提供及时的阅读反馈，云平台同样能使语文阅读变成不亚于线下的沉浸式体验。平台书籍按不同分类呈现，既基于书本知识，又合于生活，将阅读的自主选择权交给学生。通过阅读课程、感想交流、成果分享，"云读"实现了阅读内容丰富化、阅读环境延展化、阅读时间自由化、阅读成果个性化。

在笔者班级开展的部编教材《鲁滨孙漂流记》的整本书阅读教学实践中，线上教学期间，教师通过提供阅读小课程、图书馆板块课外延伸阅读等任务，给学生提供锻炼自主学习能力的契机，使学生形成自主学习的习惯。同时，通过"任务打卡""成果分享"和"评比展示"，让学生将原本枯燥的阅读转化为"旅行打卡晒图"式的身心体验，增强学习兴趣和学习自主性，真正实现"书海畅游"。

而在线下教学期间，则在以上板块的基础上，还会依托"学习通"的阅读测评功能，可以在课堂里实时进行评估反馈，形成课堂数据，开展阅读讨论，依据不同学生的阅读深度共同制定个性化的阶段阅读任务单。

（四）写：云端博览会，线下档案化

在开展云端写作教学时，笔者会先引导学生通过线上采集写作素材和美文佳作，为应用写作积累素材和写作经验；接下来通过问卷调查对学生写作难点、写作风格及写作期待进行了大致了解；最后让学生在线下创作完成文章，并在线上交流分享和讨论评改。信息化拆解写作过程的优点改变了传统教学中教师预估难、沟通时间少、学生视野窄、写作兴趣淡、生生难比较等不足之处，为师生搭建"云端写作新舞台"。在这个过程中，笔者和学生们仿佛参加了一场博览会，每一次写作都能实现写作过程自主化、写作成果丰富化、写作评价多元化，并且在不同的写作活动中展现出丰富的适用性。

写作过程中的准备、写作、修改、品读佳作等环节都是"慢工出细活"，因此恢复线下教学后，笔者着眼于建立"写作档案"。沿用线上写作预调研、"讨论楼"归类存档、佳作发布展示等云技术加持，在线下个性指导反馈的基础上，将写作在长度和深度上无限延伸。通过线下写作和线上分享评比相结合，让学生有更多欣赏、互评的机会；通过当堂作文写作打分，并把佳作发布到线上平台上，让学生有充分的时间和空间学习佳作，修改完善个人作品。

三、总结思考

运用信息技术研究并开展创新语文教学模式探索，是在实践中挖掘教育内涵，在教学中提升教师素养，在上海教育现代化的激流勇进中找到一方实践立足点。笔者关于六年级语文云端教学的诸多实践在返校之后依旧为线下课堂注入着全新的活力，同时也给予了笔者继续实践的信心。如果说教育与信息技术的关系以疫情为契机转变为教育因现实需求向信息技术主动求援，那么在恢复线下教学之后如何形成一种稳定的教学样态，还需要时间的检验和实践的深入。归根结底，教学模式的创新优化不能仅仅是一种"排列组合"式的"被混合"，而要成为具有理论自洽性和实践稳定性的"新经典"。那么"新"就不再是博眼球的试验田，而真正成为一种舒适的教育新环境。

初中英语在线教学改变
传统教学的探索与实践 ^①

▲

疫情的出现打破了正常的教学安排，这给传统教学带来了前所未有的挑战，也给教师加速专业进化提供了契机。本文在实践的基础上，以在线教学五环节为切入口，探索在线教学对传统教学的改变。

一、在线备课：根据课堂预设二次创作 ^②

（一）集体备课，共享智慧和资源，发挥团队协作效益

八年级英语备课组的四人一直坚持网络集体备课。根据先行提供的学习单和作业单了解录播课的大致要点和重要环节，结合本班学生情况思考教学推进的可行性，适当调整教学内容。如在 8B Unit 4 Grammar（均为牛津教材）宾语从句的教学中，我们发现，空中课堂的教学内容对于我校学生来说太复杂，所以 A 教师制作降低难度的宾语从句微课，B 教师根据宾语从句的不同类型设计针对性练习题，C 教师设计回家作业，D 教师负责整理在线教学记录表。我们在教学设计上取长补短，强化知识梳理和学法指导，共享集体智慧。

（二）根据学情，调整教学内容，促进学生个体发展

教师要在充分了解录播课堂重点的基础上，预设本班学生可能会出现的问题，对教学内容进行补充、修正，这个调整主要体现在对"思考与讨论时间"

---

① 上海市黄浦区教育学院附属中山学校　吴　婧
② 张卓倩. 变与不变：基于在线教学的"五环节"调整之思考［J］. 现代教学，2020（7AB）.

的利用上。我们保证教学内容与录播课的主线链接清晰，容量以解决一两个关键问题为宜。

以 8B Unit 2 阅读 Water talk 第一课时为例，该课时录播课容量较大，对于我校大部分学生来说，目标达成度较高。因此我们先加强对核心词汇的带读；再结合课本 A2 的练习，选择合适的词语填入表示 water's journey 的地图中；然后巩固学习单中的 Task 2，在没有任何信息提示的情况下完成 A water drop's journey 流程图。这样顺接录播课的教学内容，使学生对文本主旨的掌握由浅入深，自然习得流程图中的相关细节，从而完成教学目标。

（三）根据课型，突出特色和区别，提高学生综合素质

我们在备课时针对不同课型设计相关互动内容，例如 8B Unit 3 Speaking，该课时的教学目标是学生掌握连贯发音中连读的技巧，并正确朗读短语和句子；使用相关表达谈论家庭用电安全。因此我们设计在互动环节再带读作业单 Task 1，引导学生注意停顿和连读，再围绕家庭用电安全问题结合课本第 47 页内容口述该如何合理用电。这样倚仗录播课，在互动环节侧重技能训练，夯实授课内容。

（四）准备在线教学所需的硬件和软件，为后续环节做好准备

教师要熟悉直播平台的各项操作才能保证在线上课时顺畅。我们使用的是瞩目会议软件，能极大程度还原面授场景。教师也要保证在线上课的良好课堂秩序和抖擞的精神面貌，同时还需保证电脑桌面干净，关闭教学不需要的软件或删除弹出广告的软件，打开教学需要的视频、文档或 PPT 以便随时切换。

二、在线上课：注重个性化教学

（一）同步听课，保证录播课的顺利进行和与"思考与讨论时间"的无缝衔接

在线上课时教师与学生同步收看空中课堂，这样，如果有学生因为网络平台故障而错失精彩，教师就可以第一时间拾遗补阙，而且观看的过程也许会再一次激发教师的智慧火花，促使教师及时调整教学步骤，使得与"思考与讨论时间"的内容更加契合，教学目标达成更高效。

（二）互动交流，实时管理学生的学习过程，体现语言类学科学习特点

少面面俱到，多围绕核心问题设计问题链，推进学生思维深层发展。有限的互动时间意味着教师要精简教学内容，精选互动主题，因此教师要根据单元以及课时教学要求，厘清教学思路，设计学练问题链，在教学中引导学生，激发学生的学习兴趣和主动学习意愿，带着问题去思考和讨论，促进深度思维的发展。

少重复讲解，多创造讨论展示机会，增强学生自信心并内化语言微技能。对于录播课已经讲清楚了的问题，教师不必重复讲解，或者纸上谈兵讲解某些单词的含义，而是要体现语言学科的特点，加强学生的语言输出训练，通过朗读展示、话题讨论、语用实践表达等形式让学生内化各种技能。

少结果性单向评价，多过程性多元评价，鼓励学生聆听，提高专注力。教师应该看到学生在学习过程中所付出的努力，对学生学习过程的评价更加能帮助学生明确方向，激发斗志。学生面对屏幕发表不同意见，既可以培养学生互相倾听的好习惯，又可以免去现实中忐忑忸怩之态的出现，起到激励的作用。

例如，在 8B Unit 3 Writing 的教学中，学生对于录播课的内容掌握得比较好，因此我们不改变课型，围绕 Unit 3 A dangerous servant 主题，把在线上课内容再创为写作指导课 Electricity in our life。首先设计问题链"Is electricity important in our life? → Is it dangerous sometimes? → How should we use electricity properly?"引导学生谋篇布局。再以此为每段的主题句让学生发表意见，教师在共享屏幕上及时反馈总结学生的意见，利用文档或 PPT 给出关键词组或句子。学生再根据提示重整自己的行文脉络，分段展示自己的文章，既可以打开摄像头表达，也可以连麦说，还可以采用互动面板。只要勇于表达自己的学生，笔者都给予大大的赞扬，从课堂氛围和课后作业反馈来看都取得了比较好的效果。

三、在线作业：开发多元作业形式 [①]

（一）开放类作业：开拓学生思维能力

我们选择性地借鉴录播课的开放型作业设计，拓展学生思维深度。例如在

---

① 朱磊等.疫情防控背景下"停课不停学"在线教学实践探索［J］.中国教育信息化，2020（5）.

8B Unit 2 More practice 的教学后，要求学生假设是 "Water for life" 组织中的一员，写一封呼吁大家保护水资源的呼吁信，并且给出提示每段的中心思想。这个作业与 Unit 1 补充阅读 "Trees for life" 相呼应，但是又指向了本课时的教学重点，引导学生学以致用。

（二）视听说类作业：提高学生实践交流能力

我们借助芝士网学习平台，根据课文内容布置相关的视听说作业，如依据音频跟读文本和单词、口语翻译、猜词练习、拓展跟读、相关主题听力练习、截取视频听力理解等。它们既根植于文本，又超越文本。同时芝士网平台能够在线及时反馈学生的作业情况，包括用时、跟读相似度、正确率、学生作业内容、答题错误学生名单等，教师可以根据统计结果选择性地讲评错题，也可以着重提醒出现错误的学生需要注意的易错点，方便采取跟进性措施。学生自己也可以反复操练改善学习过程以达到最佳效果。

（三）检测类作业：检测学生对课堂内容的理解

该类作业的正确与否反映了学生对课堂内容的掌握与否，以便教师及时调整教学节奏。例如在 8B Unit 3 Reading 第二课时的教学后，学生已经知道了与电有关的事实信息，但是我们不知道学生对文本中的细节是否掌握，于是我们布置课本练习 D1 和 D3 练习。D1 练习是要学生从文本中找到练习中的句子并且明确句中代词所指，D3 练习是回答问题，并从文本中找到证据证明观点。这两项作业都以本课时内容为核心考查学生的听课理解情况。

（四）笔记类作业：培养学生自主学习及自我修正能力

我们强调学生随堂记录重要知识点、易错题，方便他们随时复习，这也能直观反映学生的上课状态，所以我们定期要求学生上传笔记本照片，督促他们加强自我整理、自主学习，为了防止他们没有章法，我们也提供笔记样稿。他们可以借鉴样稿进行个性化创作，使之成为具有学生自身鲜明特点的知识助手。

四、在线辅导：实施分层个性辅导

为学困生提供学习支持和精神鼓励。我们会在文档中记录梳理好当日学习

重点、语音解释重要语法点或重点词汇运用、PPT 制作易错题，根据不同学生的需求发送不同的辅助学习资料。既可以帮助学生巩固当日所学，又可以有针对性地提供详细的讲解，学生可以反复观看或收听，直至完全理解，帮助他们合理利用碎片化时间。

为学优生提供学习方向和前进动力。我们也会制作相应的文档、PPT 文件、语音视频文件，内容包括引导学优生自己制作思维导图、分析相似文本的写作特点、拓展相关知识深度和广度，侧重于提升他们的发散性思维能力和自主学习与探究能力。

例如在作业反馈中，我们发现一道涉及被动语态的题错误率较高，针对学困生，我们制作有关被动语态知识点的文档，讲解基本结构以加强他们的记忆；对于学优生，我们在文档中适当留白，让他们自己填写完整，并且区分主动语态与被动语态的不同之处和相互转化规则，要求学生根据规则拓展练习。这样不同层次的学生关注不同的辅导资料，可以任意次数任意时间学习，突破了面授时空间和时间的限制，找到适合自身发展的最近发展区，学习驱动力得到激发。

五、在线检测：融合多种形式和数据

在线检测可以是纸笔检测、口头检测、表现性检测。纸笔检测可以要求学生在规定时间内在线完成听力、词汇与语法、阅读理解、写话等练习并上传。口头检测可以在直播间进行当场连麦或视频，采用接龙背诵、英汉翻译、朗读文本、回答问题等方式。表现性测试主要是关注学生日常课堂活动、课后作业反馈等。我们在完成了四个单元的教学后，就利用极课进行了一次在线检测。但这只是阶段性评价，依据每道题的数据统计结合学生平时学习表现，可以帮助我们反思自己的教学，积极调整教学策略，提醒学生关注自己的学习成果，积极规划自己的学习目标。

总之，在线教学给传统教学带来了深刻变革，未来的教育必将是线上与线下融合发展，教师还要继续探索如何更有效地开展混合式教学模式，让线上与线下能够互相支持、互为补充，提高教育工作的实效性，使教育教学活动更能促进学生核心素养的培育。

初中物理线上线下融合式教学研究 [①]

▲

疫情推动了在线教学的推广和普及，线下与线上教学相融合必定是未来教育的发展趋势。这种历史性变革对教师的教育教学理念、教学方式方法与学生的学习方式、师生的沟通方式等都提出了巨大的挑战。作为一线教师，要及时更新教育观念，积极调整教学方法，主动寻求自身角色的转变，勇于实践探索、不断积累经验，发挥在线教学的优势，与线下教学有机融合，从而推进教育高质量发展。

一、对比线上、线下教学特点，寻求融合点

通过教师和学生一段时间以来对线上、线下课程的实践和反馈，利用访谈等形式对比得出线上、线下教学的主要特点，如表1所示。

表1 线上教学与线下教学对比

对比内容	线上教学	线下教学
学习时间	碎片化	固定时间
学习地点	不受限制	固定教室或专用教室
学习硬件	良莠不齐	统一配置
学习资源	丰富，个性化	主要来源于教材和教师
授课教师	可选	固定
教学管理	主要靠学生自觉	教师管理，学生自觉

[①] 上海市大同初级中学　李　丹

续表

对比内容	线上教学	线下教学
学习互动	不易把控，主要靠学生主动	面对面互动性较好，情感沟通好
回放功能	可随时暂停、不限次数重放	不能回放
学习效果	靠学生自律，大部分学生专注度低	相对较好，专注度较高
作业反馈	及时	滞后

可以看出，线上教学有时间、空间的优势，丰富的学习资源便于学生开展自主学习，及时的作业反馈与辅导更是提高了学生学习效率；线下教学更便于教师管理，集体教学效果好，而且还能减少对电子产品的依赖等。线上线下各有优势，如何取长补短，巧妙利用"互联网＋教育"全方位促进学生发展，值得我们教师不断思考、实践和反思，从而创造性地将两者有机融合。

二、发挥线上教学优势，与线下教学合理融合

在后疫情时代，我们的教学依旧是以线下集体教学为主。将线上教学的优势与线下教学合理融合，使我们的教学更具有时代性、先进性、创新性，是接下来我们教师要思考与实践的方向。

笔者通过一段时间的尝试，形成如下的教学模式，如图1所示，并取得了良好的教学效果。

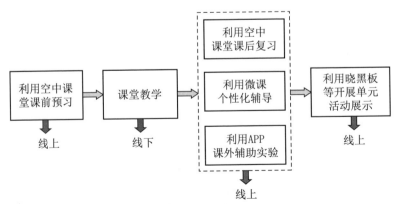

图1 线上线下融合式教学模式

（一）利用空中课堂辅助课前预习和课后复习

即使在同一个班级中，学生的水平也参差不齐：有的学生通过课堂学习，一遍即可达成本节课学习目标；而有的学生则需要反复几次才能达成。因此，线上的丰富学习资源及回放功能凸显出有效性和便捷性。

目前，网络上各类学习资源非常多，但良莠不齐，甚至有些伪科学网站混迹其中，学生自己不容易分辨，需要教师先行筛选出一些适合学生的资源。经过查询，目前国内网络平台免费开放的国家级资源库有二百多个，省级资源库也有二百多个。这么多资源，哪些符合所任教班级的学情，适合推荐给学生呢？

上海微校的空中课堂由上海市教委组织优秀的师资力量录制，其课程全面、内容完整、科学严谨，教学方式方法符合本地相应年龄段的学生，深受教师、学生及家长的广泛好评。在疫情期间为教师线上教学及学生线上学习提供了很大的帮助。在后疫情时期，如果可以继续合理利用空中课堂，将有利于辅助学生进行自主学习。

学生可以根据自身情况利用空中课堂进行课前的预习或者课后的复习。通过这种方式可以加深学生对线下课堂教学内容的理解，起到巩固提高的目的；通过复习可以把学习内容条理化、系统化，这将有效解决班级同学学习能力差异化问题。而且空中课堂还增设了"名师面对面"栏目，针对教学重点难点进行精讲答疑，实现优秀师资、精选资源云共享，扩大了受众群体。

除了空中课堂，还有各类慕课平台，可供学有余力的学生进行自我提升。这些在线课程提高了学生学习的主动性，不同类型的课程激发了学生的学习兴趣，充分发挥了学生的主体地位。

（二）利用自制"微视频"进行符合学情的个性辅导

不同时期、不同学校、不同班级的学情均有所不同，所以教师在备课时有一个非常重要的内容——学情分析。由于空中课堂等视频内容，是面向全体学生，因而缺少针对性。而且无论是线下还是线上，一节课的终点不应停在课堂授课结束，更应扩展到课堂之外。由于学生个体的差异，教师在教学中总会面临整体与个体、普遍与特殊之间的矛盾，我们必须要寻找解决问题的方法。通过实践，利用微视频进行个性化辅导可以让每位学生学有所得，逐步引导学生

进步。

疫情期间，为了更有针对性地辅导学生居家学习，笔者根据任教班级具体学情，制作了相应的微视频，作为空中课堂的有效补充。

微视频的内容可以是从网上遴选出优质教学资源，也可以是教师根据学生特点自己录制的相关视频资源。由于每节视频时长只有5—8分钟，所以学生学习时间可以很灵活，且学习时间短有助于学生保持专注力。

笔者利用课余时间筛选和录制了系列"微视频"，主要分为三种形式：（1）疑难点精讲；（2）课外知识拓展；（3）练习讲解。笔者录制的每段视频，一般只包含一个知识点，精确传达需要学生掌握的知识和技能。视频发布在校园网中，学生可以根据需要自行观看。经过一段时间的积累，笔者已逐渐形成一套较为完整的视频资源，助力学生课后自主学习，在线上实现因材施教、分层教学。

恢复线下授课后，笔者认为这些微视频仍起到非常重要的作用，不断根据学生情况的变化进行调整，使其更能针对本校甚至本班的具体情况，有力地支持了学生个性化、差异化学习。

学生利用这些符合其实际需求的微视频，有效地解决了课上重点难点的理解问题以及课后作业辅导的问题，这一举措深受学生和家长的好评与推荐。

（三）利用 APP 辅助物理实验教学

物理是一门实验的科学，学生不仅在课内要积极动手实验，在课外也要勇于探索研究。但是如果手边没有标准的实验器材，如何进行实验呢？在线实验平台可以有效地解决这个难题。目前，使用便捷且经过实践有效的实验平台主要有两类：仿真实验和数字化实验。

仿真实验不需要普通意义上实体实验器材，而是利用事先编写好相应程序的 APP 进行虚拟实验。学生通过在线模拟操作实验，APP 自带一定提示功能，实验成功率高、实验现象明显，有利于学生掌握相关知识原理，从而助力提高学习兴趣及能力。目前 NB 物理实验是较为常用的一款虚拟实验 APP，其中不仅包括经典实验部分，学生还可自由 DIY，自行设计实验，选择实验器材并模拟实验操作。其人性化的界面、简便的操作，使学生仿佛置身于真实实验环境中，并可模拟获取相应的现象及数据。

数字化实验则需要利用智能电子设备自带的传感器，例如：触摸传感器、光传感器、声传感器、压力传感器、陀螺仪、温度传感器、加速度传感器、磁力传感器等。相应的 APP 将这些传感器合理组合后可实现很多功能，相当于随身携带了一个微型 DIS 实验室。① 结合一定的器材，可以进行真实的、有效的定量测量或定性分析；还可将实验数据、实验图像等导出，便于进一步研究分析。其中 Phyphox 在功能上、使用便捷性上表现突出，这是一款基于智能电子设备传感器所创建的功能强大的物理实验 APP，而且其还有中文界面，便于新手操作。

这两类实验 APP，学生均可在课内或课外灵活使用，为学生在线上营造一个开放的探究时空，激发学生的创新意识。

（四）利用晓黑板等在线平台进行活动展示

由于初中物理一周是两课时，所以一个单元的内容跨越时间比较长，学生知识网络容易杂乱无序。为了让学生知识与技能落实到位并逐步培养学生逻辑思维和发散思维能力，在每个章节开始时，笔者都会布置单元作业。利用这种长期任务驱动，激发学生兴趣，拓展其思维深度。

这种单元作业不是一蹴而就的，需要一个相对较长的时间积累和不断地改进与提高的过程。那么要如何落实呢？笔者利用晓黑板等软件，实现单元任务发布与展示：在约定的一段时间内，学生将完成任务的过程及最后结果不断地上传到线上活动区，供师生、生生之间相互讨论、点评、借鉴等。

单元作业一：单元思维导图。思维导图是表达发散性思维的有效图形思维工具，可促进学生思维的高阶发展。笔者引导学生运用图文并茂的方法，利用关键词或图像把各知识点之间的关系通过思维导图表现出来。教师利用在线平台发布任务，学生将思维导图相继上传到在线活动区，并通过生生互评、教师评价等方式，及时发现自己是否达成本单元内容掌握的完整性、逻辑性、准确性，并通过同学之间的相互借鉴，逐步完善自己的作业。

单元作业二：创意实验挑战赛。笔者精心设计挑战项目，请学生利用身边的生活用品，设计并制作一个相关的实验。例如在第四章《机械和功》教学中，笔者请学生利用积木和生活用品制作一个能够省力的机械组。学生纷纷脑

---

① 惠宇洁.智能手机在物理实验教学中的应用探讨——以 Phyphox 软件为例［J］.物理教学探讨，2018（7）.

洞大开：有的学生因为疫情期间要尽量避免用手按电梯按钮，设计了杠杆装置，用脚促使木棒转动按压按钮代替手动；有的学生因为每天被妈妈要求洗袜子而大伤脑筋，于是决定做一个洗袜子机械组；有的学生旅游时看到风力发电机很感兴趣，利用积木搭建了简易风车发电装置；有的学生参观了电影制片厂，对放映机念念不忘，经过在网上查阅资料，购买材料，结合简单机械与光学知识，制成了简易的电影放映机。很多学生在云端自发组成团队，协作完成实验设计与制作。学生们把实验视频和照片纷纷发到晓黑板相应展示区，彼此打分、点评，营造了一个积极向上、科技感十足的学习氛围。

通过一段时间的教学实践，线上与线下教学的有机融合，为学校教育增加了一抹亮色和新的活力。目前线上、线下教学的融合方式、方法还不完善，需要我们继续去思考、去实践、去调整。但在这种教学模式下，师生都在不断的挑战与尝试中获得了更好的成长机会。虽然前路还有很多坎坷，但作为教育工作者，笔者将不忘初心，砥砺前行，继续在实践中积极探索，在困惑与思考中与学生共同提升。

辅读学校在线教学的实践浅析 [①]

▲

随着互联网和信息技术的飞速发展与普及应用，后疫情时代的教学模式发生了变革。辅读学校中每个特殊学生都是独立的个体，自闭症学生有着刻板的行为习惯，脑瘫学生需要康复训练，中重度智力障碍学生适合个别辅导。面对不同残障类型的学生和家庭情况，如何在改变教学模式后，满足所有特殊学生的个体需求？学校根据市教研室提出的"分类分学段指导，按需体现个别化"的基本原则，通过线上教研、团队协作、家校合力，多措并举，开展在线教学，对特殊学生的居家生活、居家学习和康复训练提供帮助和指导。

一、准备篇

（一）合理选择教学平台，为在线教学做好准备

选择合适的网络教学平台是开启在线教学的第一步。经过测试，学校决定使用"学习通"作为在线教学支撑平台。教师利用该平台可以创建教学空间并进行课程建设及课程教学管理。平台内存有丰富的教学资源，如：诗词小程序、成语大师、安全课程等，能满足特殊学生部分学习需求。平台技术人员为学校专门定制了在线教学的主题页面，增加了常用功能和工具的便捷入口，为在线教学做充分准备。同时，学校选择企业微信作为教师线上交流的平台，利用网络微盘和群会议功能，教师上传教学资源，开展在线教研与培训；班主任通过微信群，建立家校沟通的渠道，及时了解学生居家学习的情况。三大网络平台的组合与合理运用，确保了在线教学的有效开展。

① 上海市黄浦区阳光学校 许露华

（二）组建教学工作群，为在线教学"保驾护航"

学校建立了两类线上教学工作群，一类是由教研组长负责的五个教学研究群，分别是语文教研群、数学教研群、生活教研群、综合教研群和个训教研群；另一类是由班主任负责的九个年级的教育团队管理群。教育团队管理群成员为班主任、班级团队教师和结对行政。两类工作群每周固定时间开展一次线上教研和团队讨论，有分有合、交互渗透。教师们通过视频和音频会议，团队合作、群策群力、共享智慧。全校教师全部参与在线教学。

二、实践篇

（一）使用"学习通"平台，开展线上教学与辅导

针对特殊学生在家庭中可能出现的情绪和行为问题，以及运动能力和生活能力弱化现象，在线教学主要围绕居家健康、居家安全、居家生活和居家休闲等领域设计教学任务。综合学校在线学习领导小组讨论和对家长意见的征询，在"学习通"平台上组建了九个网络班级，设定每个班级平均每周学习量为4—5项教学任务。班主任全面负责本班学生的学习，每周固定时间统一发布班级学习任务和教学资源，督促学生进行在线学习和作业反馈。根据学生的完成情况，及时与团队教师协商沟通，调整作业内容与作业量。团队教师收到作业后，对每一位学生的作业完成情况进行逐一的、有针对性的文字描述评价。如发现学生在作业中遇到学习困难或问题，再对其作进一步辅导。"学习通"平台上，师生互动积极，教师不厌其烦地答疑解惑，学生认真将作业订正了一遍又一遍，直到交出满意的答卷。

（二）运用教学资源，提高在线教学实效

随着时代的发展，信息化技术在教学中的运用越来越广泛。为了确保特殊学生在线教学的效果，每个教学任务布置都包含了与之配套的教学资源。教学资源的来源有三类：一是直接选用，主要通过国家中小学网络云平台、上海市特教资源库、上海特教在线网站和"学习通"平台的阅读板块进行选用；二是对现有资源再加工，对选取的教学资源按需进行修改；三是原创，根据教学目标与内容自制教学视频、PPT 等用于教学。可视化教学资源将学习内容变抽象

为直观，变复杂为可操作，帮助学生理解难点，激发居家学习的兴趣。为实现资源共享，教师们还将获取的教学资源上传到学校企业微信微盘，截至目前，微盘上已积累教学资源 200 多件；积极参与上海特教在线"宅家学"栏目，被录用教学资源 29 件。优质教学资源是在线教学得以顺利进行的重要保障。

（三）开展专题教研活动，研究在线教学策略

在线教学期间，各教研组已开展了多次线上教研活动，对如何根据学科特点和学段选择教学内容、如何根据学生学习水平和家庭情况做好个别化指导、如何利用家庭生活资源对学生进行康复训练、如何利用信息化技术助力在线教学等问题展开专题研讨。每一次线上教研活动，教师们都在规定时间准时上线，积极思考、拓宽思路，为在线教学献计献策。在学生在线学习内容的选择上，多以适应生活为核心，利用家庭现有条件，因地制宜地开展教学。如：生活语文以贴近生活的儿歌、古诗、绘本、阅读为主，培养学生识字和认读的能力；生活数学以在生活中的应用为主，如认识整点和半点，使用计算器等；劳动技能以学习生活必备技能为主，如用电饭煲煮饭、择菜、折叠衣裤等，提高学生生存能力；运动保健设计趣味性体育游戏，如玩转椅子、用袜子投准等，丰富学生的居家生活。在布置学习任务时，充分考虑特殊学生的个体差异，根据学生能力对学习目标进行分层，或设计不同教学任务，采用"追星"的形式鼓励学生参与学习。每个学习任务布置的背后都有一次教学研讨，每次教学研讨也为教师们的居家教学"保驾护航"。

（四）创新教学模式，量身定制学习任务单

团队教育是我校特有的班级管理模式，团队教师成员固定，参与日常学生管理，与班主任默契高，了解班级每位学生的家庭情况和学习能力。因此，在在线教学中，学校采取了以班级教育团队协作的形式开展教学，团队教师在设计教学任务时，既可遵循本学科特点进行教学，也可进行跨学科教学。在布置任务之前，各教育团队都会开展线上讨论，对学生情况进行分析，共同商讨、制定学习任务单。低年级多利用学生日常生活中常见、熟悉的物品，如常见的水果、蔬菜等，作为教学资源，结合教材内容设计学习任务单；中年级多以主题教育为主，如快乐地生活、防疫安全等，各学科围绕同一主题，设计不同的学习任务单；高年级则强调了学科性，学习任务单的设计更注重学生认知和技

能的学习，语文数学会增加新学期的内容，提前进行预习。可以看出，每个年级段的学习任务侧重点都各不相同，每个班级的学习任务也都按需制定。"量身定制"的学习任务单满足了每一个特殊学生在线学习的需求。

（五）制订"一人一案"，实施个别化教学

依据特殊学生的康复需求，学校个训老师通过上学期的评估资料，确定了12名需要个别训练的学生，并在"学习通"平台上开设了"言语沟通训练"和"脑瘫康复训练"课程。一位教师负责5名学生的言语沟通训练，2位教师负责7名学生的脑瘫康复训练。教师们很快与相关家庭取得联系，了解学生当前状况，为每个学生制定了适合居家练习的个别化康复训练计划。利用家庭现有条件或物品，选择康复训练内容。"脑瘫康复训练"教师采取共同备课的方法，制定一个总目标，再根据每个学生自身情况设置不同的训练要求。"言语沟通训练"教师则充分利用教学资源和视频，根据学生实际能力，提出需要强化训练的方面，并对其进行一对一的指导，不遗余力地关心着每一个特殊的学生。

三、成效篇

（一）家校合作形成在线教学教育合力

意料之外也是情理之中，学校的在线教学受到家庭的高度重视，家长对学校网络教学的支持率达到了100%，全校所有学生都参与了线上互动。在线教学过程中，教师通过电话、微信、短信等一切可利用的通信手段始终与家长保持着密切的联系，关心每一个家庭。教师是教育的"引领者"，全过程地指导家长使用学习平台进行在线学习和上传作业；家长是默契的"合作者"，配合教师进行家庭辅导。良好的沟通加上家校的共同努力，形成了高效的教育合力，使特殊学生的在线教学事半功倍。"没想到学校在线教学的内容这么丰富，我们学会了很多生活本领。"这是家长对学校在线教学最好的评价。

（二）多形式作业提高在线学习的效率

"不见面"的在线教学，如何检验学生的学习效果？教师布置学习任务后都要求学生以照片、音频、视频等形式上传作业，多形式的作业使教师全方位地了解学生居家生活状态，掌握学生的学习情况。据统计，全校97%的学生

都能按时完成学习任务，已收到学生作业 2000 多份。打开"学习通"平台，学生们的书面作业字迹端正、口头作业声音清晰、劳动作业操作认真、体育作业动作规范，一个个视频、一段段语音、一张张照片，一份份"有声"的作业记录着阳光娃们的努力、勤奋与进步，教师们带着满满的感动，对于每一份认真完成的作业给予一个大大的赞。

四、反思篇

（一）开拓特殊教育在线教学的新思路

学校的在线教学从开始的迷茫忐忑到如今的有序自信，依托了云课堂——"学习通＋团队协作"的教学模式。虽然我们没有像普通学校那样开设直播课，但量身定制的教学任务单和精心挑选或制作的教学视频，使在线教学做到了因地制宜、因材施教。相对于传统教学，在线教学的视频可以反复观看，便于学生随时学习，利于家长进行家庭辅导。新的在线教学模式给教育教学带来了新的方向，学校后续也将思考使用"学习通"平台对学习困难的学生、送教或病休的学生开展在线教学。

（二）加强以学科为主的教育团队建设

学校以团队协作的形式开展在线教学，是为了给特殊学生提供最适合的居家生活指导。但团队教师中有一部分不是班级任课教师，会碰到任教班级与学科不一致的问题，这种跨学科跨班级的教学模式，对教师要求非常高，也容易造成学科的不均衡性。这使得学校在今后的教育团队建设中，多考虑以班级学科教师为主要成员，这样更有利于整个班级学生的教育教学。

教育信息化时代的到来，意味着传统教学模式向信息化教学的转型，特殊时期的在线教学创建了新的教学模式，搭建了教学平台，组建了教育团队，整合了教学资源，满足了特殊学生个性化的学习需求，也拉近了学校和家庭、教师和学生的距离。

基于网络平台搭建小学生线上共读圈的实践研究 ①

▲

随着教育数字化转型的整体性推进，更为智能化、个性化的教育教学模式在互联网、大数据、人工智能等信息技术下焕发光彩，构建线上的学习生态模式能够满足教育现代化的需求，同时，利用在线的工具采集数据，精准评价，对教育教学的效能提升更是有着不言而喻的重要性。

一、背景

随着移动互联网的迅速发展，学生获取知识的形式越发多样化，限制于学校范围的传统的课堂教学模式已无法满足当代学生的学习需求，融合线上线下教育教学模式的创新与实践迫在眉睫。早前，"同步直播教学 + 线上互动"的双师模式奠定了学生在线上平台展开学习的基础，也就是说，通过设计高质量的交互教学活动，"以学生为中心"的高效在线学习模式构建逐渐突破瓶颈，流程变得清晰起来。对于语文学科而言，如果能打造课堂外的线上阅读生态空间——共读圈，就能够满足语文学科综合性和实践性的需求，切实地解决学生阅读量少，缺乏时间、空间进行互动的困境。

阅读素养作为学生面向未来的基础能力之一，其发展有赖于学生在阅读文本过程中，体验、感知语言文本的经验积累。阅读内容的输出是一种广为认可的阅读实践外化的途径，传统的纸笔模式固然能够记录学生的所思所想，但要教师一一阅览后，再面对面地指导每一名学生实属困难。如果能形成灵活性较

① 上海市黄浦区重庆北路小学 黎慧珊

强的线上协作模式，撬动语文课外阅读的信息化、数字化，拓展学习宽度，深化阅读成果，长此以往，学生的阅读兴趣和语文素养都会得以提升。

"晓讨论"是晓黑板应用程序的功能之一。教师可以通过"晓讨论"，勾选指定的学生，创建讨论组，共享文件，实时交流与点评。以"晓讨论"为纽带的线上共读圈，通过在线的同步、异步的阅读模式，让学生进行读、写、演等一系列的反馈活动，能够实现更广义的数字化阅读。随着"晓评价"功能的上线，即时性与客观性的评价提升了学生的阅读兴趣，促进了学生阅读能力的发展。

二、线上共读模式设计的基本原则

（一）以学生为中心

线上阅读圈的组建旨在为学生提供在阅读中展现自我、生成自我的空间。因此，在线上共读时，学生个体的归属感尤为重要。以学生为中心需要重点关注这两方面的内容：第一，探讨的问题与方向由学生自己选择，教师作为共同参与者之一，可以适当点拨，但不应过分参与；第二，在共读过程中，鼓励学生自我负责，让成员的对话和讨论引导阅读的深入。在共读圈内始终要树立平等、协同的理念，增进学生对线上共读圈的认可，最终实现学生自发地开展阅读活动，成为一名终身阅读者。

（二）确立学习任务单

对于线上共读活动而言，学习任务单就是学习、交流的主轴，它确定了线上阅读的基本准则和方向，保障了阅读的成效。共读活动的成功对学生有着重要的意义。高质量的讨论并不会自然发生，线上共读圈也不是简单搭建一个学习平台或程序，让每个学生发言就点到为止了。因此，教师需要利用好学习任务单，有条理地组织和策划整个线上阅读讨论，延展学习的深度和广度。

共读活动伊始，教师可以对每一个环节做简要的介绍，对流程的清楚认识能够调动学生的学习内驱力。在共读、共学的过程中，要指引、推动学生完成任务单并定期汇报，学生渐渐也就学会合理有序地展开线上共读。当学生较为熟悉线上共读圈的实施模式以后，要鼓励他们根据学习任务单，自主开展阅读活动。

（三）保持开放的情境

线上共读圈本身就营造了一种放松、自由的阅读生态环境，这也得益于互联网本身就具有开放开阔的属性。提供一个轻松的环境，能激活学生的思维和灵感。除了在交流中要秉持一种兼容并包的理念，开放性还要体现在方方面面，如对于阅读的文本，包括但不限于纸质书、电子文本、电影等；对于成果的形式，也不拘束于文字，接纳多样化的反馈形式也让学生体会到了阅读的潜在意义。

三、线上共读模式设计的基本程序

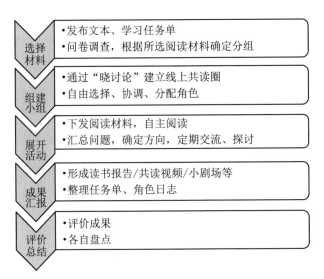

选择材料
• 发布文本、学习任务单
• 问卷调查，根据所选阅读材料确定分组

组建小组
• 通过"晓讨论"建立线上共读圈
• 自由选择、协调、分配角色

展开活动
• 下发阅读材料，自主阅读
• 汇总问题，确定方向，定期交流、探讨

成果汇报
• 形成读书报告/共读视频/小剧场等
• 整理任务单、角色日志

评价总结
• 评价成果
• 各自盘点

图1　线上共读流程图谱

（一）选择阅读材料，确定分组

选择阅读材料看似简单却极富挑战，通常可以分为教师选择、师生选择、学生自主选择三方面。前期可以由教师来推荐把关，选择与单元主题相关的短篇文章，这些文章在内容、结构上可以与课文相类似，易于学生把握。在单元阅读方法的支撑下，学生能够类比阅读，较快地适应线上共读的模式。随着学生阅读能力的提升，可以从单篇文章过渡到整本书阅读。

通常共读小组的成员都是源于他们对书籍的共同喜好。利用晓黑板中"晓调查"的功能让教师能迅速把握学生的爱好，但考虑到成员人数以及分工的问题，也需要教师参与调整，人数以4—5人为佳。因此，组内每个学生的能力必然是参差不齐的，感受与想法也各不相同，但都应被充分地尊重。教师要引导学生注意留言、评论的礼仪，这样有助于启发学生更加开放、发散性的思维，保障轻松的学习氛围。

（二）组建阅读小组，确定角色

确定分组后，教师通过"晓讨论"创建讨论组，组建线上共读圈。组内成员此时可以选择承担的角色，前期可以根据所长自由选择，发挥所能，分工合作完成小组阅读任务。需要注意的是，小组的成员与角色分担应是动态的，教师要平衡学生各方面能力与素养的培养，开发学生潜能，鼓励他们尝试各种角色。

通常关键角色有小主席（按照任务单主持整个线上交流过程，整理问题，引导、鼓励组员发言，串联整个共读活动）、摘要专家（以思维导图或者图画等形式记录整个阅读思路，收集组员分享的感兴趣的句子或段落）、联想高手（将阅读活动与生活或者组员熟悉的场景勾连，拓展话题，以此展开头脑风暴）和设计师（引导组员阅读材料的细节或者生动的句子，将阅读中的亮点以读书笔记、表演等形式呈现）。

（三）展开深入阅读，完成学习任务单及角色日志

确定角色以后，学生展开初次阅读。在阅读的媒介上，重点的文本建议以纸质文本为主，这样有利于扎实培养学生的阅读习惯。随着线上阅读活动的推进，教师适时提供配套的数字化资源，并辅以介绍一些阅读工具和利用互联网搜集资料的方法。数字化阅读的兴起是必然的趋势，因此，教会学生平衡地使用各种支架提升自己的阅读成效也是顺应时代发展的需求。

在自主阅读期间，共读圈成员根据学习任务单及自己承担的阅读角色做记录，展开自主学习实践，有倾向地提取所需的文本，撰写角色日志。为了防止学生在异步学习期间感到分散、迷失，可以每天简要地将自己的问题发在线上共读圈中，所有问题集中在共读圈的"问题板"下，并列出现，等到周末的集体讨论时间再进行交流、讨论。

自主阅读以后，由小主席在确定好的线上交流时间段推进流程，展开线上的同步共读。教师可以实时培训，提供帮助，适当延伸。在阅读与讨论之际，学生结合学习任务单以及阅读中产生的问题，自主探究、自主学习。最后，学生再次完善、丰富角色日志。这也避免了学生长期以来对理解文本畏难的心态。实际上，一次关注文本的所有方面本就是极为困难的，角色的分工也是为了提供梯度，让学生每次着重解读文本中的一个方面，渐渐提升自己的阅读能力。教师可以提供一定的模板，引导学生从初读、共读的随文标注，到撰写完整的角色日志。

（四）根据文本形成成果汇报

组员在每次阅读活动后，可以梳理自己的发言，在"晓讨论"上传角色日志与任务单，组员间互相学习、点评，教师要尽可能鼓励、挖掘学生的亮点，这样会加深学生对不同步骤中有效的阅读方法的印象。

线上共读的汇报形式也应多种多样，学生可以在线上利用共享屏幕的方法，结合PPT制作共读视频，通过有感情的朗读、表演彰显自己的理解，也可以利用数字动画、读书报告等多种方式呈现阅读成果。

（五）多元评价成果

讨论评价由教师评定、学生自评和生生互评这三部分组成。对成果进行评价并不是要指出学生的错误，而是对活动中要发扬的与要摒弃的做一个界定，从而相互督促、相互鼓励、共同进步。基于任务单或者学生共同确定的目标展开评价，能够增加学生对该讨论模式的黏度，提高学习效率，也能创造更合适的协作环境。

四、实践与思考

（一）成效

1. 阅读素养提升

学生过去在读课外书籍时，经常抱着一种随便、盲目的态度。在共读圈的敦促下，其积累也越来越厚实，并且有动力去学习、去探讨。阅读不再是为了完成一项作业，而变成了一种有趣的活动。线上共读圈的阅读模式让学生从方便阅读到喜欢阅读，阅读让他们收获快乐与惊喜，丰富并延展了生命的体验。在扮演不同角色的过程中，学生提取、整理信息等各方面能力都得到了锻炼。学生通过数字化阅读开阔了阅读视野，习得了各种阅读方法。

2. 合作能力增强

小组学习也是线下课堂中一种重要的学习方法。经过一段时间实践我们发现，通过几轮线上共读圈的实践，学生在课堂上的交流与表达能力也得到了不小的提升，能够以更加开放、自由的心态主动参与小组合作学习。而且每个学生都能以问题、目标作为讨论的主轴，做到不偏离讨论主题。可见，线上的学习模式确实在锻炼学生阅读能力之余，也锻炼了学生合作解决问题的能力。

3. 享受阅读、写作乐趣

有了线上共读圈环境的设置，学生可以随时与人探讨感兴趣的、有疑惑的阅读问题，有的学生还养成了写日记、记手账的习惯，将阅读能力转化为写作能力，享受内化、输出的过程。学生越发乐于表达自己的想法，实现语言技能与人文素养的统一提升。

（二）实施建议

基于"晓讨论"搭建共读圈展开线上阅读让学生不断更新自我，成为新时代的学习者，但仍面临调动学生学习动力的问题。教师需要以问题为生长点，不断丰富线上共读的模式，辐射线上共读的阅读成果，增加学生的成就感，从而使共读活动更具有趣味性。

基于空中课堂的在线教学的探索与实践 [1]

▲

新冠疫情的到来使得众多教师、学生留守在家，师生无法像以往那样进行班级集体授课与学习，地域的限制成为传统教与学的一道鸿沟。为了打破地域的阻碍，上海市教委搭建空中课堂，推行在线教学，使得教与学可以在疫情期间顺利开展。

空中课堂由上海市名师授课，通过录播课的形式在电视与网络中进行播放，每节课的时长为 20 分钟；录播课结束后则由授课班级教师统一在线进行相关学习内容的互动教学，时长也是 20 分钟。这样基于线上的教学，对于教师是一种全新的教学模式，也是一次教学变革的契机与挑战。因此基于上海市空中课堂，也基于上海师范大学附属卢湾实验小学"在线教学 + 在线教研"的双路径整体架构 [2]，笔者尝试进行了在线教学的探索与实践，具体实施路径如图 1 所示：

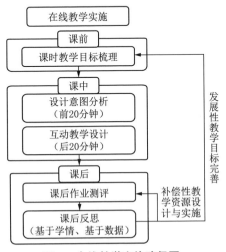

图1　在线教学实施路径图

---

① 上海师范大学附属卢湾实验小学　陈　华
② 虞怡玲 . 基于空中课堂的在线教研实践 [J]. 现代教学，2020（Z3）.

一、课前准备：基于空中课堂与学生学情，单元目标再精准

在线教学与平时线下教学有所不同，所有学生将先学习上海市统一的空中课堂，后20分钟由授课班级教师在线互动教学。因此教师的在线教学要与空中课堂的名师授课进行有效衔接。教师需要解读空中课堂教学内容、梳理提炼其课时教学目标，并基于自己学生的学情与已有的细化目标对在线教学目标进行完善与增补，这样才能使在线教学目标更精细、更生本化。

（一）基于"空中课堂"，合理细化知识与技能目标

因为在线教学的特殊性，教师需要确保后20分钟的教学内容与空中课堂的一致性，所以教师需要提前观课，解读并细化每节空中课堂的课时目标。

以五年级下册《图形与几何》(沪教版)一课为例。这节课的目标为"加深对有关图形的基本特征及相互关系的认识，能够熟练地计算一些几何形体的周长、面积和体积，会解答有关几何形体周长、面积及体积的简单实际问题"。而空中课堂则将《图形与几何》细分为五个课时，分别为"线与角""基本平面图形的认识""基本平面图形的计算""基本立体图形的认识与计算""小练习"。因此基于空中课堂的课时划分及其内容，教师重新细化教学目标，如表1所示。此过程既是课时目标不断精细化的过程，也是教师自主解读并学习空中课堂的研习过程。

表1 卢实小数学五年级下《图形与几何》课时细化目标

课 时	教 学 目 标	学习水平
第1课时	（1）在利用结构图或表格进行梳理的过程中复习巩固小学阶段所学习过的线和角的特征与联系 （2）在观察直线运动运动变化的过程中，聚焦一般与特殊的关系，并通过清晰的说理夯实两条直线的位置关系、各类角的特点，从而提升数学观察能力、说理能力与空间观念	A/B/C
第2课时	（1）在利用结构图或表格进行梳理的过程中复习巩固小学阶段所学习过的基本平面图形的特征与联系 （2）在观察三角形与四边形运动变化的过程中，聚焦一般与特殊的关系，并通过清晰的说理夯实基本平面图形的特征及其关系，从而提升数学观察能力、说理能力与几何直观能力	A/B/C

续表

课　时	教　学　目　标	学习水平
第3课时	（1）在利用结构图或表格进行梳理的过程中复习巩固小学阶段所学习过的基本平面图形面积与周长的计算，会解答有关基本平面图形面积与周长的简单实际问题 （2）在基本平面图形面积与周长计算梳理的过程中，感悟"联系"的观念与"转化"的思想，提升数学观察能力、说理能力与几何直观能力	A/B/C
第4课时	（1）在利用结构图或表格进行梳理的过程中复习巩固小学阶段所学习过的基本立体图形的特征与计算，会解答有关基本立体图形体积与表面积的简单实际问题 （2）在立体平面图形特征与计算梳理的过程中，感悟特征与计算方式间的"联系"，提升数学观察能力、说理能力与几何直观能力	A/B/C
第5课时	（1）加深对有关图形的基本特征及相互关系的认识，能够熟练地计算一些几何形体的周长、面积和体积，会解答有关几何形体的周长、面积及体积的简单实际问题 （2）读懂表格、图示等非连续性文本，建立文字与图片、文字与表格等之间的联系，进行信息提炼与处理，具有较强的问题解决能力和分析说理能力	A/B/C

（二）基于学生学情，个性调整过程与方法目标

　　生本化的课时目标离不开学生学情，目标细化的过程也是对自己班级学生学情的再解读过程。以五年级下册《图形与几何》第1课时"线与角"为例，教师所执教的五年级某班学生已经在之前的学习过程中学习过知识梳理的相关方法，所有学生都知道可以用结构图或表格等形式进行知识梳理，不少学生甚至可以独立运用这两种方法进行自主梳理。但绝大多数学生只能静态记忆线的特殊位置与特殊的角，忽视了还可以从动态的视角看待线与角。因此基于班级学情的分析，教师增补过程与方法目标，期望通过个性化的过程与方法目标调整更精准制定生本化的课时目标，从而促进学生高阶思维与学科核心素养的发展。

二、课中实施：备课实施再精准

　　为了能更好地保障在线教学的效果，教师需要观摩空中课堂，摘录教学环节，匹配教学目标解读并厘清教学设计意图，之后还需要针对教学目标的达成分析，结合本校本班级学生学习的特点分析，设计后 20 分钟的教学互动与作业设计，从而实现整节课（40 分钟）的精准有效衔接。

（一）读懂空中课堂名师设计意图

在线教学时，教师需要基于课时目标，基于空中课堂进行后续互动设计，确保"教学目标—空中课堂—教师在线教学—学生学习"的一致性，因此读懂空中课堂中每个教学环节的设计意图显得尤为重要。教学环节的摘录、设计意图的撰写有助于教师反思教学目标的设定是否合理，反思自身教学，取名师之长补自身教学之短。所以对教师而言，设计意图的撰写还是一次专业学习、研究与提升的过程。

（二）精准设计"互动与练习"

我们还需要立足学情，学情是设计互动内容的基础。基于学情，关注学生知识掌握情况，立足学生思维方法、习惯培养等要点展开全面分析。

1. 交流互动——达成重点、突破难点

为了更聚焦学生前 20 分钟的学习情况，教师基于教学目标，基于空中课堂精准设计相关交流互动环节，通过问题引导学生关注学习重点与难点；同时教师还会创设类似线下的交流环境，促使学生在交流互动中充分阐述自己的观点，在交流中内化知识，互相学习，共同成长。

以五年级下册《列方程解决问题（四）》第 1 课时为例：

空中课堂根据学生已有学习基础，利用相关表格汇总不同情境的（三段式）相遇问题，引导学生在比较辨析中发现（三段式）相遇问题的相同点。此环节的互动有助于学生真正理解并感悟（三段式）相遇问题的本质——等量关系都是"甲第一次行驶的路程＋甲第二次行驶的路程＋乙行驶的路程＝总路程"，从而夯实学习重点，突破难点。因此基于空中课堂的此环节，教师决定选用相关素材，将此环节作为后 20 分钟的交流内容之一，拟定讨论：仔细观察，这些相遇问题有什么相同之处与不同之处？

通过交流讨论发现，大部分学生可以从题目或线段图中直接找出共同之处，即等量关系相同，也能在追问下说出具体的等量关系；也有的学生会关注题目的不同点，找出两题各自的时间、速度等。基于学生的回答，教师判断学生虽能解决这类行程问题，但是部分学生还只是停留在解题层面，缺乏用联系

的眼光看待这两题。因此教师在讨论中继续引导学生比较辨析，最终，学生顿悟两题情境不同，解决问题的思路与方法却是一样的。

线上的交流讨论不仅仅为了帮助学生学会列方程解决问题，更是基于学生实际学情，帮助学生厘清网课期间由于各类原因所产生的迷思困惑，弥补被动听课的缺陷，从而真正答疑解惑，促使学生有效学习。

2. 习题解析——巩固教学、发展思维

每一节空中课堂的后 20 分钟，教师都会基于学习目标、网课内容设计相关练习，巩固所学内容。然而空间的限制使得教师和学生无法面对面交流沟通，对学生练习上的错误无法马上进行反馈与讲解。基于以上情况，教师分层设计习题解析，利用文字、语音、短视频等方式点对点进行教授，确保每一个学生不仅能掌握学习内容，更能在原有基础之上有长足的进步。

以五年级下册《组合体的体积》一课为例：

如表 2，教师基于目标，匹配空中课堂学习内容，精准解读学生学习能力与水平，设计相关习题，分层匹配相关解析过程。这一过程不仅保障了线上教学无一名学生"掉队"，促进全体学生学习能力、高阶思维的发展，还促进教师自己专业能力稳步提升。

表 2 《组合体的体积》习题设计

练习设计	练习：求下图组合体的体积。单位（cm） 30　8　10 50　40	
	群　体	**措　施**
分析与措施	群体 1：不能运用"割"或"补"等方式将组合体转化成正方体或长方体，计算组合体体积有困难的学生（约 1—2 人）	教师将截取空中课堂相关片段，通过视频回看及一对一语音指导帮助学生掌握相关方法，能正确计算组合体体积
	群体 2：能运用"割"或"补"正确计算组合体体积的学生（约 20 人）	教师将呈现多种解题思路，并引导学生寻找不同方法间的联系，辨别最优化方法，培养学生高阶思维及空间观念
	群体 3：能运用"割"或"补"正确计算组合体体积，且能辨别"割"和"补"中最优化方法的学生（约 10 人）	教师将拓展方法"移"，通过文字呈现与视频动画演示等方式，引导学生可以从动态视角看待相关组合体体积问题，并在此过程中提升学生高阶思维及空间观念

三、课后跟进教学："补偿"与"发展"并行

课堂 40 分钟学习之后，教师会对学生完成课后作业的情况进行统计并分析，根据课堂互动与练习、课后作业反馈等解读背后所蕴含的知识技能、学习习惯等方面的问题，从而进行专业、精准的跟进教学——针对学生知识点上的缺失进行补偿性教学；针对学生习惯或能力维度的缺失形成发展性教学目标，并修改本单元教学目标或纳入下一单元的教学目标之中，在后续单元中持续跟进与完善。

以五年级下册《列方程解决问题（四）》为例：

基于学生当天所学，教师布置相匹配的作业。在批阅过程中，教师发现 B 级第一题错误率较高，因此分类统计此题的解答情况，如表 3 所示，并作出相关分析。

表3　学生作业（B级第一题）解答情况及分析

数据	解答情况	正确解答		错误解答			
		能正确找出等量关系		能正确找出等量关系，但是计算错误		未能正确找出等量关系	
		画线段图	未画线段图	画线段图	未画线段图	画线段图	未画线段图
	人数	3	14	0	1	0	13
分析		根据典型错题可知，学生能关注到本题的关键词"中点"，尝试用"一半路程"作为等量，并能正确计算出一半的路程，但是在用字母式表示另一半路程时产生错误，因此学生学业成果需要补偿，信息解读能力与问题解决能力有待提高。另外，从数据可见，主动画线段图的学生并不多，因此主动运用线段图寻找行程问题等量关系解决问题的意识与能力依旧有待提高					

基于以上分析，教师就学业成果维度的缺失以文字、视频解析与跟进练习的形式进行教学补偿。而针对主动运用线段图寻找行程问题等量关系解决问题意识的缺失，教师将教学目标由原本的"能根据题意、线段图正确寻找等量关系，并用方程正确解答行程问题"调整为"能根据题意，主动利用线段图等方式正确寻找等量关系，并用方程正确解答行程问题"。在后续的互动交流与练习、作业布置与解析中，更进一步关注线段图的指导与点评，以此促进相关

意识的养成。通过"补偿"与"发展"双路径的实施，学生不仅掌握了相关知识，在线单元练习中相关问题正确率高，而且还能主动利用相关图示寻找问题中的等量关系，问题解决能力也得到了提升。

四、实施成效

在基于空中课堂的在线教学的探索与实践中，教师经历基于单元视角进行目标"生本化"的再梳理，匹配目标"读懂"名师授课各个环节的设计意图，设计相关课堂练习与作业，通过对学生作业的精准解读、"补偿"与"发展"双路径跟进教学等过程，不仅确保了"教学目标—空中课堂—教师在线教学—学生学习"的一致性，还促使"名师—教师—学生"三者进行真正对话，在线"教"与"学"的品质得到保障。

在此过程中，教师的目标意识和目标细化的专业能力得到长足发展；同时在"读懂名师"和"读懂学生"的前提下进行的教学互动与练习设计，让在线教学走向"生本"，也让教师的信息技术得到锻炼、学科专业得到提升。

对学生而言，观看空中课堂、参与互动学习以及完成课后作业，不仅在家就能学到相关数学知识，保障基本学业，还能得到"一对一"的精准辅导，促使自己的高阶思维、学科核心素养得到稳步发展。

小学数学混合式教学中
多元互动的实践与思考 [①]

————————————————————————— ▲ —————————————————————————

上海市线上课程空中课堂是上海市教育均衡发展的重要举措，也是上海市优质教育资源共建共享的具体成果。空中课堂是基于课程标准，面向全市中小学生的"保底"课程。所谓"保底"，一是托住教学质量的底，通过抬高"底部"，实现教育均衡；二是确保缺席的学生能及时回看学习，保学习不受限。如何用好空中课堂的优质资源？怎样的教学才能够让空中课堂的优质资源发挥到极致？

一、问题提出

"互联网＋教育"早已兴起，新冠疫情的突袭加速了"互联网＋教育"的发展，全国各地基于互联网的线上直播课扑面而来，一场教与学方式的变革席卷全国。

作为教师，我们通过研读空中课堂学习名师们怎样处理教材，怎样重新结构化课堂，怎样引导学生提出问题、解决问题。作为教师，我们需要时刻把握学情，开展线上线下混合式教学，有针对性的拓展教学，让学生学得更自主。

首先，在 20 分钟的空中课堂环节，学生以观看视频为主，无法交流、无法提问，同时，任课教师也无法实时观察学生。如再缺少了家长的陪伴，学生的学习状态将出现不可控的问题。尤其对于自控能力较弱的小学生来说，要达

————————————————

① 上海市实验小学　秦　李

到"有效学习"的目的难度很大。

其次，在教学活动的第二环节，班级授课教师将于 20 分钟内根据本班学情，开展有针对性的拓展教学。仅 20 分钟的在线互动时间大大削弱了课堂师生互动和生生互动。在线下课堂中，教师可以及时观察到学生的表情和行为，还可以开展多形式的互动讨论，然而线上教学却较难实现更多人的参与互动。如何才能实现在线上线下混合式教学中多元互动，让虚拟现实有现实感是我们始终在思考的问题。

二、问题解决策略及过程

（一）概念界定

混合式教学是指在适当的时间，通过应用适当的媒体技术，提供与适当的学习环境相契合的资源和活动，让学生形成适当的能力，从而取得最优化教学效果的教学方式①。

多元化强调的是教师多元化的教学方式、评价体系以及学生多元化的学习方式。互动指的是在一定的社会背景与具体环境下，人与人之间发生的各种形式、各种性质、各种程度的相互作用和影响②。现在的课堂，越来越多地关注互动，一方面是教师与学生之间的互动，对学生的学习做出指导；另一方面是学生与学生之间的互动，实现相互的学习与改进③。

本研究认为：混合式教学就是将线下的面对面学习和线上数字化学习进行有机整合，既要发挥教师引导、启发、监控教学过程的主导作用，又要充分体现学生作为学习过程主体的主动性、积极性与创造性，让师生在数字化背景下多元互动。

（二）多元互动方式

依据本校实际，结合班级学情，笔者重新设计了互动的方式，通过"空

---

① 李逢庆.混合式教学的理论基础与教学设计［J］.现代教育技术，2016, 26（9）.
② 张艳丽.多模态理论视域下的高校多元互动教学模式研究［J］.中国成人教育，2016（23）.
③ 毕明芳.构建"有向开放、动态生成、多元互动"的小学数学课堂［J］.现代教学，2021（9）.

中课堂＋课后提炼＋特色讲题"，建构了学生的学习，让学生完美实现"存在感""成就感"，重新找回线下自主学习的"小主人"感觉。

1. 班内互动延伸到班班互动

黄浦区各校空中课堂学习模式基本都选择晓黑板 APP 作为与学生互动的平台，可以实现空中课堂之后基本的讨论、直播、作业上传等互动。但直播中学生可以看到教师，教师看不到学生；同时，学生虽可以语音回答问题，但其他同学却只能听到声音，缺少互动感，参与兴趣大幅降低。不仅如此，作业也只能在班级内部分享，无法达到年级间共享的状态。有学生就在微信上向笔者建议：能否把两个班合成一个班？这在线下是无法实现的，但是网络却给了我们一切可能。在学生灵感的启发之下，笔者在 APP 平台建立了一个大班，这样两个班的学生都可以参与其中，实现了从班内互动到班班互动的转变。

建立大班之前的讨论区，学生的交流不多，且多为鼓励，"研讨"氛围不浓厚。大班建立后，评论区热闹起来了，跨班交流的多了，敢于发表真实想法的学生也多了。有的是质疑类的评论，有的是抓住错误类评论，也有的是提示类评论，这些互动有思考、有启发、有深度。

一周后，为了帮助学生尽快适应"空中课堂＋课后互动"的形式，笔者邀请了学习能力较强的学生与大家分享学习经验，但是仍然只能由笔者播放课件，在课件里呈现学生的照片（为了让学生有现场感），学生们依旧只能听到声音。课后，这名学生及其家长建议是否能在互动时让其他学生能看到发言的同学，这样有现场感、存在感，也能激发大家的参与兴趣。这可以算是学生的第二次灵感提示，让笔者开始思考怎么才能让教学活动更有现场感。后来，在与晓黑板技术人员交流后，我再次向学校提出申请，开启直播云，实现了学生想要的学习方式：互动有声音、有图像，课件可以播放、视频可以分享，学生们的兴趣明显增强。

直播云开通后，学生出镜的机会多了，或许是很久没见的缘故，每一个学生都想看到同伴，也想被同伴看到。上数学直播课，成了学生们的共同期待。笔者也设计了更多的互动问题，回答问题出镜的同学多了。由于是大班课，只要出镜就不仅能被本班同学看到，还能被另一个班的同学看到，这让很多同学在上课前做了充分的准备，都想获得更多同学的认同。回答问题时的语言表达更加准确，解题思路也更加清晰、更加严密。

2. 单向互动转变为多向互动

线下的师生互动简单易操作，然而线上师生互动却困难不少。结合班级学情以及教学内容的特点，笔者引导学生线上、线下混合讲题，多样的线上讲题方式吸引学生的学习注意力和兴趣，让单向的师生互动转变为多向互动。

所谓学生讲题，就是指学生把自己对题目的理解、解题思路、思考过程、解题方法、解题过程进行讲解。学生讲题最大的特点就是可以完全展现学生在解题时候的思考方式、思考内容。讲题不仅可以锻炼学生的数学语言，提高数学语言的准确性，而且还可以展示自我风采。

根据学习金字塔理论，给别人讲解问题是学生主动学习的重要形式，而且这种形式最利于学生学习，也是最高效的学习。学生讲题已经在班级开展了近三年的时间，虽说效果甚佳、收获颇丰，但是有个别学生却对此依旧兴致缺缺，没有实现全员讲题的目标，也没有完全调动学生的积极性。

然而，混合式教学将线下讲题与线上讲题有机结合，多样的讲题形式吸引了学生积极主动、全员参与。

线下一对一讲题。主要是针对能动性不强、不太愿意主动讲题的学生，面对面、一对一讲题前辅导，从知识点的巩固到讲题的程序，从数学语言的组织到解题思路的呈现，教师有针对性地指导，帮助学生完成第一次讲题，树立讲题自信。

小组合作一对多讲题。基于晓黑板直播云平台的小组合作讲题，主要是把学习的主动权完全交给学生，让学生自由自在地"像教师一样讲题"。每个小组四人，组内成员互相帮助、角色自定、定期轮岗，每一位成员都有更多展示自我的机会。有了同学的助力，学生讲题时就会把更多的数学表征转化为数学语言表达出来，讲给同伴听。这样的一对多讲题是生生互动、生生交流的最佳诠释，也是同伴互助的最佳体现。

全员参与同讲一道题。基于晓黑板平台的全员讲题，是学生学习主动性被激发出来之后，每一名学生数学思维可视化的最佳呈现。同讲一道题，搭建学生自主学习互相交流的平台，展示解题方法的多样性，丰富学生的解题方法，提升学生高阶思维能力。

值得一提的是，学生们录制的讲题视频真是惊喜不断，笔者没有想到学生的剪辑水平那么高；讲题之前有花絮，讲题过程有轻音乐，讲题结束有"彩蛋"，学生用到一切他们认为"圈粉"的方式获得存在感、成就感。"柚子讲题，所向无敌""李子出品，必是精品""茄子讲题，题题完美"……太多太多的"圈粉"方式了，有的学生还真的圈了很多"粉丝"……但是数学讲题一定要体现数学本质，因此，笔者设计了一次讲题比赛，让学生们更加关注数学讲题的本质，体现数学味道。

例如，在共同学习了列方程解决问题之后，讲题活动再次开启，学生们都非常认真地准备，精心备题，按照"讲透解题思路，讲明解题过程，讲清题目结果"的要求去开展讲题，突出数学本质，体现数学味道。

笔者还引导学生开展互评活动，让每一位学生都能成为小教师、点评员，引导学生从以下几个方面去评论：

第一，评书写是否工整，格式是否规范；第二，评是否借助线段图等工具帮助思考；第三，评等量关系是否找准；第四，评列的方程是否正确；第五，评解答过程是否完整，答句是否规范；第六，评其他，如是否采用花絮、轻音乐、彩蛋等多样形式进行讲题。

每一名学生既是参评者，又是评审者。大多数学生都会在提示的评论框架内评论，甚至有一些评论直击要害，同学的评论进一步引起讲题者思考，让讲题得到延伸。

不仅是生生之间的互评，我们还成立以表达能力强、数学思维活跃、评论积极性高的学生担任评委的评审小组，开展组评。评审小组还在教师的帮助下制作了评审表，还把点赞数以及评论数也纳入评价体系。

在学习完单位换算之后，评审小组的成员还为大家拟定讲题步骤，进一步帮助一些只是读答案式的学生讲题：第一步说是什么类型的单位；第二步说他们的进率是多少；第三步说他们该怎样换算，是乘进率还是除以进率；第四步说计算过程及结果。

评审小组的成员有自己的微信群，相互沟通、互相讨论，同时他们也都想办法教会更多的学生真正地讲题，他们也会让视频制作比较好的学生教教有意愿学习的同学，教他们如何在讲题的过程中讲出数学味道，思路是怎样想到的，如何找准题中关键词句的，求解的过程中哪一步是最关键的，等等。

或许是因为学生都在家里上网课，原本上学放学的路上时间都节省下来了，学生有时间去讲题，也能通过讲题展示自我风采，获得更多的存在感、认同感，所以每次讲题都是全员参与，而且评论也非常积极。

表1　讲题比赛评价依据（试用）

评价内容	评价等级	个人 （点赞数 ×0.3+评论数 ×0.2+评星数 ×0.5 ）
一、讲题步骤		
1. 读题	10 星	
2. 找出关键词或者句子	10 星	
3. 讲清楚等量关系	10 星	
4. 根据等量关系列方程	10 星	
5. 讲清楚求解过程和答句	10 星	
二、解题格式		
1. 书写是否工整，格式是否规范	9 星	
2. 是否借助线段图等工具帮助思考	8 星	
3. 等量关系是否找准	8 星	
4. 列的方程是否正确	9 星	
5. 解答过程是否完整，答句是否规范	8 星	
6. 形式新颖等	8 星	
总体评价	100 星	

三、成效及反思

（一）成效

1. 形成了"空中课堂＋课后提炼＋特色讲题"的混合学习新方式

特殊时期的特殊教学给了我们很大的启发，上海的空中课堂质量很高，这些精华的课堂是促进教育均衡发展的重要基石，我们可以像现在这样长期采用"空中课堂＋课后提炼＋特色讲题"的方式开展新的学习。

2. 多元互动让学生的积极性和热情得到了激发

三年的线下讲题成就了学生的线上讲题，多元的互动方式，让学生都十分主动积极地参与。学生们都是精心准备，十分珍惜每一次讲题展示自我的机会，都肯钻研讲题的题目。

3. 数学讲题让学生对问题的认识更有深度

经过线上连续讲题，有不少学生对于数学问题已经开始不满足于简单的听懂、会做，他们会更多地思考问题的深层结构、本质解法，会对不同解法进行比较，思考优化，改进解题过程。

（二）反思

1. 未来已来，5G VR（虚拟现实）是否会超越现实呢？

VR 教育非常符合"学习是一种真实情境的体验"的学习理论，学习不再是死记硬背，而是去体验学习的内容，去亲自参与到教学中，用眼看、用耳听、动手做，然后自然地开动脑筋去想；充分调动学生的学习热情，从"要我学"变成"我要学"，但是它会超越现实吗？

2. 基于 APP 的多元互动教学，能否改变传统的教与学方式？

传统的教室是 360 度无死角的空间，师生、生生互动都显得十分简单，学生的行为也一览无余。基于 APP 的网络直播课，依靠小小的电脑屏幕，就如同是一个非常狭小的"门洞"，师生互动都要被挤在这个狭小的"屏幕"中。未来，基于 APP 多元互动教学能取代传统的教室学习吗？我想，不应是取代，而应该是补充吧。

课堂是属于教师和学生的，实践表明：充分利用在线平台工具，小学数学混合式学习中多元互动教学将更加有实效，能够帮助学生更有现场感、更有存在感、成就感，帮助师生携手共同改进在线课堂。

在线教学新模式下小学英语语法教学新方式的研究 ①

▲

2020年3月2日，全市中小学生汇聚空中课堂，以线上学习的方式拉开了这个特殊的新学期的帷幕。对于教师和学生而言，这是一次大胆的尝试与挑战。

一、摸索磨合，发现问题

在线教学这一全新的模式提供给教师和学生全新的体验，需要有一个适应的过程。在经历了约一周的磨合"阵痛期"后，教师、学生和家长三位一体，以强大的适应力和磨合后愈发牢固的默契，在在线教学这条"康庄大道"上有条不紊地前行着，并逐渐步入正轨。

通过对沪教版牛津英语教材的系统性归纳和整合，可知学生将在四年级第二学期新习得诸多语法知识点。所谓语法知识点，主要是指英语语言中的结构规律。其中不乏将贯穿学生一生英语学习的奠基型语法知识点、容易与其他相似用法相混淆的需辨析型语法知识点，而这些语法知识点在历年的教学中通常都是以典型性习题的训练和针对性习题的强化与学生见面，并进行巩固的。

传统的英语语法知识教学模式更倾向于由教师讲述这一方式来进行语法知识的传授，学生往往处于信息的接受者这一身份。学生在这一过程中被动地接受，再机械性地进行操练。② 有的学生更是漫无目的地记忆，以至于出现"学

---

① 上海交通大学附属黄浦实验小学 沈晓蕾
② 赵迎春.小学高年级英语语法教学现状与策略研究［J］.现代交际，2019（11）.

得快、忘得快"的现象。整个过程不但影响学生语法知识的内化吸收，更导致了学生思维的固化和惰性。而在新的在线教学模式下，由于缺失了教师的面授和针对性辅导，形势更加严峻。

二、借新模式，另辟蹊径

语法对于小学生的英语学习来说不只是一个难点，更是语言知识至关重要的组成部分。在线教学这一新模式极大程度上打破了传统教学方式，教师不得不在这个新模式下另辟蹊径，借助于网络技术的有力支撑，寻求帮助学生更好地去掌握和运用这些语法知识点的新方式，让这些语法知识点"活"起来，并牢牢扎根于学生的脑海中。

（一）大胆想象

根据以往的教育教学经验，比起静坐于课堂中，一味地从教师口中接受新知识，学生更乐意在课堂中动起来——不只是身体，更是思维。通过调查，有近92%的学生有想尝试在课堂中担任"小老师"的意愿。基于此调查数据、"问题化教学"的理念以及《上海市小学英语学科教学基本要求》一书中对于四年级学生的学习要求，结合本班级学生的学情和已有旧知，笔者在设计在线教学新模式下的英语语法教学时，大胆想象：若将学生的身份进行一次巧妙地转化，由学生在课堂中担任"小老师"，会呈现出怎样的教学成果？

（二）谨慎实施

经过与教研组的激烈探讨，新模式下的小学英语语法教学一课已初具雏形。本课以上海小学英语四年级第二学期 Module 4 Unit 3 The ugly duckling 一课为文本，遵循"隐性教学为主，显性教学为辅"的理念，在文本提供的学生耳熟能详的故事情境中，让学生"当家做主"，以担任"小老师"这一角色为媒介，设计丰富的在线教学活动，渗透语法知识。

三、新模式下语法教学实施的原则分析

基于课前的调查数据、"问题化教学"的理念以及《上海市小学英语学科

教学基本要求》一书中对于四年级学生的学习要求，并且结合本班级学生英语学习的学情分析，语法教学在新模式下实施过程中，需要遵循以下几种原则：

（一）教学内容可视化原则

在线教学的新模式下，教师应当有效地运用网络技术，如直播、多媒体课件、视频等形式，为学生提供多维度可视化的课堂内容体验，让学生多维度体验情境，便于学生更加直观地了解教师所授课的内容，从而愿意在情境中解决问题，增加学生的课堂参与度。[1]

（二）课堂指令具体化原则

在线教学的新模式下，学生与教师之间的交互仅以互联网为纽带相联结，所以课堂指令的具体化至关重要。教师可以通过口头描述为主、网络技术支撑为辅的方式，让学生清晰明白地知晓自己此时应该完成的任务。

教师也可以在课前为学生提供下一节课的预习建议或者预习资源，帮助学生提前了解课堂任务。

（三）课堂合作互动性原则

语言学习具有非常强的实践性。这一点在英语学科的学习中体现为其交际性。英语语法绝不是纸上谈兵，也不是单纯为做题服务，而是帮助学生在英语表达上更加规范和准确。教师应在在线教学的新模式下的语法教学中设计更多的生生之间、师生之间的互动，营造轻松愉悦的英语学习氛围，有助于学生更好地投入课堂，产生思维的火花。

四、新模式下语法教学新方式的优势分析

在线教学新模式下的英语语法教学方式提倡从学生的兴趣出发，兼顾学生的学习需求和心理需求，以教师在线上布置的条理清晰、目的明确具体的指令为线索，通过小组合作的方式来促成学生技能、认知和情感等目标的实现，进

---

① 徐淀芳，李京泽．教师如何有效指导学生开展在线学习［J］.上海课程教学研究，2020（3）.

而更加有效地学习、掌握和运用语法知识点。将其与传统教学模式下的语法教学方式相比较，有如下优势：

（一）有效调动学生学习积极性，激发学生主动参与线上学习活动的热情，提高在线教学的课堂效益

在在线教学初期，不少教师发现由于缺乏交流和合作，只是隔着屏幕一味地接受知识，学生始终提不起对在线教学的兴趣。兴趣是最好的老师，因此，笔者尝试通过线上教学组织学生进行分组协作，让学生可以共同思考、发现问题、解决问题，活跃思维，提升自主学习的能力。这样的尝试能够有效地调动学生的学习积极性，激发学生自主参与线上学习活动的热情，提高在线教学的课堂效益。

（二）有效促进在线教学中生生之间、师生之间的合作，紧扣学科核心素养，培养学生乐于与他人合作的精神和积极向上的情感态度

在线教学模式下，学生在线上拥有更多发言的机会。以晓黑板 APP 为例，学生可以选择留言、录音、举手、连麦等形式直接参与到课堂互动中。此外，学生的合作对象更加广泛，选择性更加丰富。在在线教学的新模式下，他们的合作范围不再受到传统课堂的限制，学生在教师的引导下，可以选择师生互动，亦可选择生生互动，对于合作伙伴有更多的选择。

更加难能可贵的是，在线教学新模式中，预留给学生的小组活动时间更加充沛，不再被课堂时间所局限，学生可以在课后与同伴继续进行良性互动与沟通，在通过软件提交作业的期间也拥有更多思考的时间。

（三）开拓学生思维，培养学生发现问题的能力

笔者在初步实施在线教学的新模式下小学英语语法教学新方式后，邀请学生在课后以小组为单位，根据课堂中教授的新方法，尝试至少出两道语法题。学生活学活用，呈现出百家争鸣之势。上传的成果如下：将 Now he is a swan. 一句改为复数句。此题考查的语法知识点为名词单复数的变化；又如 The yellow duckling _____ （sit）on her back. 此题则考查的是第三人称单数这一知识点的掌握和运用；再如 Mom _____ （wash）her hair in the bathroom now. 此题聚焦于现在进行时这一语法点进行考查。诸如此类的优质题目还有许多，

在此不再一一列举。

新模式下的小学英语语法教学新方式在网络技术的有力支撑下，为学生提供随时随地多元合作的机会，帮助学生进行思维的碰撞，开拓学生思维，使学生更好地掌握和运用语法知识点，更培养了学生发现问题的能力，和"问题化教学"的理念不谋而合。

五、亟待改进的几点考量

（一）关于如何更有效地帮助学生进行分组的考量

笔者在上文中提出，在线教学新模式下的英语语法教学能够有效促进在线教学中生生之间、师生之间的合作，帮助学生以更加丰富的形式直接参与到课堂互动中。教师在教学活动中该如何更加有效地帮助、引导学生进行分组则是整个教学活动中至关重要的前提。适切的分组能够帮助学生在与他人的互动中，更好地开拓思维，产生思维碰撞，激发学生的学习兴趣，激励学生的学习积极性。对于教师而言，如何找到既遵循学生意愿，又有助于学生间因良性互动而产生思维碰撞的分组方式，是非常值得深入考量的要点。

（二）关于教师教学策略和教师身份的考量

在此模式中教师不能一味放手，要第一时间发现学生思维亮点并予以展示，以此激励更多学生进行思维碰撞，产生更多思维火花。

给予学生更多学习上的自主性并不意味着教师绝对地放任自流，相反地，教师在学生以小组为单位进行互动时，应该更加注重观察与倾听。学生感受到来自同伴和教师的倾听和注视，他们参与的积极性和主动性会更大程度地被调动起来，课堂的参与度更高，思维活跃性更强，提出的问题也就更加深刻。教师应及时发现学生思维亮点，并予以激励性的评价和鼓励。当发现学生在讨论的过程中出现错误时，教师不应当当机立断地进行批评和指正，而是可以通过语言引导的方式，帮助学生进行反思，进而进行自我纠正。

六、结语

语言的学习需要非常强的实践性，英语学习虽缺乏母语语境的大优势，但只要夯实语法知识的基础，结合英语课堂中教师创设的适切的语言情境，依然可以准确流利地进行语言输出。正如王天蓉老师在《问题化学习——如何跨越动机鸿沟》讲座中倡导的，学生要"学会提问、学会追问、学会反思、学会判断新问题、学会建构问题系统、学会合作解决问题"。

在线教学这一新模式对于教师而言是一个大胆的尝试与挑战，身为教师应当不惧挑战，站在学生的立场上大胆想象，谨慎实施。在实践中探索，在探索中总结，不断优化自身的在线教学经验，为学生提供更加优质的学习体验。

一场特殊的教与学^①

▲

疫情给社会各界都带来了新的挑战，教育领域也不例外。线上线下的混合式教学，打破了以往的教育舒适闭环，推动了教师们对于信息技术工具应用的突破，给后疫情时代的教育变革带来了新的契机。

回首 2020 年，疫情突如其来，但是"停课不停学"，3 月 2 日全市的学生们开启史无前例的网络学习，这带给我们教师一种新的教学挑战；对于学生们而言，也是一种新的学习模式。如何充分利用网络优势，开展线上教学，使这场特殊的教学教得有仪式，教得有章法，教得有创意，学得有动力，学得有效果呢？为此，2 月 24 日晚上 7 点，我们四（2）班的班级群异常热闹……

一、创新开学小典礼——复学承诺，做个自律小学生

"我承诺，我能做到！"
"我承诺，我能做到！"
"我承诺，我能做到！"
……

下周就要开学了，学生们时隔那么久复学，在那么多未知的情况下——不认识授课老师，不清楚教学进度，未接触过网络授课模式，在家长们纷纷复工不在家的情况下，他们是否能适应这突如其来的变化？他们能从漫长的寒假中及时调整自己的作息，迎接这一新颖的教学模式吗？作为他们的班主任兼语文老师，笔者心中忐忑，相信家长们、学生们也都会有一份忧虑。于是，笔者给他们举行了一次具有仪式感的"开学典礼"，让他们对于未来的学习有更明确

———————————
① 上海市黄浦区复兴东路第三小学　李　娜

的目标，让他们有信心、有底气地去接受这一次挑战。典礼上笔者先送上了第一份礼物——"给孩子们的一封信"，用最真挚的语言告诉孩子们目前正发生着什么，在这场没有硝烟的战役面前，每个人都是战士，包括我们学生。每个学生应该做好自己该做的事情，用实际行动为抗击疫情贡献自己的力量。

给孩子们的一封信

亲爱的孩子们：

你们好！这是一个特别的新学期，因为一场疫情，我们一起过了一个漫长的假期，延迟开学了。居家隔离，但是"停课不停学"，隔离不隔爱，趁明日正式开学之际，李老师为大家送上特别的开学寄语。

首先，我想告诉你们，其实眼前正在发生的一切就是一本最好的教科书。翻开这本书，你会看到有的人面对疫情垂头丧气，有的人站在窗前抱怨呐喊，有的人逆流而行、组织力量奋起抗击；你会看到正直、坚强、无畏、忠诚和爱，也会看到恐惧、忧愁、沮丧、孤独和焦虑；你会看到众志成城，也会看到措手不及；你会看到谣言惑众，也会看到同心协力。

同学们，请你好好思考，好好分辨，好好感悟做人的道理，懂得诚实、担当和团结的意义。在这场没有硝烟的战役面前，每个人都是战士，你也是。你要学会自律，居家隔离，为自己和别人的健康负责；你要学会自爱，出门戴口罩，回家勤洗手，养成个人讲卫生的好习惯；你要学会自觉，做好自己该做的事，用实际行动为抗击疫情贡献力量。

其次，3月2日的网课就要开启，你的爸爸、妈妈未必能伴你左右。你能承诺，你会按照课表准时、认真地听课吗？能让爸爸妈妈安心上班吗？每天8:50，网课里有升旗仪式，你能承诺，你会戴好红领巾郑重地敬礼吗？网课里的眼保健操、广播操，你能承诺，你会跟着音乐认真做吗？老师会隔着屏幕给你布置作业，你能承诺，你会认真、及时、保质保量地完成吗？这样的授课方式不知道会延续多久，你能承诺，你能坚持天天按照要求去做吗？你能做一个让父母不操心、老师不担心的"自觉、自律、自主"的学生吗？如果你能做到，那就请你在群里大声地承诺："我承诺，我会做到！"记住，承诺必践，言而有信！

孩子们，愿我们期待春暖花开日，相约抗疫胜利时！

想念你们的班主任李老师

2020 年 2 月 24 日

随后，笔者又发放了第二份礼物——"承诺书"，让学生们仔细阅读完后，打印、签订、晒一晒，将其贴于家中的醒目位置，而家长们便是这次"持久战"的监督人。

承诺书

3月2日网课开启后，我承诺，我会按照课表准时、认真地听课，保证让爸爸、妈妈安心上班。我承诺，每天8:50，我会戴好领巾按时参加升旗仪式，郑重地敬礼；我承诺，跟着音乐认真做好网课里的眼保健操、广播操；我承诺，一定保质保量地完成作业；我承诺，能持之以恒地坚持去做，做一个让父母不操心、老师不担心的"自觉、自律、自主"的学生。

承诺人：_____

承诺日期：_____

言而有信_____
半途而废_____
未能践行_____
其他情况_____
（请监督人按照实际情况勾选"√"）

监督人签名：_____

签字日期：_____

图1　承诺书

最后，笔者送上了第三份礼物——"四（2）班语文作业要求"，从预习步骤、常规作业、巩固作业三个环节进行配图讲解，第一时间让学生、家长明确语文网课作业要求。

简短且隆重的开学典礼告一个段落，笔者能从学生们铿锵有力的回答中感受到他们对于开学的一份期盼，从他们签署承诺书的照片中感受到他们的一份自信，从家长们的支持率中感受到他们对于未来网络教学的些许宽心。看来，一份有"仪式感"的开学典礼给教师、家长、学生都吃了一颗定心丸，明确了各自的责任，混合式的网络课堂就这样开启了……

二、革新教学新模式——针对辅导，提升网课有效性

一天的网络课程结束了，我们教研组的教师们都觉得网课速度快，容量

大，部编版小学语文四年级下册的课文内容与学生们的生活又离得较远，学生在对文本的理解和消化上存在一定的难度。不能面对面地指导，那教师的"教"与"辅"又该如何下手呢？学生们学习的有效性又如何得以保障呢？经过一番探讨，我们构建了一套别样的"教"与"学"新模式。

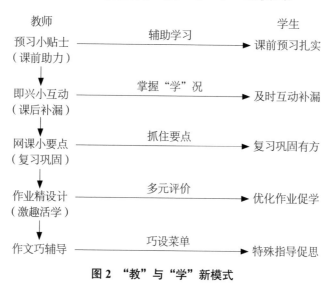

图 2 "教"与"学"新模式

（一）预习小贴士——课前助力学扎实

　　为了让学生学得扎实、学得有效，我们在课前给他们提供一份"预习小贴士"，里面涵盖了所学课文的基础知识，力争在学前帮学生们扫清本课字词的音、形、义，同时也会提供一些与文本相关的文学常识，例如作者生平介绍，写作背景、不同文体介绍……这样就能让学生们的预习指向性更明确，有效性也大大增强，这对于疫情期间，缺乏学习资源的学生而言，是一种大大的课前助力。

（二）即兴小互动——课后补漏要及时

　　课后的 20 分钟，利用腾讯会议与学生们及时进行课后交流——即兴小互动。在一问一答中，了解学生对于文本重难点的掌握情况；在解析课后难题中，给予方法指导，让学生在"辅"中学做，降低作业难度系数；在质疑解惑中，学生们碰撞思维火花，无论是质疑者，还是解惑者，或是聆听者，都在分享中共同参与，空中课堂也能做到让师生面对面、近距离地教与学。

（三）网课小要点——复习巩固有抓手

短短的 20 分钟课堂，再加短短 20 分钟左右的互动，还不足以让学生内化当天课堂所授的知识。对此，我们教研组的教师分工合作，及时速记网课要点，将其梳理成网课要点笔记，在课后互动后及时发放给学生，一是让学生们学会抓要点，使自己的课后巩固更加有效；二是辅助他们更好地完成作业，提升作业的有效性。

（四）作业精设计——多元评价促活学

正所谓光听不做假把式，作业的反馈能让教师更直观地了解学生们对所学知识的掌握程度，但如果只是简单的、机械的抄、背、默作业，对于屏幕背后的学生而言，无趣的作业只能换来他们的敷衍。因而我们针对不同单元的训练点，设计了多元化的作业。例如诗歌单元中，我们就设计了一项长作业，通过"收诗歌—诵诗歌—仿诗歌—编诗集—晒诗会"一系列的活动，让学生们分组在晓黑板里进行分享。各小组百花齐放，有的配乐朗诵，满怀激情；有的制作视频同步诵读，诗情画意，满屏情趣；有的设置完善的评价体系，激发了每一位组员参与活动的热情……"练笔斗秀场""晒诗大会""朗读大比拼"等充满趣味的作业，激起了学生学习的热情，在优化作业的同时，既能让学生们活学活用所学知识，更通过融入多元评价，真正提升学习的有效性。

（五）作文巧辅导——学列提纲走"捷"径

写作文，一直是学生们学习语文过程中最苦恼的一件事，也是教师教学中不断学习、想要去攻克的难关。此次网络教学，最显著的优势就是给学生们的学习提供了丰富的学习资源——优质教学视频、习作指导要点、范文讲评课件等内容，但是从"学"到"落笔"的过程中，学生们还是需要一个"扶手"，此时有效的指导就至关重要。因而我们组内教师合作，给学生们提供一份精心设计的学习小贴士作为学生学习路径的指南；一份习作菜单，通过列提纲的方式，给予学生学习支架，拓展写作思路，并绘制思维导图构建故事情节。学生从构思到提纲再到习作成文的过程，有了教师的全程指导，再通过一对一地云批，对习作不断地修改打磨，一篇篇佳作也就这么诞生了。

三、延续混合式教学——并存互补，打开教学新局面

网络教学中，一台电脑、一部手机就能让笔者居家完成教学任务。学生们也能通过丰富的网络资源，选择喜欢的平台进行自主学习。作为教师，我们也在教的过程中，提升了信息技术应用水平；在一次次摸索中，通过互联网获取一些优质的教育资源，例如微课、教学课件、习题库等，提升了自身的教学水平。

如今，线下教学与线上教学的并存与互补，为我们师生打开了教与学的新局面。混合式教学将是未来教育的一种常态，它让学习的空间更加广阔，学习的路径更加多元，学习的资源更加丰富。作为一线教师，我们也将在工作中不断摸索，探寻出一条混合式教学新路径，为新时期的教育掀开崭新的一页。

第三部分

在线教学策略

　　教学策略，是指在特定教学情境中为完成教学目标和适应学生认知需要而制定的教学程序计划和采取的教学实施措施。开展在线教学的过程中，面对数字化平台的功能作用、在线教学模式的特点属性等，教师势必要采取不同于传统教学的新方法、新策略来更好地落实教学目标，以此保证学生最终的学习效果。

　　在本单元中，教师针对学生在线学习的需求和特点、所使用的信息工具的操作和优势、应用场景中产生的问题和不足等，将自己于在线教学中逐步摸索出的经验方法梳理成策略，力求为之后的进一步探究提供重要的参考。

新媒体在高中语文统编教材
在线教学中的运用 ①

--▲--

疫情期间"停课不停学"为广大师生提供了线上教学的契机，同时也对传统教学模式提出了挑战。新媒体的出现为教师的在线教学提供了丰富的资源和平台，同时也为学生自主探究学习提供了更为广阔的空间。因此，了解新媒体在高中语文在线教学中应用的多元形式，结合高中语文统编教材的特点掌握其运用策略，对于提升高中语文教学质量与效果、延伸课堂教学内容有着重要的价值与意义。

一、新媒体在高中语文统编教材在线教学中的运用策略

（一）依据学习任务群录制微课

上海微校空中课堂为高中语文微课教学提供了范式。除观看空中课堂外，教师还可以借助 Keynote、Powerpiont、Ev 录屏等软件自主设计微课，作为空中课堂的延伸与补充。这不仅有助于提升教师自身的学科教学专业能力，也有助于激活备课组的团队合作意识。同一备课组的教师可以共同备课、磨课，并根据各自感兴趣的学习任务群进行分工。以高中统编教材必修下册为例，对中国古典文学阅读与鉴赏任务群感兴趣的教师可以主讲《中华文明之光》单元，对跨媒介阅读与交流任务群感兴趣的教师可以主讲《信息时代的媒介生活》单元，对整本书阅读任务群感兴趣的教师可以主讲《红楼梦》整本书阅读单元。各自备课完成录播后在全组共享微课视频，从而提高备课组协同合作的有效

---

① 黄浦区教育学院　董晓蕾

性，起到事半功倍的效果。对学生而言，使用微课的好处是可以根据学生自己的已有基础、学习能力和时间进度个性化地选择观看视频，对于有疑惑或需要记笔记的地方还可以反复回放，加以巩固。就语文统编教材的特点来说，必修下册的教学内容多、难点杂、容量大，根据学习任务群录制共享微课，能有效控制课时进度，提升教学效能，同时培养学生的自主学习能力。

（二）通过直播平台组织在线单元教学

高中语文统编教材的另一大特点是单元教学，课文的呈现不再像以往那样基本是单篇文章成课，而是以主题或任务群的形式，以群文的方式构成单元教学资源，带有明显的整合化、结构化特征。以高中语文统编教材必修上册第三单元《生命的诗意》为例，该单元属于文学阅读与写作学习任务群，课文包括《短歌行》《归园田居》《登高》《琵琶行》等，根据课程标准给予的课时要求，总课时安排仅为9课时，可以说是内容多、任务重、难度大。教师可以根据单元学习任务借助直播平台对课文篇目进行整合与提炼，做如下单元直播教学设计：第1—2课时利用网络搜索引擎，探究知人论世、以意逆志方法的运用；第3—4课时梳理诗歌的意象，制作电子意象卡片，感受意境；第5—6课时通过在线讨论探索相同或不同体式诗歌的表达方式、表现手法的异同；第7课时在线小组合作，撰写诗歌脚本，感受生命诗意；第8课时利用网络资源搜索已有的名家诗评，并学习撰写文学短评；第9课时组织在线朗诵比赛。直播教学与录播教学的区别在于，直播教学具有更强的即时性与交互性，更便于教师对于课堂的驾驭与把控。借助单元直播教学，教师能有效引导学生利用在线资源进行单元学习活动，自主进行单元梳理与探究，并完成读写结合任务。

（三）借助B站等自媒体推动整本书阅读

整本书阅读是高中语文统编新教材的教学重点与难点。正如温儒敏教授所言："整本书阅读，首先就是养性，涵养性情，让学生静下心来读书，感受读书之美，养成好读书的习惯。"[①] 可见整本书阅读对于提升学生语文素养的重要意义。不过，无论是必修上册的学术类著作《乡土中国》，还是必修下册的大部头文学类著作《红楼梦》，倘若仅凭有限的课堂教学去完成，那几乎是不可

---

① 温儒敏. "整本书阅读"功夫在课外. 语文学习［J］. 2018（1）.

能的。这就需要教师和学生合理利用课外时间和课外资源去解决。自媒体平台作为线下教学的延伸，为高中语文整本书阅读教学提供了另一种可能。例如，在进行《乡土中国》整本书教学时，教师一方面可以通过在 B 站等自媒体录制分享整本书阅读专题微课，包括概括提炼整本书各章节内容，厘清各章节间的关系，探究论证的依据是否充分、思路是否合理，结合社会现实对作者观点进行评价、提炼学术类作品整本书阅读的策略等；另一方面也可以指导学生自行录制导读视频，并在网上发布共享阅读成果，从而激发学生的阅读热情，推动整本书阅读。与录播和直播课不同的是，学生在观看自媒体视频时可以通过弹幕或评论的形式参与互动，对于需要反复观看的视频也可以收藏关注，以便复习时再次对教学内容进行温习；也可以自行上传发布视频，即时表达分享自己的阅读感受。

（四）巧用 QQ 群、微信小打卡、问卷星等布置形式多元的线上作业

如何运用丰富多样的线上 APP 跟进学习成果及反馈作业情况？如何更有效地在线上批阅作业？QQ 群、微信打卡小程序、问卷星可以帮助语文教师迅速处理品类繁多、形式多元的作业并及时进行检测。首先，学生可以通过 QQ 群作业功能提交语文作业，教师通过 QQ 的评语系统可以更高效地批阅作业并给予等第和个性化点评。其次，较为复杂的作业，比如朗读视频、整本书阅读视频等，可以通过小打卡进行上传，该程序具有互评功能，学生可以通过互相点赞评论的形式，对所布置的作业进行交流与共享。再次，教师还可以通过问卷星设计与教学内容匹配的问卷或在线测试，对学生的学习效果进行及时反馈与评价。此外，教师可以根据新教材跨媒介学习的特点布置有别于传统教学的电子作业，例如指导学生运用思维导图进行知识点梳理，运用制图软件制作意象卡片，制作各类跨媒介宣传方案，如话剧海报、设计博客、公众号推文等，激发学生对于语文学习的兴趣，让学生感受到语言运用与思维之乐。

二、新媒体在高中语文统编教材在线教学的有效性研究

（一）学生反馈

近年来，我校不断开发"互联网＋学科"教学课程，开展形式多元的在线

教学活动。就学生问卷调查、访谈和学习实际效果看，学生们不仅能较快适应在线教学模式，且普遍认为在高中语文教学中充分利用网络能为课堂增添新元素，切实提升语文学习的实效。据学生反馈，语文在线教学模式的好处主要在于以下几点：

第一，利用网络，激发兴趣。 在语文学科在线学习中，能显而易见地感受到在线学习与课堂学习的区别——丰富的多媒体资源。教师在线教学时可以游刃有余地撷取与教学目标匹配的线上资源，如学习《促织》这篇文言小说时，配上白话版解说加配图的视频，可以让原本不好理解的文言文语言变得清晰，便于记住课文的故事脉络，学生学习课文的兴趣大大提升；再如学习必修下册两篇演讲内容，教师通过播放丘吉尔的演说，让大家更为直观地感受到演讲与普通文章的不同，体会其逻辑性与感染力的重要性，为学习课文打下基础。

第二，利用网络，增添形式。 在传统课堂学习中，学生作业大多是书面的，但在网课期间，学生能突破原有书面作业的限制，完成形式更为丰富的多媒体作业。如教学必修下册第四单元信息时代的语文生活时，教师让学生运用不同形式的多媒体，如音频、视频、文字等完成戏剧节的宣传，并在课堂上交流，最终学生的设计成果包括海报、广播、视频、公众号等。这正契合了这一单元的学习任务，让学生在学习中运用到当今极其重要的多媒体，并在互相交流间开阔视野。

第三，创新思维，循常习故。 在线教学过程中，教师可以通过录播形式在微课中布置给学生一些思考题，这些思考题都关系到课文的背景、人物的塑造、行文思路的梳理、逻辑的推进、主题的挖掘等，预先留出思考空间。在线学习时，教师通过直播平台为学生搭建多互动、多思考、多交流的平台，鼓励学生用连麦对话的方式进行探讨。学生最初的思考再加上教师的分析，能引导学生对文章内涵的挖掘走向深处，获得新的体验与收获。高中语文在线学习并非对传统教学的推翻，而是循常习故，创新思维，有所突破。

（二）在线教学反思与建议

尽管疫情期间的语文在线学习已基本落下帷幕，但在线教学作为一种新型教学方式仍将继续。高中语文在线教学需教育各方协同发力，教师、家长、学生要多措并举，共同施策、同向同行。

第一，作为语文教师要与时俱进，应自觉增强线上授课的理念和能力。作为具体执行者，教师要积极转变观念，掌握"互联网 +"与学科融合的新理念，发挥传统课堂教学与线上教学的长处，主动适应"互联网 +"教育新局势。要根据高中语文统编新教材的特点，科学地制定线上线下融合的单元学习方案，精心安排线上线下语文教学的内容与进度，提升教学有效性。

第二，要积累并合理运用网上课程资源，学习掌握更多信息技术，传承与创新并举。一方面，要进一步整合和优化线上教学课程资源，挖掘更多优质资源，如上海市空中课堂等优质在线课程，积极发挥在线教学资源丰富的优点，作为线下课堂的延伸与补充；另一方面，教师也需要继续熟悉和掌握线上教学、线上讨论、在线答疑、在线测试等教学活动，学习使用相关数字化教学软件，以保障和推动在线教学的顺畅进行。

第三，要引导学生自觉培养和提升在线教学的自主学习能力。一方面，教师要鼓励学生积极掌握线上教学的基本技能，努力适应在线教学的新环境、新形式，认真完成教师布置的语文学科单元学习任务，并及时向教师、家长反馈在线教学中遇到的相关问题与困难，加强与同学的沟通和交流，推动问题的解决，提升在线教学的效率；另一方面，学生也要更加主动地发挥好线上学习的主体作用，加强在线学习的自律性，增强自我管理、自我约束，在教师和家长的指导下正确处理好线上学习与线下学习、课堂学习与课后学习等的关系，不断提升自己语文学科的自主学习合作探究能力，切实提升语文核心素养。

基于线上的语文多模态教学 ①

▲

受传统教学固有观念的影响，在"后疫情时代"即便采用网络教学模式，很多高中语文教师仍采用讲授的方式，并由于网络课堂的容量有限，教师与班级内学生无法达到及时性、有效性沟通，使原本的教学效果再一次降低。以讲授式为主的在线课堂本质上与传统语文课堂没有区别，没有发挥出在线教学的优势。

在线上教学过程中，因为教师不太容易看到整个班级全体同学的上课状况，无法准确判断学情，也难以做到与学生实时互动。如果学生自我管理能力较差，学习参与性和持续性不高，就会经常溜出线上课堂，或者人在心不在，不能有效学习。

综上，在线教学面临两大关键问题：一是教师如何转化教学理念，利用在线的优势条件，使课堂生动起来；二是如何真正地调动学生的参与度，使课堂真正动起来。

一、教育信息化和多模态理论的背景

《普通高中语文课程标准（2017版）》在修订时特别强调要"关注信息化环境下的教学改革"，将"注重时代性，构建开放、多样、有序的语文课堂"列为四大基本理念之一，要求教师积极开发和拓展语文课程资源形式，选择性、创造性地实施课程，以此满足高中语文课程多样化和选择性的需要。教育信息化带来的变化不只是教育内容，还包括教育观念、手段、模式等。在信息化教育方式中，教育过程变得更加丰富，学生可以通过视、听、触等多种感官

---

① 上海市第八中学　丁春花

接受教育信息。

多模态话语分析理论主要源于语言学家韩礼德的系统功能语言学中的社会符号学理论。所谓多模态，就是两个或两个以上单模态——文字、图像、声音、色彩、手势、动作、空间等意义的整合。多模态的内涵体现了一种全新的思维方式，突破了传统交流中语言占主导地位的思维定式，它把图像、声音、动作等所有表达意义的模态符号看成是与语言符号地位平等的符号资源，在社会交流实践中共同传达意义。

多模态教学是在语言学理论和教学理论的基础上，对各种教学方法和教育技术的整合并应用。教师可以借助多媒体设备播放视频、图片、录音、图表等信息来进行课堂教学。多模态教学不局限于多媒体展示，而是主张通过听觉、视觉、触觉等多种感知通道，运用语言、图像、声音、文本、动作等多种符号资源进行全方位、立体化的教学。

基于此，通过语文多模态教学的路径研究，可以为语文在线教学探求更为多元的教学方式。

二、语文多模态在线教学的特点

（一）课堂信息容量扩大

在线教学中教师只需轻轻点击课件，信息便能即时地在屏幕上更新，使教学效率大大提高。但是，由于声音、图像、动画、文字等多种媒体共同参与到交际中，过多的模态也可能增加学生的认知负荷，如果教师把握不当，弱化对语言文字的学习，就会变成影视或者美术课。

（二）课堂思维路径的动态呈现

在线教学中，信息能够及时、动态地在屏幕上更新，教师可以在教学课件中动态地展示教学环节、文本思路等。不同于以往传统课堂中板书的平面化、结果化，多模态的课堂可以通过颜色、箭头、思维导图等形式过程化地呈现课堂思维的路径，更适合高中年段学生的学习。

（三）教学资源的易获取性和可复制性

针对一些好的教学课件 PPT、慕课视频、空中课堂视频、微课视频等，学生

可以合理利用自己的时间，多次观看和学习。然而，数字信息的易获取性和可复制性也可能对教学产生一定负面的影响。教师可以借鉴网络上的教学课件、教学视频，但不能完全照搬，更不能以现成的网络视频播放代替在线教学。

三、语文在线教学的课堂多模态路径研究

（一）语言模态转化为视觉模态

1. 抽象概念的影像化——"对面落笔"与"蒙太奇手法"

如在古诗词《月夜》的教学中需要学生掌握"对面落笔"的概念。如果只是用语言解释，学生难以理解，在线教学中可以运用电影中的"蒙太奇手法"加以阐释。在教授《月夜》时，教师可以先播放电影中的经典蒙太奇片段后，再让学生想象"今夜鄜州月，闺中只独看"妻子的画面；承接上一个镜头，在叠化中渐现出"今夜长安月，院中也独看"的诗人杜甫的画面，从而让学生能够借助蒙太奇的手法将诗人和所念妻子所在的两个时空串联起来，一实一虚，能更好地理解何谓"对面落笔"。

2. 思维导图的动态化

在线课堂需要注重片段化和结构化设计，突出重点问题，分步达成教学要求。思维导图的呈现不仅能起到局部小结的作用，也能动态展示教师的思维路径。

如在线教授《荷塘月色》时，可以将课堂有意切分为三个片段：全文结构的梳理、重点段落1的品味、重点段落2的品味。教师可以在三个片段后绘制三张思维导图，帮助学生理解文本，在播放思维导图时，可以逐个呈现思维路径，并用颜色标识突出教学重难点，如图1所示。

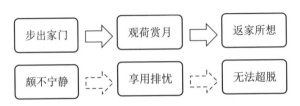

图1　文本结构图（实线箭头为外在行动，虚线箭头为内心变化）

3. 课堂情境的创设

在线教学可以更便利地利用图片、视频等形式创设课堂情境。如鲁迅先生

的作品因其思想的深刻性和现实性常难以被中学生理解，甚至有中学生怕学鲁迅的现象出现。鉴于此，我们在学习《拿来主义》《阿Q正传》时，可以先展示鲁迅先生的不同照片，让学生先直观地走近先生。

（二）文字模态转化为听觉模态

如在教授名篇《春江花月夜》时，不妨将课堂设计为诗歌朗诵鉴赏课。教师可事先选择三种不同版本的朗诵音频播放，让学生自由感受不同版本的魅力，进而再理性分析孰优孰劣：整体是否符合诗歌的意境？细节处节奏的快慢舒缓是否正确？语音、语调、语气、重音等是否到位？在不同版本的鉴赏中，也就完成了整体诗歌的理解。

（三）教学模态的选择原则

一般认为多模态的教学往往比单模态教学要更好些。教师可以尽量丰富课堂话语的模态类型，以多样化的话语方式呈现教学内容。但是并不是教学模态越多越好，教学模态的选择宜遵循有效适配原则。选择模态时要充分考虑该阶段的教学目标，要避免选用无效或者是反效的模态。教师在进行不同模态的组合时，要考虑模态间的协同关系是否适配。

四、语文在线教学的作业多模态路径研究

多模态的作业设计可以突出强调学生学习的主体性，注重学习的多样化、合作性，学生们可以突破地域和时间上的限制，进行同伴互教、讨论交流。作业评价方式也趋于多元化，评价的主体不仅仅是教师，也可以鼓励学生和家长或者其他人参与评价。

（一）模态的转化

1. 文字模态转化为视觉模态

如在布置姜夔的《扬州慢》预习作业时，可以让学生任选一句画成一幅小画，并题写相关诗句。虽然只是简单几笔的勾勒，但学生在完成作业之前，需要挑选哪个诗句是富有画面感的，构图之前必须要理解诗句，画面色调的选择也必须符合诗句的意境，这就达到了预习的目的。

2. 文字模态转化为听觉模态

如在上完《采薇》之后，可以布置课后作业让学生给文章三个层次分别配上合适的音乐，以强化学生对诗歌的理解，感受《诗经》的音律美。

（二）微视频制作、微信朋友圈、微信公众号等平台多模态作业

这一类型的多模态作业可以更好地利用网络平台展示，不仅教师可以评价，同学、家长和其他人员也可以参与评价，学生作业的积极性大大提升。而且这类多模态作业要求学生有一定的学习资料搜集归纳能力，静态或动态图像分析、运用和创造的能力以及制作文字融合图像、声音等多种媒介共同表达的能力。学生通过阅读、观看、理解，最终能够创造多媒体和数字文本，具有一定的挑战性。

1. PPT、微视频的制作

以微视频为例，可以指导学生制作微课。教师可以让学生自己制作 PPT 或微视频介绍某些教学知识点，让学生成为同伴的小老师。学生在制作 PPT 或微视频的过程，就是在自己梳理某个知识点的过程，但这个过程不是枯燥的机械式的背诵，而是通过文字、图片、动画、音乐等多种模态的综合运用，既完成了作业，也增添了趣味性，还提升了团队协作能力。

2. QQ 空间、微信朋友圈、微信公众号等平台作业

生活的外延就是语文学习的外延。作业的形式不再拘泥于作业本，作业可以成为展示自我的一张名片。教师可以利用学生的 QQ 空间、微信朋友圈、微信公众号等平台布置与学生生活有关的主题作业，要求用图文并茂的展示形式。

五、语文多模态在线教学的启示

（一）教师角色的转换

教师要寻找一种比较民主的教育模式，成为学生学习和意义建构的促进者。教师在进行教学设计时需要全新的教学时空观，创设有意义的情境。

（二）学生角色的转换

多模态教学突出强调学生学习的主体性，注重学生的参与意识，注重学习的多样化、合作性。语文在线课堂可融入研讨式、合作式等教学方法。

（三）注重培养学生的批评性思维

网络的信息量极大，内容良莠不齐，需要培养学生的批判性思维，学生对于网络信息要有筛选和判断能力。

（四）评价的多元化

评价要基于学生的表现与学习过程，也要充分关注学生的应用能力，与实际生活相联系。评价的主体也可多元化，鼓励学生和家长参与。

线上课堂的教学临场感建立及实践研究 [①]

------▲------

上海市教委发布的《上海市教育数字化转型实施方案（2021—2023）》为上海整体推进教育数字化转型，全方位赋能教育综合改革擘画了新的蓝图。方案的主要任务指出要重点探索"课堂教学1加1"和"课外辅导1对1"的应用，营造"时时能学""处处可学"的学习环境。后疫情时期，线上线下混合式教学作为教育数字化转型背景下的新常态模式，以线上课堂助力传统线下教学。建立教学临场感能够有效应对线上课堂存在的诸多问题，提升其质效，从而促进线上线下混合式教学的发展。

一、线上课堂存在的部分问题

线上课堂较早兴起于高等教育、职业教育等领域，如慕课（MOOC）平台、中公教育等。2020年新冠疫情暴发使得春季学期延期开学，上海市借助网络平台开展空中课堂与线上直播教学，以响应"停课不停学"的号召。随着教育信息化的深入推进，线上课堂的形式也愈发丰富多样，如传统形式的共享微课、强调双向互动的虚拟仿真软件以及时下热门的线上直播课堂等。

纵使涉及的领域与形式多样，我们都不可否认在线教育所适宜的群体需具备较高的学习自主性。疫情防控期间覆盖全体中小学生的线上课堂可谓是有史以来的首次尝试，无疑面临着巨大挑战。

（一）学生的课堂参与度不高，教与学效率降低

实体课堂中，教师能通过观察学生的微表情与实时互动，了解知识的掌握

---

① 上海市第十中学　徐如意

情况，这点是隔着屏幕的线上课堂所无法实现的。学校教学设备较齐全，网课限制了部分课堂活动及操作实验的开展，学生的课堂参与度降低。因而，教与学的效率都有所下降。

（二）师生、生生之间沟通不畅，互动频率减少

相较于实体课堂中的即时应答，线上课堂互动所需时间长，师生、生生间沟通效率降低。由于设备和网络等客观因素，导致杂音、卡顿、掉线的情况，限制了有效互动。

（三）师生无法投入学习环境，注意力难以集中

居家教学，师生都难免存在"主场心态"，舒适的环境易使人陷入放松懈怠的状态，难以长时间将精力投入学习。线上课堂期间还可能受到旁人干扰，影响教学的正常进行。一小部分学生基本在直播课"挂机"或缺席，效果大打折扣。

二、教学临场感

为改变在线教学的现状，加强师生、生生间的有效交互，进而提升线上课堂的质效，笔者依据"临场感"相关理论，对线上课堂进行调整。

（一）临场感

伴随"互联网+"时代的到来，网络通信技术被广泛运用于教育教学领域，在线教育的模式为学习者在时间与空间上提供了极大的便利性与灵活性。然而，由于线上课堂中师生异步交互，缺乏你来我往的讨论，因而在社会性等方面有较大的缺失，导致学习者与助学者在教与学过程中易产生孤独感。

加拿大的 Garrison 等学者为深入了解并研究高等教育在线学习情况，开发了探究性学习共同体模型（CoI 模型），包含了认知临场感、社会临场感和教学临场感三个相互关联的要素。CoI 模型认为有意义的在线学习需要探究学习社区的建立，当学习者与助学者、其他学习者之间进行交流分享时，有效的深度

学习才能产生 ①。

（二）教学临场感的含义及构成

1. 教学临场感的含义

教学临场感，又称教学性存在，指为了实现对学习者个人有意义并对教育有价值的学习成果而对学习者在线认知与社交过程进行设计、促进与指导 ②。

教学临场感常被称为教育者临场感，需要助学者通过教学设计和组织、促进对话以及直接指导等方式影响学习者的认知与社交，因此它在 CoI 模型中充当黏合剂的作用，将三种临场感进行整合，从而促进深层次学习。

2. 教学临场感的构成

根据国内外学者对教学临场感的研究，将其构成与衡量指标进行归纳，如表 1 所示。

表1　教学临场感的构成

构成	衡量指标	举　例
教学的设计与组织	制定课程主题	这周我们要讨论……
	设计学习方法	我要将你们分组并讨论……
	明确时间安排	请在周五前发表留言……
	有效运用媒体	回复时尝试回答他人提出的问题
	规范网络礼仪	发言要简短
促进对话	确认意见一致与否	A、B 对你的假设提出了反驳，你要作出回应吗？
	寻求达成共识	我认为 A 和 B 本质上表达了同一意见
	鼓励、承认、加强学生的贡献	感谢你有见地的评论
	营造学习氛围	在讨论中勇敢地表达你的观点，这是一个开放思维的地方
	吸引学习者讨论	还有人想对此发表意见吗？
	评估过程有效性	我认为我们有些跑题

---

① 吴祥恩，陈晓慧，吴靖. 论临场感对在线学习效果的影响［J］. 现代远距离教育，2017（170）.

② Terry Anderson, Liam Rourke, D. Randy Garrison, Walter Arche. Assessing Teaching Presence in a Computer Conferecing Context［J］. Journal of Asynchronous Learning Networks, 2001, 5（2）.

构成	衡量指标	举　　例
直接指导	呈现内容/问题	A 说……你认为呢？
	聚焦讨论话题	我认为这是条死胡同，我希望你们考虑……
	总结讨论成果	最初的问题是……A 说……B 说……我们可以归纳出……我们还没有得出……
	通过评估和解释反馈确保学习者的理解	你差不多说对了，但你没有解释……这很重要，因为……
	诊断错误认知	记住，A 是从管理者的角度来说，所以你说……时要小心
	从不同来源获取知识（如教材、网络、个人经验等）	我曾与 A 一起开会，他说…… 你可以登录……来了解更多信息
	回应技术问题	如果你想在留言中加入超链接，你必须……

三、建立教学临场感的实践案例

生命科学学科作为自然科学课程，学生能拥有更多观察、猜想、动手实践的机会，有趣的教学内容能有效提升学生学习的积极性和主动性。但作为非计分科目，生命科学学科课时少、学习压力较小，学生对生命科学学习不够重视。综上，如何权衡各学科间的差异性，合理安排学习任务便显得尤为重要。

（一）教学设计和组织

相比于线下课堂教学，线上课堂在教学设计和组织上需要考虑更多维度、耗费更多的时间，且由于线上课堂的状况难以预期，因此课程的设计和组织必须更加清晰明了。设计主要指在线教学开始前对于学习主题、学习内容、学习活动的拟定。组织指在线教学开始后对学习者的学习过程进行干预与管理，两者的作用非常相似，都在线上教学的大环境中实现了管理功能。

为更好地组织线上课堂，笔者在第一次上课前进行了一次直播演练，并对学习要求作出了明确的规范，如图 1 所示。日常教学中，定期提醒学生线上课堂规范，及时进行提醒与纠正。

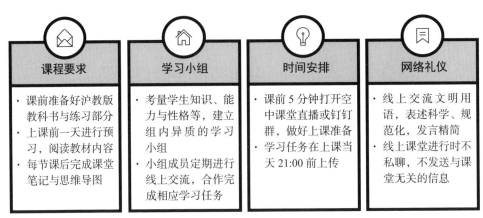

图1　课前规范

　　每次授课前笔者会将课程的主题以及教科书对应页码发送给学生，让他们对将要学习的内容有大致了解，并提前进行预习。例如《解剖并观察花和果实的结构》实验课前，笔者预先列出材料清单，并将空中课堂资源发送给学生，方便他们在课堂互动时依据视频动手完成实验，更好地了解植物的结构，提升课堂质效。

（二）促进对话

　　促进对话在线上课堂中对于维持学习兴趣、激发学习动力、提升课堂参与度起着至关重要的作用。对话相较于讨论更能够凸显在学习社区中通过共享知识、交换意见的交互以达成协作构建知识的过程。教师在此过程中远不只是参与者，还要营造并维持具有社会临场感的交流环境，以提升学习者的认知以及线上课堂的社会性。

　　互动提问前，教师以诸如"有哪位同学愿意与大家分享自己的看法呢？"等具有引导式的问句鼓励学生表达自己的见解，积极参与讨论。每位连线回答问题的同学，教师都予以肯定与表扬，并为回答质量较高、学习任务完成情况好的同学所属小组累计积分，定期进行统一表彰。积分的形式能够突破在线教育的界限，更直观地展示周围同学的学习表现与学习效果，从而激发学生交流互动与学习的积极性。

　　初中年段学生相较于高中年段学生更乐于表达自己的想法，但也更容易因为一次回答错误而怯于再次回答问题。为避免该情况，笔者会通过预设"曾经有位同学"来抛出一些错误或是不完善的表述，以引导学生进行纠正，从而达成统一的共识，同时提升了思辨性。此外，为了提高有效交互的效率，笔者将多数问题转化成选择题的形式，方便学生及时作答，避免输入大段文字，从而加快响应速度。

（三）直接指导

直接指导是教师对于学生分享的知识与理解给予学术、专业上的指导和诊断，并将讨论牵向有价值的方向，适时提供有用的信息资源，以求提升学生的认知水平。为确保讨论聚焦在关键点，笔者通常将问题投屏于桌面，对于回答不准确之处及时进行语言及文字形式的改正，以加深学生印象。

（四）其他

除却上述 CoI 模型中涉及的教学临场感要素外，还有一些能够协助建立教学临场感的方法。

1. 教学时间保持在线状态，提高反馈效率

教师在教学时间保持在线状态能为学生提供示范作用，促进良好学习习惯与学习态度的培育，对于学生的疑问作出及时反馈也能够提升教学临场感。

2. 授课期间开启小屏幕的人像画面

教师在授课过程中尽可能保持小屏幕的人像画面处于开启状态，学生在互动过程也可适时开启人像画面，相比"只闻其声不见其人"的线上课堂，视频会面的形式更能振作精神，增强临场感。

3. 把控课堂节奏，避免干扰因素

时下的直播平台可以通过点赞、打赏等方式支持主播，但线上课堂不是"网红直播"，需要遵守基本的课堂礼仪。因此，停用点赞和打赏等附加功能，要求发言预先举手申请等途径能规范线上课堂，避免教学节奏被打乱。

四、成效与反思

线上课堂对教师与学生都是挑战，更是难得的机遇。相较笔者先前通过语音为学生开展复习的经历，本次融合了教学临场感理论的线上课堂效果有较为显著的提高。CoI 模型的各要素需教师经过悉心的考量进行设计，在实践中不断改良与完善，以求更多学生更深刻地感知教学临场感，以提升学习成效。其

中，教学设计和组织以及促进对话等要素对于促进学生知识构建以及交流互动有着显著的积极作用①。较为遗憾的是，本次线上课堂实践以年级为单位开展，因而无法顾及每一位学生。若以班级为单位开展线上课堂，更易达到良好的效果。

全民在线学习尚处于萌芽阶段，日后定会有更多充分运用网络平台的教学模式，学习的形式也在日渐多样化、科技化、现代化，教学临场感在线上课堂的建立与研究必将更加深入且完善。

---

① Yang Wang，Qingtang Liu. Effects of online teaching presence on students' interactions and collaborative knowledge construction[J]. Journal of Computer Assisted Learning，2020，36（3）.

初中数学线上教与学活动设计优化策略 [①]

后疫情时代，线上与线下相结合的教学模式趋于常态。怎样利用好空中课堂资源，以网课形式，发挥初中数学线上教学的优势，达到教与学活动设计的优化及有效性呢？由此，笔者以"优化线上课堂中各环节的教与学活动设计"为抓手，进行尝试与实践，总结策略方法，助力初中数学线上教学，从而实现在线数学课堂的教学有效性。

一、着眼新知生成，经历探索过程

空中课堂教师讲授可谓是干货满满，但有部分学生反映面临的困境：节奏太快，特别是数学课堂中新定理或新概念的引入环节，缺乏思路；有时往往还没来得及思考完整，新定理的推导过程就出来了，学生只能是囫囵吞枣，简直就是"暴殄天物"。

针对以上困境，笔者尝试在新课导入阶段优化教学活动：新课导入时，重视学生经历数学新定理、新概念的探索过程，自主体验新知的产生与发展。

下面，以"活动：探究三角形的内角和为什么是 180°"为例阐述说明。

在探究三角形的内角和为 180° 的学习活动中，空中课堂展示了几种推导方法，推理论证过程也很清晰，但学生觉得添加辅助线论证新定理是卡点，关键在于：学生所接受的只是新定理推理论证的呈现过程，缺少动手操作的体验与前续的铺垫。由此，笔者优化了定理推导环节的学习活动，要求课前预习时自主探究，把定理推导活动单作业上传到钉钉。

① 上海市尚文中学　管敏琦

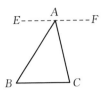 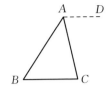 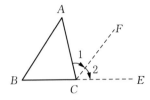

图1　探究三角形内角和为180° 各添线方法（1）

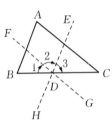 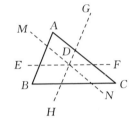 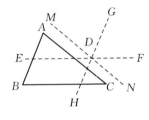

图2　探究三角形内角和为180° 各添线方法（2）

以这节几何课的新定理推导环节为例，结论易得，但要论证和运用需涉及前面"平行线的性质"，还需要学生有动手体验的基础，这就需要有一个学生自主探究的活动设计。在定理探索环节，笔者运用"量一量""撕一撕""拼一拼""证一证"等活动，以邻补角、同旁内角为载体，慢慢引导学生从实验几何过渡到论证几何。活动反馈中，以学生自主实验归纳为主，同时通过论证说理，把实验归纳和推理论证巧妙地结合起来阐述，学生在学习过程中不仅获得新定理，而且还复习了平行线的有关性质。无论从学生上传到钉钉的预习单，还是撕、拼三角形的视频录制等反馈来看，学生不仅有动手操作，参与度强，而且不同的撕拼方法为论证几何奠定基础，学生的证明方法也多样，如图1、图2所示。不同的操作与论证方案交流成为线上新课的亮点，对今后的数学几何课中推导新定理、灵活应用，提供了有效的借鉴。

二、课中问题驱动，互研设计方案

有调查表明，后疫情时代的线上教学，教师面临的最大困难是：在线教学时由于隔着屏幕，看不到学生的神态表情、做笔记等学习情况，在新课例题学习过程中，学生数学学习互动参与度低，教师授课时监察能力弱，教与学往往会被割裂开。学生没有了教师的亲临指导，变得慵懒、缺乏动力。于是，师生间产生"隔靴搔痒"的苦恼。

针对以上困境，笔者尝试优化教学活动：新课进行中，激励学生参与预习单或例题中条件与结论的编写，相互出题与解答；问题驱动中，设计不同方案，研讨解决策略，从而培养学科探究与质疑精神。

"活动1：补上一个代数式，再因式分解：$4a^2-$ _____."来自于学生的设计，其实质是因式分解各方法的分类与归纳。这类开放问题门槛低，学生人人能参与，根据个体差别可参与到不同的层次，这样大大调动了学习积极性，学生填写后以每种不同的方法作代表，提炼整理所有因式分解的方法及步骤。

"活动2：已知两边+第三条特殊的线段，能否证得两个三角形全等？"这是某学生在全等三角形学习时提出的疑问，于是笔者鼓励学生寻找全等的三个条件、在线上讨论、相互出题解答、探究结论是否成立，以学生自主探究为主，教师适当指导及提供技术支持为辅，最后完成填写条件与结论的相关表格。有学生联想到在三角形中除了边以外，还有一些特殊且重要的线段，如：中线、角平分线、高等。

该探究活动始于学生的原生态思考，生生间可以在学习群里发自编的题、做对方的题、线上课中分享交流各自的解题思路、汇总整理探究表格等。教师充当着引路人兼组织者的角色，研究的主体还是学生。

在线教学面对"学生参与度低、教师监察力弱"的困难，以上两个案例为了让学生真正参与云课堂，以学习活动中的"问题解决"为线索，自主编写题目的条件和结论，思考解答的方法与思路，生生间互相提问与学习，借助同伴认同感进一步激发学生学习内驱力，从而培养学科探究与质疑精神。新知教学中，学生缺少的恰恰是这种以问题为驱动力，进行不同方案的设计，再进行问题解决的数学综合能力。从学生反馈而言，相比面对面交流，内向的学生在小组群里更愿意分享不同的解题方案，当方案受到组员肯定时变得更有自信；群里不断发布开放问题的自编与互动的截图，解决方案的呈现交流更是见证了学生学科综合素养能力的提升。该策略具有良好的执行效果，让每位学生都能表明观点，畅所欲言。

三、练习分层递进，凝聚变式本质

在线上如何真正落实分层教学，也是笔者面临的一大困难。空中课堂的授

课，面向的是上海市全体中学生，在新课练习巩固环节，不能满足各个层次学生的需求，如何体现因材施教的个性化教学？

针对以上困境，笔者尝试在新课巩固阶段优化教学活动：新课巩固时，关注对教材二次的开发，结合学生学习盲点，一题多变，培养学生举一反三的能力。

练习巩固是检测一节新课掌握程度的有效手段，笔者在学习单中巩固环节的设计常采用的方法是一题多变，可通过加强或减弱条件、互换条件与结论、抓住基本图形本质特点等形式对题目变式改编。学生可根据自己的基础选择做到哪一个变式问题，这样既实现了因材施教的个性化教育，又培养了思辨能力。

以"活动：从教材一例题出发，优化倍长中线法系列专项变式问题设计"为例阐述说明。

例1 已知如图3，点 D 在边 BC 上，$BD=CD$，$\angle 1=\angle 2$. 求证：$AB=AC$.

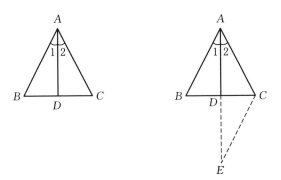

图3 倍长中线法专项例题图

沪教版八年级上册"19.2 证明举例"的"例11"中首次出现倍长中线这种添加辅助线的方法。学生往往很难想到，这是教学难点，也是学习盲点，因为学生对能运用倍长中线法的基本图形缺乏深入的认识与研究。这需要我们梳理倍长中线法的本质特征：它从图形运动来看，是旋转；从图形的对称性来看，得到的两个全等三角形关于点 D 成中心对称。基于对图形本质认识，对教材二次开发，优化巩固环节的变式设计，将线上分层教学落到实处。

例2 如图4所示，AD 是 $\triangle ABC$ 的中线，点 F 在 AD 上，且 $AC=BF$. 求证：$\angle BFD=\angle DAC$.

变式1 延长 BF 交 AC 于点 E，求证：$AE=EF$.

变式 2　*AD* 是 △*ABC* 的中线，*BE* 交 *AC* 于点 *E*，交 *AD* 于点 *F*，*EG* 为 ∠*BEC* 的平分线，且 *EG* ∥ *AD*. 求证：*AC=BF*.

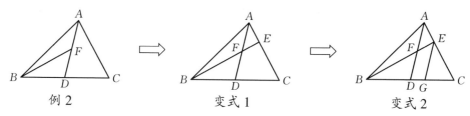

图 4　倍长中线法专项变式图

笔者以此例抛砖引玉，力求通过二次开发教材，结合学习盲点，优化巩固环节的问题设计，让学生每解一道题，都能解决一类问题。同时学生根据自己不同情况，选择性做变式问题，实现个性化教学。更重要的是学生通过思考，能提高知识迁移能力，体会化归思想。题目是做不完的，关键在于选的每道题要最大限度体现它的价值，引领学生的数学思维方式与方法，培养举一反三的能力。从学生反馈来看，新课变式题型巩固后，学生形成了解一类综合问题的思路，有了从"不会做"到"有方案"的量变到质变的飞跃。这也印证了句古话："授之以鱼，不如授之以渔。"

四、小结反思纠错，优化学习方式

空中课堂中每节新授课都会有课堂小结环节，概括到位，一针见血，但受形式限制，没有学生反思小结的机会。那么困难就来了，简单的呈现远远比不上自主反思。整节新课下来，学生的收获体验如何？课堂练习中做错的题还会出错吗？还有什么疑问吗？这些都不得而知，效果可能不尽如人意。

针对以上困境，笔者尝试在课堂反思阶段优化教学活动：课堂反思中，放手让学生总结新知学习过程中的易错点，参与归纳反思或录制个性化错题微视频，通过分享讨论让生生、师生间互相请教、取长补短成为新的学习方式。

如"活动：用描点法分别画反比例函数 $y=\dfrac{8}{x}$ 和 $y=-\dfrac{8}{x}$ 图像过程反思"中用描点法画反比例函数。学生们上传的预习单中出现了一些错误，线上课也罗列了一些典型错图进行分析讨论，如果能深度剖析画错原因，就是很好的教学反思的资源。因此，笔者设计了课后反思活动：基于课堂画图生成及解决策略，让学生从画图中出现的问题出发，以笔记总结或录制注意事项微视频的方

式呈现反思与收获。这作为一项反思作业，课后完成后让学生上传到微信"小打卡"程序。由于要通过"写"或"录"的形式做反思，学生需要回顾课堂中生成的问题、理解解决方法、内化后表达分享、提出建议等，这无疑对学生的综合能力及学习自省能力是一次挑战。

"学而不思则罔。"该活动以反思画反比例函数图像的注意事项为切入口，放大画图过程中的问题，剖析错误成因。录制讲解视频，不仅让学生在画图的操作活动中，养成认真、细心、严谨的学习态度，而且还让学生感受数形结合、类比的数学思想，体会研究函数的数学方法，取得了良好的效果。把课堂反思和错题纠正与分享的权利还给学生，不仅打破了教师"总结得累、效果甚微"的尴尬局面，而且让生生、师生间互相请教与取长补短成为新的在线学习方式。这不仅是学生在线上学习过程中学习方式的变革，也是学生完成社会化互动学习和培养反思自查力的过程，对学生今后的学习与成长有着深远影响。

线上课堂教学，困境与挑战并存，积极思考对策，细化课堂环节，重在优化活动。笔者在新知导入、课中探究、巩固练习、反思纠错等课堂各环节中，尝试通过各种方式，采取多元手段以"优化教与学的活动设计"为抓手，从而助力初中数学线上课堂，提高线上教学的有效性。实施反馈下来，学生乐于进行优化设计后的自主学习活动，不仅形成了学习自信心，也在分析数学问题和解决实际问题等方面有所突破。且行且思，线上教学也精彩。

初中物理线上教学"三环节"的挑战与应对策略 [①]

--▲--

　　为了深入推进教育综合改革，促进教育数字化的转型，疫情期间开启的线上教学，在新形势下迎来了更高的要求和挑战。如何使线上教学充分体现课程标准的理念，确保教学有效性，是每一位教师必须思考的首要问题。笔者以初中物理线上教学为例，分别从课前、课中、课后这三个教学环节入手，谈谈自己对于线上教学的几点思考。

一、初中物理线上教学"三环节"遇到的挑战

（一）课前：教师备课如何更有效把握内容与技术的协同

　　线上教学备课时不仅要备教材、备学生、备教法，还应备技术。

　　备技术时，视频会议软件受网络带宽的限制，教师在共享动态视频时如何兼顾视频流畅度和清晰度？教师演示作图时如何既确保规范性，又能快速完成？这一系列的矛盾，都应该成为教师所考虑的问题。

　　备学生时，线上教学不仅要了解学生的知识基础、理解能力等，还要关注学生周围环境、"微信"信息提示等因素，这些都会影响学生在线听课的效率。

　　备教法时，由于缺乏实验器材和活动环境，线上教学很难开展学生实验，演示实验开设的难度也有所增加，教师对于实验的设计需要加以变革。

（二）课中：教师的学法指导如何让学生见"屏"如面

　　线下教学，学生常用的学习方法有自主学习、探究学习和合作学习等。线

---

① 上海市黄浦区教育学院附属中山学校　郑　富

上教学，由于缺乏教师可视的监督，对学生自主学习的自觉性提出了更高的要求。虽然线上教学也可以实现生生间的合作，但是更多地停留在语言上，学生展示交流的机会更少了，生生间虚拟的交互也少了些情感的共鸣。因此对于学法的指导也成了教师必须考虑的一个问题。

（三）课后：作业如何更适切学生的自主学习

线下教学的作业往往有回顾知识与技能、运用方法解决问题等功能。而线上教学为了保护学生视力，减少了课时的时长。因此，线上教学在不增加学生作业时长的前提下，应考虑如何优化设计，让作业成为学生自主学习的一种方法，让作业成为师生对话的一种形式，让作业成为展现学生思维的一种方式。

二、初中物理线上教学"三环节"的应对策略

（一）课前：通过自主选择适切的任务驱动，调动学生参与的积极性

物理教学任务主要指通过阅读书本、查阅资料、实验探究等活动达成教学目标。《上海市普通中小学课程方案》中确立了全新的课程功能：使课程促进并适应每一个学生的发展，课程的改革从原本学生适应课程转化为课程适应学生，从原本教师组织学习内容转化为设计学习经历，这一改革充分地体现了学生是学习的主体，强调学生的参与和体验。

因此，在课前预习阶段，我设计了三个预习环节：（1）根据课程主题提出问题；（2）设计方案；（3）解决问题。对于不同层次的学生可以自主选择预习环节的数量，这样既保护了各层次学生学习的积极性，体现了因材施教的教育理念，又无形中促使学生不得不主动思考，其实这正是学习应具备的能力。以八年级第二学期《重力势能》为例，有些学生通过预习只能完成第一环节——提出问题：什么是重力势能？影响重力势能大小的因素是什么？而有些学生能够借助练习本和《现代汉语词典》运用控制变量法来研究重力势能大小与物体质量的关系。

（二）课中：通过实验 PBL 与问卷反馈及时调控，提升教学的有效性

直播教学时，教师首先依据预习成果引导学生汇总问题，形成探究线索；

然后通过语音互动，充分交流问题解决的方案。在这过程中教师转变角色，不急于定论，而是倾听学生多方的想法，适切引导才能真正应用网络平台实现生生、师生的良好互动，线上教学放大活动方案设计、讨论环节，也是培养学生的科学素养的途径之一。

1. 改变实验方式，以 PBL 凸显实验探究的生活化与仿真性

物理是一门自然科学，《上海市中小学自然科学学习领域课程指导纲要》中指出要突出实验探究，强调让学生经历探究性实验提出问题、做出假设、制订计划等六要素，明确要求初中学生应了解科学探究的基本过程，能用合适的方法进行实验。

为了加强线上教学实验的开展，教师可采用"生活实验 + 实验视频 + 虚拟仿真"的 PBL 方式开展。对于部分实验，可用生活中容易获得的器物来代替传统的实验器材，引导学生自主探究，增强学生的主体参与感。例如：《滑轮》中，可用修正带中的小轮来代替滑轮；《弹性势能》中，可用橡皮筋来研究弹性势能大小与弹性形变程度的关系。对于学生获取实验器材存在困难的实验，如探究物质吸热本领与哪些因素有关，则可通过实验视频，让学生对实验过程感同身受，视频转发至班级群中，能够反复回放，拓宽实验操作体验。针对分子动理论、电路故障分析等一些微观的、学生较难理解的情景，则可以通过"虚拟仿真"直观展现出来，从感性认识促进学生理性理解，既丰富了线上教学的形式，同时也能较好地解决问题。

2. 借助问卷平台，及时反馈和调整线上教学的效度

教学反馈是学生对于习得知识、方法的输出过程。线上教学的反馈不是教学行为的最终环节，而是教学过程的必要环节。分片段的课中反馈有助于提高学生听课效率，有助于教师及时调整教学方法。

在备课阶段，教师利用问卷星中"考试"功能，在每个环节后设置了1—2道选择题或填空题。课中，学生只需使用微信"扫一扫"，就能在限定时间内便捷地答题。同时问卷星中"成绩 & 数据"功能能实时反映学生的答题情况，教师根据答题情况，挑选 1—2 个学生简述思路，此时教师保持课中反馈、激励但不评价，将评价权交给全班同学，通过生生间的补充使得思路趋于完善，这样典型错误就能引起更多学生的自觉勘误，起到举一反三的作用。面向全体学生的及时反馈能够增强线上教学的效度，这也是传统线下教学无法比拟的优势之一。

（三）课后：通过思维可视化的作业，促进学生开展有意义的学习

作业是教学环节中一个不可或缺的组成部分，传统的作业往往考什么就教什么、练什么，将大量考试卷上的原题引用到作业中①，这种试题式的作业只会削弱学生学习的积极性，教师在线批改作业，也有苦难言。

因此，线上教学后的作业应该是巩固所学知识的途径，是师生情感交流的渠道，是教学过程的延续，更应该从布置作业转化为设计作业。从题量上，每次作业一般由5—8道题目组成，作业时长控制在20分钟以内。从功能上，主要分为"回顾""应用"和"选择"三个栏目。

回顾型作业：一般2—3道题，帮助学生梳理基本概念和回顾分析方法，属于布鲁姆学习六层次理论中的记忆层次。

应用型作业：一般2—3道题，应用前一栏目中总结的方法，解决简单的物理问题，这部分作业主要采用计算题、简答说理等形式呈现，意在展现学生思维过程，属于布鲁姆学习六层次理论中的理解、应用、分析等层次。教师通过这部分作业可以较容易地发现学生知识的盲点和思维的障碍。

选择型作业：一般1—2道题，针对同一个问题，通过不同的呈现方式供不同层次的学生选用，体现作业的选择性和差异性。

例如：九年级电路动态分析的作业，传统动态电路试题往往以简单填空或选择的形式出现，如图1所示。虽然看似每道题目学生只需书写一个选项，但是猜测成分较大，教师无法有效检验学生的掌握情况，只能通过大量类题正确率的高低来加以分析。

11. 在图（a）所示的电路中，电源电压保持不变。闭合开关 S，当滑动变阻器滑片 P 向右移动时，电压表 V 示数将_____，电流表 A 示数将_____，电流表 A 与 A_1 示数的差值将_____。（均选填"变小""不变"或"变大"）

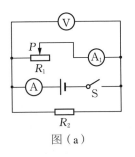

图（a）

图1　将试题作为作业

---

① 汤清修.中学物理单元教学设计指南［M］，北京：人民教育出版社，2018.

　　同样是电路动态分析作业，线上教学作业会针对不同的功能，采用不同的形式来呈现。例如，在"回顾"时，会引导学生归纳、整理解决这类问题的一般步骤，让作业成为学生自主学习的方式；而在"应用"时，会通过一道作业题来呈现不同的分析思路，让学生尝试说明理由，如表1所示。这样通过几道作业题就能较全面地检验课堂教学的有效性，既减轻了学生的作业负担，又减少了教师的批改时间，还能较好地反馈课堂教学的效果，起到事半功倍的效果。

表1　不同功能体现思维过程的作业

回顾型作业题	解题步骤
在图（a）所示的电路中，电源电压 U 保持不变。 （1）这是_____电路（选填"串联"或"并联"）	第一步： 判断
（2）电压表 V 测_____两端的电压 　　电流表 A_1 测通过_____的电流 　　电流表 A 测通过_____的电流	第二步： 判断
（3）闭合开关 S，当变阻器的滑片 P 向右移动时： 　　电源电压 U 将_____ 　　电阻 R_2 的阻值将_____ 　　变阻器 R_1 的阻值将_____ 利用并联电路电压特点可以： 　　电阻 R_2 两端电压将_____ 　　变阻器 R_1 两端电压将_____ 利用欧姆定律可知： 　　通过 R_2 的电流将_____ 　　通过 R_1 的电流将_____ 　　……	第三步： 利用
应用型作业题	
在图（a）所示电路中，电源电压 U 保持不变，当变阻器的滑片 P 向右移动时，干路上电流如何变化？ （1）小明同学分析思路如下： 　　①R_1 的阻值变大→②总电阻 R 变大→③干路电流 I 变小 小明由②推得③的理由是：_____ （2）小张同学分析思路如下： 　　①R_1 的阻值变大→②通过变阻器 R_1 的电流 I_1 变小→③干路电流 I 变小 小张由②推得③的理由是：_____	

三、优化初中物理线上教学基本流程，提升"三环节"教学效率

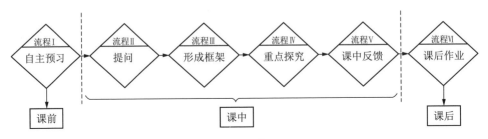

图 2　线上教学流程图

课前：见流程Ⅰ，主要内容为自主预习。学生围绕教学主题，阅读书本，查阅资料，提出问题，尝试设计方案。通过"任务驱动"，有利于学生提前规划，了解自己的学习难点、困惑点，提高上课时学习的针对性。

课中：包括"提问—形成框架—重点探究—课中反馈"四个流程。

流程Ⅱ为提问。对于自主预习时，学生能自行解决的问题，借助课堂提问，摸清学情，检验预习效果。

流程Ⅲ为形成框架。对于自主预习时，大部分学生存在疑惑的知识点，教师根据问题，形成课堂教学探究的主线，帮助学生理清课堂教学的脉络。

流程Ⅳ为重点探究。围绕教学探究的主线，借助实验 PBL、结合师生或生生互动，突破教学的重点和难点。创造生活情境，以 PBL 方式解决问题，引导学生"做中学"，提升学生运用知识解决问题的能力。

流程Ⅴ为课中反馈。教师借助问卷星，通过选择题、填空题等形式，及时反馈，依靠大数据对于反馈结果进行评价与补充讲解。这样有利于教师及时掌握学生的学习动态，及时跟进与改进教学，提高教学的有效性。

课后：见流程Ⅵ，主要为作业布置。基于预设与学生上课时生成的重点和难点，设计思维可视化的作业。通过"回顾""应用"和"选择"三个栏目，逐步铺垫，循序渐进，引导学生思维的发展，提升学生作业兴趣与获得感。

疫情阶段，线上教学从幕后走向了前台，引发社会普遍关注。后疫情时代，线上教学也还是当仁不让的第一"备胎"。在"双减"时代，线上教学既要做好"备胎"，同时还要兼顾个性化学习，并且有效提升学习效率，这样的"三合一"难题，或许笔者的初中物理线上教学"三环节"能提供部分答案。

探索特殊教育学校心理健康教育课的在线教与学 [①]

▲

随着时代的发展，信息技术的变革已影响到教育教学的各个层面。从一开始的信息教育技术在课堂中的运用到如今的整体教学线上实施，在线教学这种学习新模式悄然成为教学中不可忽略的部分。我校招收的学生是中重度智力残疾儿童，利用网络和电子设备进行教与学的形式对教师、学生、家长来说都是新的尝试和挑战。

心理健康教育的过程是学生通过体验、参与教师精心设计的活动后从而收获经验与感悟的过程。在线教学无法像课堂教学那样组织开展有趣的心理活动，和同伴、团队成员一起进行的互动也随之减少。合理调整心态、舒缓情绪、自我悦纳等对学生和家庭的心理支持有着很大的意义。如何确保心理健康教育课堂的教学效果需要在实践中不断总结经验，探索有效教学途径，做出更多的探索与思考。

开展在线教学的初期，教学形式的改变对智力障碍学生极具挑战。从教学反馈和与家长交流沟通中发现，教师设计的教学内容学生掌握不了，无法完成教学任务。有的学生在家甚至不肯学习，不愿对着电子设备。在一旁协助、辅导的家长负担加重，由此引发的家庭矛盾也日益突出。

究其原因，首先，很多智力障碍学生存在刻板行为，他们习惯于一成不变的生活习惯，有时在学校学习临时有课程变动，都会引起他们的烦躁不安，很难接受新事物。我校学生几乎没有接触过网络学习，因此在适应上有很大的困难。教学环境、方式、方法的改变让学生在学习时产生拒绝、回避等行为。其

---

① 上海市黄浦区阳光学校　张佳弘

次，智力障碍学生的注意力很分散，有意注意的时间短。以往集体面授教学或者是一对一个别化教育辅导面授教学时，由学生注意力不集中导致的教学过程中断现象就时有发生，让学生静心进行在线学习成了难题。再者，由于学生的智力原因，他们很少使用电子设备进行学习，对电脑的运用不熟练，难以独立完成网络教学对学习设备的操作要求。他们必须在家长的共同参与和协助下进行网络学习，导致家长的"陪读"负担加重，新布置的教学任务无法完成。

一、迎难而上，以学生为本，探索适宜特殊学生的教学模式

在线教学的美好预设，面临着困难重重的现实。在以学生为本的教育理念引领下，总结在线教学的成功和不足经验，经过反复进行教学研讨，心理教学的教学模式确定为教师在教学平台上的班级群中发布一个与心理相关的教学内容，每位学生在家长的帮助下登录平台，进入自己的班级，依托家长的支持协助，进行学习互动反馈和点评。把教学内容的时长压缩到学生的注意力集中时段范围内，多采用微课、视频的形式，能让学生反复观看学习，符合智力障碍学生的注意特点和认知特点。在提高教学质量的同时减轻了家长的压力。

二、精心构思教学任务单，实施分层教学，助力在线教学实效性

每一个有效教学任务的布置和完成都离不开精心的备课。在发布教学任务前，都需要精心构思教学任务单。任务单分教学内容、教学目标、网络教学反馈方式、作业辅导与评价点拨、总结反思这几个板块。

心理教学内容的选择着重关注学生的自身成长，帮助学生更好地适应当下的生活，分为三大类。第一类是生命教育。让学生了解如何用心过好每一天，从认知层面缓解焦虑，教会学生应该怎样用积极心态去应对生活，应该怎样用实际行动珍爱生命。第二类是具体学习怎样调试好心情、学习情绪调控的教学内容。如调整心态合理安排作息时间，认识、管理好自己的情绪，自我认同和悦纳。第三类是舒缓情绪的亲子心理游戏、绘本阅读，学习心理放松的方法，帮助调试学生在线教学的不适应，增进家庭亲子关系。

在教学目标的设计中实施分层教学的方法。智力障碍学生的学习能力千差万别，课堂教学中实施的分层教学方法，同样迁移到了线上教学。这样做，虽

然增加了布置班级教学任务的难度，但能有效地开展因材施教，兼顾到班级的每位学生，使每位家长都能感受到自己孩子的成长与进步。教学中着重关注个体差异，特别是学习特别困难的学生，重点设计相关教学目标，指导家长通过亲子合作的方式，帮助学生完成任务。具体分为 A、B、C 三个层次的学生，要求 A 类学生能自主学习教师布置的教学任务，掌握学习的重难点，独立完成教师布置的练习、训练；B 类学生则是在家长的协助下，在教师的个别语音留言、电话联系等形式沟通帮助下完成学习内容；而对 C 类的学生适当降低学习的难度，选择适宜的学习内容进行针对性教学。这样的分层教学避免了对学习能力差异明显的学生实施一刀切模式的教学，更重要的是得到了家长的支持和认可，让家长的关注视角从班级的教学目标转向自己孩子所取得的进步，缓解家长对孩子不合理期待所带来的焦虑，使他们能关注孩子的自身成长。

在作业反馈环节，及时对学生作业进行一对一的辅导评价：对完成好的同学及时鼓励；对反馈中有问题的学生，及时纠错；对于完成任务确实有困难的学生，联系班主任，千方百计协助家长，单独给予学生个别辅导。

每个教学任务完成后，教师都会进行总结和反思，从发现的问题中思考如何有效改进，提高在线教学的质量。

三、运用信息化技术，制作有吸引力的教学资源

一个有吸引力的教学资源，是能让学生乐意反复学习观看的教学内容。心理健康教育十分注重师生、生生之间的互动。线上教学期间，教师与学生之间、学生与学生之间无法面对面交流。考虑到家长难以对学生进行教学指导，教学资源以视频居多，能让学生反复观看。这对教师运用信息化技术制作适合自己教学内容的微课、小视频的能力提出了比以往更高的要求。

经过数次教学资源的制作，寻找便于自身制作的方法。教师可以根据课程内容制作 PPT，再运用录屏软件边播放 PPT 边讲授内容，制作成微课；还可以拍摄小视频，把手机支架固定好位置，用手机拍摄课程内容，随拍随说。

在拍摄绘本阅读教学时，区别于网上现成的故事录音，教师不只是简单地读出绘本的内容，而是边读边提出精心设计过的问题，引导学生观察图片，留出让学生思考的时间，这样的绘本阅读对学生的帮助更大。结合学生年龄特点，设计有吸引力的教学视频受到了学生和家长的好评。

网络数字教学素材的积累是不断学习和精选的过程。各个媒体平台上有不少现成的教学资源，遇到适合教学的内容，教师可以第一时间进行保存，然后根据智力障碍学生的特点进行改编，作为制作微课的素材。有些资源难以下载，可以用录屏软件进行录制，用作教学参考。观看各种教学资源，思考别人的视频是如何拍摄、制作的，不断学习，为自己设计微课、制作视频提供了不少思路。

四、家校合作的多种形式作业反馈和评价，成为联系师生间、生生间、亲子之间的纽带

智力残疾儿童的学习作业反馈离不开家长的积极支持和配合。结合所教授的心理健康教育内容，设计的作业形式可以多种多样，以激发学生完成作业的动力。如：完成相关问题的小问卷、拍摄游戏小视频、表达自己观点的语音或文字、照片等。作业反馈联系生活，避免内容过多过难让学习能力差的学生降低学习兴趣。

在一次生命教育的教学中，教师发布的教学作业是选择题和问答题，原先的设想是家长把答案写下来回复即可。没想到，家长们有的用打印机把题目打印下来，做好以后拍照片发给教师；还有的用纸和笔把题目一一抄下来让学生做题。说明这样的心理课作业受到了家长的重视。看到一张张密密麻麻文字图片的反馈，能感受到家长对待教师所布置的教学任务的认真态度。

由于学生有智力残疾，教师在平时的教学中很少会布置测验卷。但在教学平台上有一个测验功能，能通过合理编辑测验卷，把测验的内容转换成由学生录音回答的小问答题，其中的选择题模板和是非判断题模板也能设计成适合心理健康教育的教学反馈题。制作出的测试小作业既避免了用手机交上来的照片模糊不清的问题，还能自动批改，提高工作效率。尤其是里面答题的语音功能，非常适合那些会说话却不会打字的学生。这样的作业操作简单，受到了家长和学生的欢迎。作业的反馈也让教师感受到了家长和学生乐于学习心理课的热情。

"融化的雪人"是个有趣的亲子心理游戏，作业反馈形式是邀请家长和学生录制游戏的全过程。这个内容为学生和家庭提供休闲娱乐的素材，创造欢乐的亲子时光，不少家长在录像的时候自己配音配游戏指导语，通过视频就能感

受到全家游戏时那满满的温馨快乐。全班同学分享彼此的视频，教师及时进行点评。不少学生家长留言，居家期间看到别的同学的视频感到特别亲切，就好像他们在一起学习一样，有种回归集体教学的亲切之感。这样的游戏作业视频不但增进了亲子和谐，更成了班级同学间在线联系的纽带，有效减轻了学生的孤独感和焦虑情绪。

"接纳自己"这个教学内容设计的作业是让学生们写下自己的优点，写得越多越好。通过这个教学内容，家长帮助孩子一起探讨自己身上有哪些优点，用发展的眼光看待自己的孩子，关注孩子成长中的进步。有些家长写出了孩子很多优点，教师在点评中给予了支持鼓励。从家长们热诚的答复中，深感教学目标已达成。看见自己、悦纳自己是学生心理健康成长的强大基石。这份作业使学生关注到自己的优点，通过分享更增强了自信心。

五、反思

在线教学对教师的信息技术运用提出了更高要求。拍摄、编辑、剪辑、教学软件的使用、与家长和学生的互动反馈等操作在多次运用中不断熟练起来，信息化技术如何更合理地服务教学，需要教师在日常教学中不断探索、尝试。

一个有效的心理教学内容必须从学生的学习实际出发，制定适宜的教学内容，难度不能过高。同时要兼顾作业反馈方式的设计，取得家长的支持和配合。

教师要做到对每位学生多点评、多指导，对学生和家长进行有效的心理支持和认同，有助于在班级的学习平台上形成和谐、积极的学习氛围；为家长提供亲子沟通、亲子关系的合理建议和有效实施途径，并提供心理支持；真正做到家校共育，重视、关注学生的心理成长。

在线教育背景下小学数学教学新探 ①

"今日你所习以为常的一切，都是你过去所无法想象的；今日你所无法想象的一切，也许都将是你以后所习以为常的。"我们儿时在科幻小说中所读到的教育样态，今天已经如此真切地出现在了我们的面前。教师与学生从面对面的课堂学习活动，变为了屏幕对屏幕的空中交流与学习。一大批新技术、新科技出现在我们的小学课堂中，"钉钉""腾讯会议""晓黑板"等各类APP不断地拓展与延伸着我们的教学形态，改变着我们的教学行为。

传统课堂中，由于学生的个体差异，总有一部分学生对课上知识的理解和掌握存在一些困难。40分钟的课堂时间，教师在教授新课的同时难免不能兼顾全体，而且每位学生获取知识的风格、水平也不尽相同。这些过去线下教学中所遇到的困难与问题，在今天的云端教学中给予了我们进行解决的尝试与探索。在线教学过程中，笔者通过晓黑板平台，利用"网络微课""在线评测"等一系列新技术组织学生进行课前预习、课后反思与诊断。不断进行以学习者为中心，以传统的教材、"教辅"为基础，将信息与通信技术融入学生学习全过程，不断提升学生学习效能的尝试。

一、以"微课推送"解决学生学习难点

为使学习者自主学习获得最佳效果，教师围绕某个知识点或教学环节将信息化教学设计，并以流媒体形式展示，最终形成"微课"。它的形式是自主学习，目的是最佳效果，设计是精心的信息化教学设计，形式是流媒体，内容

---

① 上海市黄浦区瞿溪路小学　张建元

是某个知识点或教学环节，时间是简短的，本质是完整的教学活动。通过微课的制作与在线推送，不但为不同层次的学生对于知识点的掌握提供了有力的保障，而且也满足了学生个性化、深度学习的需求。

"列方程解行程问题"是沪教版五年级数学中相对复杂的内容。在线下教学中，教师通常要求学生在解行程问题时需要根据物体的运动情况画出线段图，学生要从出发地点（同地、两地）、行驶时间（同时、先后）、运动方向（相向、同向）、最后结果（相遇、相距）这四个要素展开分析。课本上的图示往往只能呈现静态的情况分布，对于分析物体运动的效果并不理想，学生理解物体各自的行驶时间有一定困难。即使教师讲得再清楚，总有一部分学生不能完全理解，这无疑增加了学生的压力和紧张情绪，学习效益大大降低的同时也削减了他们学习数学的内在动力。因此，线上教学时，笔者在课前将常见的物体运动情况利用 PPT 动画演示并结合关键词的方式制成微课，通过晓黑板的"讨论"模块分类呈现给学生，如图 1（关键词：两地、同时、相向、相遇）和图 2（关键词：同地、先后、同向、追上）所示。

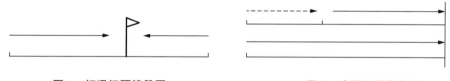

图 1　相遇问题线段图　　　　　图 2　追及问题线段图

可以说，微课将教材中"行程问题"的难点进行了分解，将教材上静态的行程问题动态化，有利于学生在有限的时间里更轻松、更直观地探索新知。学生在晓黑板的"讨论"模块中，可以反复多次观看微课，然后带着已知和未知在"讨论"模块中进行交流讨论，可以更好地理解知识，同时减轻了部分学习能力较差学生的紧张情绪，有助于帮助他们更好地获得属于自己的数学学习经验。

二、以"群组讨论"促进不同层次学生发展

传统的课堂教学受教学时间、教学内容等因素的影响，教师很难做到让每一个学生充分发表自己的看法建议，课堂往往成为部分学生发表见解的场所。为了解决这个问题，笔者借助网络平台的"群组讨论"功能，充分发挥在线

教学的优势，使不同层次的学生都能充分发表自己的看法，与他人分享个人观点，共享他人学习成果，从而获得发展。

"和倍""差倍""和差"问题是沪教版五年级数学第二学期"列方程解应用题"中非常重要的知识。这些问题的特点都是含有两个条件以及两个未知量。学生通过空中课堂的学习已基本掌握此类问题的一般解法。但课后，有学生在班级群中提出"是否只能设一倍数为 x，能不能设几倍数为 x 呢?""两个条件一定要用倍数关系来写设句吗?""为什么设一倍数为 x 更好?"。这些问题充分反映了部分学生的思维活跃性。

如果仅根据教材上的例题写设句列方程，学生虽能模仿，但可能体会不到"设一倍数为 x"在列方程、解方程上的优势，抑或产生思维定式，不利于高阶思维的发展。但如果实时语音讲解，那么对于某些学困生来说则是"雪上加霜"。为此笔者借助晓黑板的互动讨论功能，设置了一个多日专题讨论群，让学生通过文字、图片、语音等多种方式来探讨有没有多种方法来解决"和倍""差倍""和差"问题。

例如，"上海某城区 P＋R 停车场停有 1 000 辆小汽车和货车，小汽车的辆数是货车的 3 倍，这个 P＋R 停车场中货车有多少辆"，学生在讨论群中提出了多种方法：

方法 1：设货车有 x 辆，则小汽车有 $3x$ 辆。（利用"3 倍"的条件）

$$x+3x=1\ 000（利用"和"的条件）$$

方法 2：设货车有 x 辆，则小汽车有（$1\ 000-x$）辆。（利用"和"的条件）

$$1\ 000-x=3x（利用"3 倍"的条件）$$

方法 3：设小汽车有 x 辆，则货车有（$x\div3$）辆。（利用"3 倍"的条件）

$$x+x\div3=1\ 000（利用"和"的条件）$$

方法 4：设小汽车有 x 辆，则货车有（$1\ 000-x$）辆。（利用"和"的条件）

$$x=3（1\ 000-x）（利用"3 倍"的条件）$$

笔者根据学生提出的算法，适时在讨论群中推送所制作的微课，帮助学生理解每一种算法的意义。最后，笔者请学生选择最容易理解的算法并在下方用"点赞"的形式进行投票，从而发现利用"一倍数"写设句，用"和"的关系列出方程更加容易。

学生们根据自己的能力水平进行了自主学习活动。能力强的学生，在掌握一种解法的基础上，积极探索不同的解题思路，并将其通过网络与其他伙伴分享。学习能力差的学生能在遇到学习困难时，通过反复聆听同学的讲解语音、观看老师的分析微课，逐渐掌握知识重点与难点。充分借助在线教育平台随时性与可重复性的优势，让学生通过充分思考后慢慢体会利用不同条件"写设句"和"列方程"之间的异同点，从而使每一个学生都能在自己原有的基础上获得思维发展。

三、以"数据诊断"寻找学生知识不足

在线学习，为数据与教学联动提供了可能。教师利用在线平台，可以获取大量的学生学习数据。借助这些数据，教师可以从知识技能、习惯态度、实践应用等多个维度分析学生学习状况，发现学生的知识不足。同时教师根据所获数据的指引来有针对性地调整自己的教学，为学生提优补缺。

上海在线学习的模式是学生先全体接受空中课堂的统一教学，然后再进行班级内的线上互动讨论。在学生进行空中课堂统一学习时，教师无法掌握学生的学习状况，因此，在互动讨论环节进行及时的课后诊断就非常必要了。课后诊断是指在学生完成空中课堂学习后，针对学生对于当堂知识掌握程度的及时测试与反馈，主要目的在于实现"双向反馈"：一方面帮助教师及时了解学生对于当堂学习中还有哪些没有掌握的知识点、通过数据追溯学生的观课学习情况，便于在后续及时跟进；另一方面帮助学生发现问题，聚焦问题，带着问题参加课后的互动讨论。

例如在四年级第二学期，在学生观看了"在几倍多（少）几中，求一倍数"这一例题后，笔者通过晓黑板立即发布小调查，让学生在线答题，了解学生的情况。

有了精准的数据后，笔者就可以对学生的预习情况进行诊断，并根据反馈情况优化下一阶段的教学，使得教学更有针对性。例如，在反馈中教师发现部分学生无法正确求解"一倍数"，与"求几倍数"应用题的解法混淆。此时，教师就可以通过私聊，对于这部分学生给予个别化指导，帮助学生突破难点。

四、以"线上作业"提升学生数学能力

常规线下课堂教学受时间、空间的限制，比较难让每一个学生都能充分展

示自己对于数学知识的理解与感受，而在线教学恰恰解决了这个难题。通过"线上作业"展示，使每一个学生都有机会展示自己的学习成果、分享自己的学习经验，使每一个学生都有机会成为学习的引领者与指导者。

在教学完四年级第二学期"折线统计图"后，笔者通过晓黑板进行线上作业发布。作业要求学生根据当天所学的折线统计图的相关知识，完成思维导图。通过这一形式的作业，使学生在理解的基础上将所学知识之间的联系梳理清楚，从而真正掌握知识。学生在接受此作业后非常兴奋，纷纷使用纸笔、电脑等多种工具来完成此项作业。虽然不同学生的学习能力不同，对于知识的理解掌握程度也不同，所呈现的图示也各不相同，但通过学生的作业，还是能发现学生能对比出两种不同形态统计的相同点与不同点，深入地理解了统计图的本质。

同时，学生的作品是相互可见的。所有学生的作业在完成后都需要提交到班级作业群中，笔者组织全体学生在作业群中为自己认可的作业点赞并语音点评。学生通过这样的过程既观察了他人的作业，又对比了自己的作业。通过这样的形式，不但加深了学生对于统计图知识的理解，同时也能使学生发现自身不足、学习他人的长处，不断提升自己的数学学习能力。

在线教学，为小学数学教学打开了一扇崭新的大门。其精准、动态、及时、个性化指导等特点为我们的数学教学提供了无限的可能性。当然，笔者所做的探索只是粗浅的，如何更好地使用在线教育工具，整合线上线下各自的教学优势，高效地帮助学生学习，是我们将不断探索的目标。

在线教学中的批判性思维培育 ①

▲

在信息时代的今天，每个人都沉浸于近乎无限的信息海洋，但许多人既缺乏《礼记·中庸》中"审问之，慎思之，明辨之"的古老智慧，也无法像爱德华·奥斯本·威尔森所说的那样，"以独立的思考来做出明智的选择"。于是，他们非但没有因为信息的充沛而获得成长，反而沉溺于片面、虚假的信息之中。

一、在线教学与批判性思维

审问、慎思、明辨乃至驾驭信息的智慧，是现代公民所必需的智慧。正如《中共中央、国务院关于深化教育教学改革全面提高义务教育质量的意见》所指出的，义务教育的根本任务就是"立德树人"。而"学科育人"是"立德树人"的重要组成部分，各学科课程的实施应紧紧围绕培养人的必备品格和关键能力展开，不仅关注学科知识，更应关注学科所蕴含的思想和价值观。而这种让人们在真假莫辨、良莠不齐的信息中保持独立思考、作出明智选择和行动的智慧，正是"人的必备品格和关键能力"之一，学界称之为"批判性思维"。批判性思维中的"批判（Critical）"源于希腊文 Kriticos（提问、理解某物的意义和有能力分析，即"辨明或判断的能力"）和 Kriterion（标准），暗示发展"基于标准的、有辨识能力的判断" ②，与"明辨之、慎思之"的中国古代智慧不谋而合。

作为一名英语教师，在线教学给了我思考教与学的全新契机。在英语学科

---

① 上海师范专科学校附属小学　杨　婷
② 武宏志 . 论批判性思维［J］. 广州大学学报（社会科学版），2004（11）.

教学中，批判性思维作为思维品质的一部分，是英语学科核心素养的组成部分之一。尤其笔者的学生都处在小学高年段（四、五年级），日常生活中获取信息的渠道已经非常丰富，包括网络、同伴、报刊等，然而思考与辨别的能力却并没有跟上，很容易受到劣质信息的不良影响。在日常教学中，囿于传统的教学时空，我很难让学生体会信息的丰富与复杂，也就无从指导学生如何"明辨之、慎思之"。

而在线教学恰恰打破了传统教学时空的桎梏。身处在线教学的环境中，丰富的信息对于学生来说唾手可得。经过调查，我了解到100%参与网课的学生均具备上网检索资料的条件，100%的学生有英汉词典或者英汉双解词典（词典版本各个不一），还有70.3%的学生手头有一些其他的英语学习工具书，如语法工具书等。丰富而有差异的多样化学习资源，正是让学生体验及发展批判性思维的良机。

二、始于问题，让学生学会思考

为了培育学生的批判性思维，笔者以学生学习为中心，尝试构建了"始于问题—成于信息——终于智慧"的教学策略。

该策略以学生学习为中心，教师只是从旁引导及协助。首先，由学生自主提出问题，围绕问题采集相关信息；随后，学生通过阅读、调查等多种方式采集信息，并对所得信息进行分析、归类、辨别，从而获得优质信息；最后，学生综合运用信息，表达所学或完成作品。

要培养学生的批判性思维，必须从源头——"问题"开始。信息采集、分析及运用都必须始终围绕问题本身，才不会让学习过程被大量无关信息淹没。同时，也让学生感受到信息是在解决问题的过程中产生作用的。

因此，在网络教学中，笔者将学生的问题作为学习的起点，每一次网络互动都始于问题，鼓励学生对教材及空中课堂的学习内容提出疑问。并且，对每一个问题，都给予"Good question!"作为肯定。鼓励后，笔者也并不急于回答，而是留出足够的时间让学生们进行讨论、信息收集以及判断。

渐渐地，学生能够通过推理、讨论得出正确答案，或者在词典和工具书中寻找到有效信息。此时，笔者只需在讨论后给予肯定、组织小结即可。

而当"提出问题"成为课堂常态并得到教师鼓励之后，学生提出问题的勇气越来越充分，并且会主动地用"Good question！"来支持其他同学提出的高质量问题。在这样的课堂氛围中，他们提出的问题也越来越丰富。例如在学习 4BM4U3 Story Time 的过程中，学生就对课文中的这段文本提出了疑问。

It is spring again ... The ugly duckling looks into the pond. Now he is a swan.

中文释义：春天再次来临，丑小鸭向池塘里看去。它现在成了一只天鹅。

学生认为，此时的丑小鸭已经成了天鹅，主语再用"the ugly duckling"已经不符合实际。所以这段应该修改为：*It is spring again ... Now he is a swan. He looks into the pond.*

这个问题在学生中掀起了讨论的热潮，并从中引出了"悬念"的修辞手法。比起对于修辞手法的讨论，笔者更欣喜的是这个问题本身体现出的思考深度与批判精神。

可见，经过一段时间的在线学习，学生提问的广度和深度也不断得到拓展。学生的成长让我相信，"始于问题"的学习策略对学生思维品质的培养是有助益的。

三、成于信息，让学生学会分析

学生提出问题后，需要围绕这一问题进行信息的采集。在对这些问题进行分析后，笔者发现，学生网上学习中产生的问题主要需要采集两类信息。一是知识类信息。所谓知识类信息，是指学生在解决问题中所需要使用的新知识。例如，学习内容中的生词，出现的新语法，等等。二是事实类信息。所谓事实类信息，是指学生在解决问题中所需要了解的相关事实。例如，要用英语简单介绍同学的各项爱好，就必须先想办法收集关于同学爱好的信息。于是，在线教学中，笔者就会设置情境，抓住契机，引导学生就这两类信息的采集渠道和分析方法展开讨论。

（一）知识类信息的采集与分析

为了更清楚地了解学生对知识类信息的采集渠道，笔者通过晓黑板进行了一个简单的线上调查。

调查结果显示，学生除了翻阅课本之外，最常借助的是网络词典或字典词典，其次是使用权威纸质词典以及询问家长和朋友。调查结果中，学生使用

权威词典的比例比我想象中高（可能是由于笔者长期在教学中强调词典的重要性），与询问家长、朋友的比例持平，但仍低于使用网络词典或电子词典的比例。这一结果，也和学生们在线上表现出来的学习情况大致相符。

例如，在学习 *4B M2 U3 Shadow* 这一单元时，课文非核心板块中出现了"torch"这一单词，且配图显示手电筒，这引发了黄同学的质疑，因为他在网络词典里查到的手电筒是"flashlight"，而不是"torch"。为了回应这一质疑，学生纷纷上传从各种信源获得的知识类信息，展开了一场词典之间的较量。

笔者抓住这一契机，让学生们自主比较从不同信源获取到的信息之间的区别。大家很快发现，百度网络词典里"手电筒"的对应英文只显示了"flashlight"这一个单词，显然不够全面，也导致了黄同学的误解。有道网络词典中显示出了"torch"的几个不同词性，词义较为完善。而郑同学上传的牛津双解词典里，还明确写出了"torch"和"flashlight"两词的区别（一为英式英语，一为美式英语），无论释义还是配图，都较为全面、准确。

鉴于此，学生们和笔者经过共同讨论，得出了知识类信息信源可信度层级图，如图1所示。层级越高的信源，信息越可信。而如果一条信息，能得到来自不同信源的互相验证，则可信度更高。

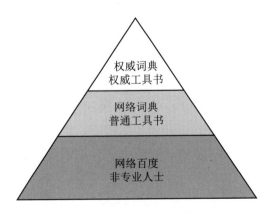

图1　知识类信息信源可信度层级图

（二）事实类信息的采集与分析

在线教学中笔者也设计了一些真实情景中的项目，让学生收集事实类信息，并对其进行分析。

例如，我们班有位上学期刚转学进来的学生 Niuniu。学生们对她了解并不多，而她也非常想交到新朋友。于是，我鼓励学生整合学习内容中有关人物描写的部分，撰写名为 "*Our New Classmate, NiuNiu*" 的小书。大家兴致勃勃地思考了自己最想了解的关于 Niuniu 的事情，例如，Niuniu's ability 和 Niuniu's hobbies 等。

章节设定好了，又该如何获得能够完成这些内容的事实性信息呢？除了凭借不一定正确的印象之外，究竟有没有准确的信息来源呢？讨论后发现，访谈、问卷等都是很好的获取事实类信息的方法。这些方法比仅凭记忆更可靠、更全面。于是，学生们寻找到和自己有共同主题的同学组成小组（如 Hobby 组，就是都想了解 Niuniu 的擅长事情的），撰写了该主题的访谈提纲，并对新同学 Niuniu 进行简单的主题网络访谈。访谈中，他们记录了相关事实性信息，并在访谈后对信息进行了整理。

学生就自己的印象向访谈对象求证的过程，其实就是辨别事实性信息真伪的过程。有些学生会发现，自己的印象或猜测并不准确。鉴于此，学生和笔者经过共同讨论，得出了事实类信息信源可信度层级图，如图 2 所示。层级越高的信源，信息越可信。而如果一条信息能得到不同信源的互相验证，则可信度更高。

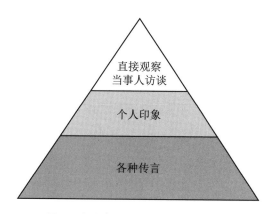

图 2　事实类信息信源可信度层级图

通过将不同组别通过访谈获得的信息进行整合，大家发现，关于人物的信息采集，可以包括各种维度，例如爱好、能力、交友等。于是，我们采用拼图合作的方法，将学生小组进行了二次整合，将之前不同小组的成员整合在一起，以此获得关于 Niuniu 各个方面的完整信息，从而形成一本内容丰富的对新

同学 Niuniu 的介绍小书。

这一真实项目不仅让学生了解了收集事实性信息的有效方式，也在整理信息的过程中对信息进行了分析与归类，还同时拉近了学生之间的情感距离。笔者觉得，在这样有情感承载的真实情境中进行信息的收集与分析，对学生来说才是有意义、有温度的。

四、成于智慧，让学生学会运用

本文中的"智慧"，是指学生批判性思维的逐步形成。对信息的采集与分析之后，学生们获得了一些相对较为优质的信息。而批判性思维的最后一步则是，在经过筛选、分析信息的基础上，进行明智的行动，也就是《礼记·中庸》所说的"笃行之"。

在知识类信息方面，很多学生在笔者的引导下，学会了使用多种方式查找知识性信息，并在可能的情况下选择更为可靠的信源获得信息。此外，他们还学会了多种类型的思维导图，用于将知识类信息予以分类整理。这样，他们在需要这些知识时，就能更快地在头脑中检索到这些信息。

在事实类信息方面，笔者则设置了多种情境，让学生在真实情境中尝试访谈、问卷、资料查找等多种方式获取、整理和运用此类信息。最终，学生需要综合使用知识类信息和事实类信息，在真实情境中完成多样化的作品。海报、小书、宣传册、毕业纪念册等，每一类型的作品都体现了他们对知识类信息和事实类信息的整合与运用。

在线教学解开了笔者对批判性思维培育的迷思，更让笔者看到了信息技术对学生学习方式的改变有多么巨大。一些尝试性的探索，已经让笔者看到"始于问题，成于信息，终于智慧"这一批判性思维培育策略，对学生们来说是有效的。笔者相信，这一策略还会在之后的教育教学实践中获得不断的修正与发展，促进笔者和更多学生共同成长。

小学体育线上、线下
融合教学的实践与研究 ^①

-- ▲ --

在疫情的常态下，许多工种都受到了不小的影响，当然也包括教育。按照 2020 年教育部关于"停课不停教、停课不停学"的要求，上海市教委在疫情初期就及时改变了教学形式，在 2020 年的寒假期间就开始结合有线电视、网络等方式，组织各学科空中授课。小学体育与健身学科也积极响应，结合空中课堂的实践情况，强调"双栖"教学，将线上教学与线下教学相融合，通过理清教材中的单元内容，从单元结构化设计出发，以线上教学为主，实施趣味化教学指导，研究信息技术的资源运用等，以期更好地促进小学体育与健身学科空中课堂及相关资源持续建设和发展，从而更好地为居家隔离和"闭环"管理的学生提供最直接有效的授课帮助。

一、研究目的

（一）基于下半学期空中课堂课程拍摄情况的思考

上海市于 2020 年 3 月 2 日开启全市中小学空中课堂在线教学。依据下半学期体育空中课堂拍摄的反馈情况看来，所有教材设计聚焦"居家运动"、关注"适宜负荷"、强调"因地制宜"、注重"运动安全"，所有的教材内容通过单元重构后以居家线上教学为主，有些教材的练习方法和手段无法很好地与线下教学相匹配，导致复学后学生虽然有一定的认知，但无法适应线下运动练习的情况。

① 上海师范大学附属卢湾实验小学　苏　涛

（二）基于上半学期空中课堂课程拍摄要求的思考

总结反思下半学期空中课堂的实践情况，在上半学期的空中课堂课程备课拍摄过程中，市教委聚焦"双栖"教学模式，开展"联合备课"的研讨活动，制定出"工作方案保底性、教学实施一致性和关键问题针对性"的教学资源建设方案。通过提前制定出学期的教学进度表，让授课教师关注进度表，尤其是单元和单元、课与课之间的联系，更好地为一线的体育教师在教学指导方面提供优质良好的线下课后资源，确保在线教学资源建设有序推进的前提下，融合匹配线下教学。

二、研究方法

（一）文献资料法

本文以"线上线下教学"和"在线教学"为关键词，在文献资源库中查阅筛选高度相关文献，分析延期开学期间各地教育部门及学校开展"停课不停学"的组织形式，为本研究提供理论依据。

（二）案例研究法

结合单元教学内容与课例进行实践研究，总结实践经验，梳理实践策略，提供具体案例。

（三）访谈法

对参与空中课堂授课的部分教师和审课的部分专家等进行访谈，收集数据，并进行信度与效度检验。

三、结果与分析

（一）线上教学与线下教学的各自优势

线上教学是以网络为介质的教学方式，通过网络，学生与教师即使相隔万里也可以开展教学活动；而线下教学指的是传统的课堂教学。

体育课线下教学的优势在于场地器材有充分的保障，课中师生和生生间的互动、调控、干预、指导、反馈、评价都能做到及时到位；而线上教学的优势在于师生比可以在理论上无限放大，一位教师可以对无数学生进行教学，这样的教学效益大，效率高，且不受时空限制，可以做到随时、随地、重复教学，同时还可以发挥信息技术的特长，如动作技能的特写、慢放、定格、情境的虚拟设置，可以充分利用优秀教师的资源进行教学。

（二）强化线上教学资源

做强小学体育与健身学科空中课堂的设计。在下半学期空中课堂课程的基础上增加难度教材的比例，体现小空间进行"学练体验 + 通过线上观看"难度教材视频，进行线下学练。在趣味体能项目中依然保留小空间学练，同时要增加可供线下学练的综合活动视频，并且对现有的单元教材进行再一次重构。

倡导授课教师自制微课。基于信息技术的微课是教师在线上授课时给予学生最直观的学习方法之一，一节好的微课能让学生在学习这一技术动作之前，通过观看，自学了解这一技术的整体动作以及容易出现的错误动作等。在制作时可以择优选择每个单元教材中原有的优质资源课作为自己的课件，梳理出其中较好的，为教师在线下的面授教学做了前期的铺垫，减轻授课教师自编自创的压力。

（三）空中课堂线上、线下相融合实践策略

"线上 + 线下"融合教学是指利用网络信息技术与传统的教学方法相互交融后产生的一种新的教学模式①。其核心是整体设计，相互融合，优势互补。

1. 用融合思维整体设计线上、线下教学

通过对空中课堂单元的整体架构和课堂的结构化实施研究，在"双栖"教学要求下，为区域间的协同授课指明了方向，无疑融合性的思维成为整体设计线上、线下教学的方法之一。

笔者在上半学期的课程拍摄中主要承担"韵律（一）"单元中的"身体基本姿态练习"和"音伴节奏练习（拍拍乐）"两个教学内容。以一年级"身体基本姿态练习"的空中课堂教学课为例：

---

① 王晓芳.基于云课堂的混合式课程教学设计与实施［J］.襄阳职业技术学院学报，2019，18（5）.

其一，情境游戏形式串联整节课。在小学阶段提倡"小学体育兴趣化"教学，因此情境与游戏化的教学无疑是最适合学生的方法之一。在此次的一年级"身体基本姿态练习"教学设计中，教师融合了线下教学中常用的情境通过游戏的形式，让学生在玩中学，在学中乐。如："拷贝不走样"，"请你反着做"小游戏等。并且通过情境"小小运动员学本领"的主题将学生引入课堂教学中。

其二，融合线下实际课堂练习。所有的线上资源都是为学生更好地进行线下学习做服务，在整堂课的设计过程中，教师利用线上电子化设备、虚拟动画等的优势，通过游戏在玩一玩的过程中将所学动作融入日常体育课堂教学中，让学生通过在线学习直观地感受到线下上课时这些所学动作的作用，更贴近线下教学后面对面上课的感觉。

2. 聚焦居家运动，强调线下融合

基于居家学练的特殊环境，以居家体育锻炼的可行性、适切性以及安全性作为基本前提。教师要既考虑各年级学生的年龄特征，又兼顾教材内容的学练特点，同时突出线下融合要求，从而结合内容主题选择相应的教学方法和手段。

其一，关注居家运动的特性。在居家情况下，学生没有了教师的现场看护和指导，安全性成了重要前提。每节体育实践课，除了充分的热身和放松活动以外，在教学过程中应注意及时对学生进行安全提示，做到居家条件下的运动安全。如：指导学生如何合理布置和使用现有场地和器材；引导学生根据情况适当调整练习的频率、节奏、速度；提示学生如感觉身体不适，可稍作停顿和休息等。

其二，结合线下情况，采用"因地制宜"的方法。场地和器材是体育学科的硬件条件保障。基于居家的特殊情况，体育教学强调"因地制宜"，尽量利用家庭有限的空间（客厅、卧室、过道等）进行运动、游戏、比赛等。如，"身体基本姿态练习"课中，没有线下舞蹈房的把杆，就利用家中椅子的靠背等。同时，结合劳动教育，指导学生在家长的帮助下动手自制简易的体育器材。而这些自制器材或居家其他的物品，其设计都是以线下的器材为模板进行排摸设计，使其回归到线下教学时，能够直接利用线下的相应专业的器材进行学练。

3. 充分利用线上、线下教学的互补性

我们都知道，线上和线下教学各有各的优势所在，如何利用好各自的优势让"隔空"的在线课堂趣味化，真正吸引学生？线上教学中的信息技术资源的

运用和课件的制作是关键优势。而情境创设、呈现内容、评价反馈、及时的体验互动等都是线下教学的关键优势。只有将两者的优势发挥到最大，才能实现线上、线下融合教学的最大化效果。

其一，强化线上课件的制作。眼睛是心灵的窗户，也是我们接受知识最直接的方式。无论线上线下教学，情境化的教学方式是激发学生兴趣最好的方式之一。[1] 面对"隔空"的教学环境，在空中课堂的资源构建中，我们从具有3D动画效果和超强带动感的电子互动游戏中获得灵感。尝试利用PR技术进行抠图，将视频中的人物抠像，放入贴合主题的动态背景，增强学生练习的情境感。在"身体基本姿态练习"一课中的玩一玩的环节设计中，教师利用PR技术，还原了线下体育课堂的真实情景，让学生真正投身到线下的真实体育课堂练习中，为线下教学做好良好的铺垫。

其二，完善隔空的"互动"效率。线下教学及时的互动反馈是传统课堂的最大优势所在，在空中课堂的教学中，师生之间隔着屏幕，要吸引学生的兴趣和注意，就必须具有很强的互动性。那么，如何将线下的优势借鉴到线上教学中，做到无"生"胜有"生"？我们从兴趣出发，通过在课件中制作与学生的互动交流音频、学生练习反馈的视频等，创设与学生形成互动的教学情境，教学过程张弛有度，给学生预留足够的练习和思考时间。

四、结论和建议

综上所述，线上、线下的融合教学在突出居家锻炼特性的同时，应强化结构化的设计，整合信息化的资源，通过整体设计的单元重构，为线下教学提供支撑。但教学设计是一个系统化规划教学系统的过程，只有整体理解线上及线下教学中的优势和劣势，才能更好地为我们后续的教学设计服务，才能在实际教学中凸显成效。

---

[1]　房雪芹.小学体育"翻转课堂"教学模式设计与应用研究［D］.山东体育学院，2017.

对课件在小学体育网络
课堂教学中运用的思考 [①]

▲

在中国教育现代化改革的大浪潮下，随着教学手段的现代化，传统的体育教学中可融入多媒体技术手段让课堂变得更加丰富多彩，充满活力，提升学生对体育运动的兴趣，进而帮助教师提升课堂教学的效益。

一、小学体育课件的再定义

在小学体育教学中，课件因其制作相对简单、易操作，一直都是小学体育教师让自己的课堂教学更有趣、更有序的首选。它是教与学的辅助工具，可以选择视频、图片等素材以直观的形式展现给学生，提高学生学习效率。

而现今课件是通过多媒体技术在网络条件支持下进行应用，相比线下课堂教学中使用的课件有更多的内容：除了教师的讲解，与课程内容有关的视频、图片、文字等之外，还包括教师的自我介绍、课次的说明、作业的布置等。要把这些基本的信息简明清晰地表现出来，使学生能更直接地进行学习。

从本质上来说，不论是线下课堂教学，还是网络课堂教学，课件都是实现课堂教学目标的工具，而最终发生改变的只是教学模式而已。在网络课堂教学中，学生在家中通过网络（或电视）播放的课件进行自主学习，而教师的教学活动主要通过课件来实现。

---

① 上海市黄浦区教育学院附属中山学校　蒋莉莉　孙　瑾

二、课件在小学体育网络课堂教学中的作用

网络课堂教学中最为明显的两大特点是学生与教师分离和学生自主学习。那么，针对网络课堂教学这两大特点，课件在设计过程中则更需注重对学生学习兴趣的激发，技能动作学习的针对性、直观性，方法规则演绎的实效性，体育知识、（体育）文化传授的趣味性。

（一）学生学习兴趣的激发

"知之者不如好之者，好之者不如乐之者。"孔子早在两千多年前就阐述了兴趣对教育的重要意义。体育与健身课程是一项以身体练习与思维活动紧密结合为特征，以提高学生身体健康、心理健康以及社会适应能力为目的的课程。小学阶段，学生正处于活泼好动阶段，注意力集中时间又较短，单一、枯燥的机械式技能动作练习很难吸引学生的注意力。因此，可以设计以情境式教学、游戏化教学等来激发学生的学练兴趣。

三年级"跑走交替"这节课的设计背景主要是结合学校与革命老区江西省吉安市永新县三湾学校结对，在倡导"人道、博爱、奉献"精神的同时，学生们用实际行动为三湾学校的学子捐赠书籍。以此为设计背景，从上海到三湾学校需要途经的地方（杭州、樟树、井冈山）都以图片、动画、语音播报和音乐相结合的方式直观展现，并借助音伴（语音播报），当每一次到站播报时就以走的形式来进行适当调整。这比起单纯让学生在音伴下跑走交替更能激发学生学习的兴趣性。

（二）技能动作学习的针对性、直观性

三年级"跑走交替"这节课中，其中一个动作技能的关键点是从跑到走的自然过渡与衔接。这很难从简单的图片上得到直观感受，所以在设计课件时，可利用短视频来体现，并进行重复播放，主要是表现出从跑到走是慢慢地过渡到走，并非从跑突然变为走，体现出其针对性与直观性特点。教师正确的示范动作可以通过慢动作播放，不断巩固加深学生对正确动作表象的建立，体现出其直观性；对于技术动作重点或者易犯错误可以进行适当放大和突出，让学生更清楚所需了解的重点，体现出其针对性。

1. 方法规则演绎的实效性

方法与规则只通过教师的语言表达，学生很难直接了解，而通过课件则可以直接演绎，其实效性高。在设计三年级"跑走交替"这节课的运动路线时，主要根据学生家庭实际情况，设置客厅的沙发处为起点（上海），设置厨房或卧室为途经地点（杭州、樟树），设置客厅的茶几处为终点（井冈山）。通过课件设计路线能让学生对自己的跑步路线一目了然，比起教师的语言讲解起到了事半功倍的效果。

2. （体育）文化传授的趣味性

这节课背后的设计是想表达文化传授的趣味性。每站出发时，并非只是枯燥地报站，而是会在报完站后把途经站（杭州、樟树）以及终点站（井冈山）这三个城市的历史文化进行富有童趣的、详细的介绍，在锻炼身体的同时了解了这三个地方的历史文化知识。而播报员可以设置为授课班级的学生，这对学生来说是一种激励，更重要的是在潜移默化中引导学生在真正意义上做自己课堂的主人。

三、课件的设计

课件设计时，最关键的是选题。选题是根据教学设计来确定，课件主题要与教学主题相一致。三年级"跑走交替"从单元设计到教学设计，都是考虑以情境教学贯穿始终，因为教学设计是以"红色文化之旅"的情境教学为主题，因此，课件的主题就应与情境教学主题相一致。

小学体育课件设计的依据基于课程目标、教学内容与设计、教学目标等，其主要作用是辅助、支持与优化课堂教学。

由于"跑走交替"这堂课的教学环节与内容需要用课件进行呈现，那么就应选择相应的内容作为课件的内容。其中包括导入内容、基本动作演示内容、学练方法内容、游戏场地、方法与规则、组织方法、评价方法、课后作业布置、教师的自我介绍、教师的旁白等。

课件内容呈现方式也需要有精心的设计，依据"跑走交替"这堂课的内容与环节来选择通过视频、图片、文字、音伴的不同组合进行设计，以此来直观呈现。如在设计时为体现动作过程，便以视频为主，搭配口诀、儿歌来突出教学重点。

课件内容呈现的顺序也需要教师进行合理的设计，一般内容顺序是根据课时计划（教案）的教学步骤来进行设计，"跑走交替"这节课主要是"玩一玩、练一练、自我挑战"，符合循序渐进的教学规律。

在进行课件画面设计时，要遵循易学易用原则、简单易懂原则、色彩一致性原则，要从教学对象角度考虑。每张 PPT 上切忌文字过小、过多，切忌文字、图片颜色搭配不当，同一张 PPT 重点内容不可过多。课件画面要做到贴合主题，富有童趣，图文并茂，以图、视频为主，文字只写关键词，太多文字只会让学生感到枯燥，图片和视频更直观更能吸引学生注意力。此外，PPT 要注意色彩鲜明，明亮欢快的色调能刺激小学生的兴奋度和关注度。

四、素材的收集与加工

如何让 PPT 更美观、有效，素材的收集选择是根本。根据已撰写的 PPT 课件脚本，整理 PPT 课件相关媒体素材。根据"跑走交替"这节课的课件需要的图片、视频、音频（儿歌）和相关文字材料等，教师必须做好前期素材收集、整理、分类、编号、加工处理等工作。可通过一些音乐软件下载需要的音乐素材，音乐素材主要以中文歌曲或纯音乐为主；可通过手机拍摄，或从一些视频软件里下载需要的视频素材。

收集到的素材中的人物、背景色等与所制作教学课件的风格往往会不协调、不统一，那么就需要对素材进行再加工，以满足制作的需要。一般情况下，静态的图片素材可以用 Photoshop 处理软件来进行加工，动态图片可以通过导入 Flash 后进行处理。音频 WAV 和 MP3 可以利用 Windows 自带录音机或 Goldwave 软件进行加工、编辑。视频可以通过爱剪辑、格式工厂等软件，包括手机 APP 中的美拍、抖音等软件进行加工、剪辑。

综上所述，在小学体育课件的设计过程中，我们要做到主题鲜明，内容选择要精练，要具有科学性，紧扣教学实际的需要；内容呈现方式要明确，能直观、清晰地突出主题、要点，帮助课堂教学有效完成；内容呈现顺序要跟着教学步骤来设计，把课堂教学中要解决的重点内容凸显出来；课件画面的设计要简洁，符合小学阶段学生的年龄特点，颜色文字搭配要和谐；围绕教学主题收集素材进行加工，并且要将需要的素材进行编号、分类；根据课件设计的模板厘清制作步骤，把对应内容与媒体进行有条理的梳理。

五、课件在网络课堂教学中运用的建议

作为一名小学体育教师，应具备应对教学模式变革的能力，不断更新自己的信息技术能力。针对如何合理运用好课件，笔者想给大家提出以下几点建议。

课件的运用目的要明确、要具体：（1）动作技术的重难点无法讲解清晰，可以利用视频来呈现；（2）游戏场地、方法与规则讲解不清时，可以利用图片与教师旁白来呈现；（3）场地布置与组织方法的变化可利用视频或图片来直观表达；（4）为了丰富评价方法，可以对学生进行不同维度的评价。

通过教研组建立课件资源库，完善教学课件资源：（1）根据不同年级，梳理同类教材内容，从而纵向进行资源库的建立；（2）以年级作为标志，梳理同类教材中存在相同的教材内容，比如一年级走与跑教材中的各种姿势的走、走跑交替，从而进行横向资源库的建立。

梳理与整合课外锻炼资源，为学生提供多元化的练习内容：（1）建立发展核心能力的资源库，如发展学生跳跃的能力，可以梳理方法与手段——原地的各种跳跃、行进间的各种跳跃、跳越一定高度的障碍物和发展学生跳跃能力的游戏；（2）建立趣味体能课课练的资源库，把每节课中趣味体能课课练的内容进行梳理与整合，如将锻炼上肢力量的各种有器械、无器械的练习内容进行梳理与整合。

"加、家、佳"——在线教与学的根与魂 [①]

------------------------------------- ▲ -------------------------------------

　　线上教育、信息赋能、互联网教学、信息化时代，这些关键词占据着教育头条的半壁江山。近年来，在线教育势如破竹，成为幼儿园教育教学活动开展的重要形式。

一、溯其根——在线教学的问题挑战

　　在线教育大规模开展的同时，一系列问题和挑战也接踵而至。我们不妨从一组对比中来分析幼儿园在线教学与传统教学之间的优劣差异，见表1。

表1　幼儿园在线教学与传统教学对比

教学方式	在线教学	传统教学
教学对象	幼儿与家长	仅幼儿
教学互动	人机互动、教授为主	可合作、可讨论、多样化
教学手段	图文、视频为主	实际操作、多媒体等结合
教学反馈	反馈少、有延时	及时、有效、互动强
网络作用	教学的主战场	教学的辅助载体
教学空间	灵活、随时随地	现场，空间受限制

　　基于以上差异，我们不难发现幼儿园在线教学固然有其优势，但也存在着不少困难。

　　第一，幼儿特点难契合。3—6岁的学龄前幼儿具有专注时间短、自控能力

————————————
①　上海市黄浦区思南新天地幼儿园　　杜培君

弱、视力待发育、个性差异大等特点。显然，一些中小学生适用的腾讯会议、空中课堂等在线教学形式与幼儿年龄特点相违。

第二，家园合作难度高。当面对孩子一人的教育转变为面对一个家庭的教育，家园合作成为在线教学必不可少的要素，默契的合作才能发挥在线教育的真正价值，不让网络上的教学沦为门面与摆设。在这合作中，教师应兼顾家长层次的不同，考虑家长需求的差异，体谅家长实施的难度，挖掘家长陪伴的价值。

第三，教学品质难提升。不同于传统教学可以通过现场观摩、听课评课、同课异构等形式来提升教学品质，对于幼儿教师而言，在线教学的品质受很多因素影响，如：教学内容不明确，教育针对性不强；教学互动距离远，家园合作度不足；教学技术不成熟，教学有效性不高……

对于以上困难和挑战，我们通过一次次实践与探索，在在线教与学的道路上摸石过河，向着目标前进。

二、究其魂——在线教学的实施策略

在线教学过程中教师的教与幼儿的学是一个互相促进、彼此推动的过程，使其有效开展的灵魂在于"加、家、佳"这三个字。

（一）教学内容需要"加"

针对幼儿年龄特点，教师需要在传统课程基础上有目的地丰富线上教学开展的具体内容。

第一，加得"多"，选材全面些。为满足不同幼儿及家庭个性化的教育需求，幼儿园成立"快乐一刻来分享"线上教学项目组，以年级组为单位定期开展讨论并完成项目研发与制作。教师们各抒己见，既考虑幼儿年龄的特点，也注意发展领域的均衡，更兼顾活动表现的形式，最终去芜存菁，明确在线教学的具体目标、内容和环节。依据研讨结果，每位教师发挥自身特长拍摄教学视频，内容涵盖音乐律动、科学实验、趣味数学、生活自理、绘本故事、亲子运动等等，多样化的选材拓展了幼儿经验，为幼儿的家庭生活平添几分色彩。

第二，加得"潮"，思维创新些。当在线教学逐渐成为教学常态，与时俱进变得尤为重要，我们充分捕捉时事热点中的教育契机，在后疫情时代，将防疫与幼儿园的主题活动相融合，在教学活动中开展生命教育、自然生态教育、情绪管理教育等内容。

如，在原先"我们的城市"主题中通过图文结合的形式丰富"生命守护者"的相关内容，引导孩子们熟悉、认识在抢救生命一线工作的医生、护士、军人；了解与疫情抗争的病毒检测员、与时间赛跑的疫苗研究员、为病人服务的社区工作者以及那些为了在疫情背景下维持人们正常生活而加班加点、辛勤工作的快递员、医院建筑工人、口罩厂工人等，使幼儿萌发对城市中这些为他人服务之人的感激之情。

又如，我们设计了"红色精神跟我学"亲子互动微视频，在幼儿心中植入爱国、爱党情怀，引导家长与幼儿一起有目的地选择、观看教学视频，在动手操作中感受百年历史征程中人们优秀、可贵的精神品质。

第三，加得"趣"，设计好玩些。和传统教学相似的一点是，一个优秀的线上教学活动必定是有趣且引人注目的。笔者以为一个"有趣"的线上教学活动应具备以下几个特点：

前期有预设。一个有趣的在线教学活动要求教师能够提前预设幼儿可能遇到的情况并在活动的准备阶段便做好预设工作。如在音乐游戏"布谷鸟"中，教师首先分析了不同年龄段幼儿的差异，设计了包括单人律动、双人互动、节奏游戏等不同类型的表现形式，接着又根据幼儿可能在游戏过程中遇到的困难将教学的具体动作借助剪辑的手段细化、分解、强调，最后更在视频录制中给幼儿留下悬念，激励幼儿进一步挑战高难度的教学。这样有预设的活动更能够激起幼儿的求知欲，也给了不同水平的幼儿尝试的可能。

材料易获得。我们在实践中发现材料获取的难易程度与家庭开展活动的概率成正比，即材料越容易获得，则家庭的参与度越高，幼儿和家长的积极性越强，毕竟对于非教育专业的家长而言，身边唾手可得的材料才是支持他们将在线教学落实到家庭中的首要因素。

互动实践多。想让幼儿更多地参与在线教学便需要给幼儿更多尝试、探索的机会，例如一些科学类的小实验"自制饮水机""魔法泡泡"，艺术类的小创作"爬树小人""大嘴巴怪兽"，益智类的小游戏"警察抓小偷""图形拼拼乐"，诸如此类的活动能有效提升幼儿的参与度，带给幼儿充足的体验感和成就感。

（二）教学过程依靠"家"

在线教学中家庭与教师的配合也是关键，通过孩子通这一家园互动的APP，我们让家庭与园所之间的合作变得更默契，也让家园互动的道路变得更畅通。

第一，体现家的主体地位。不难发现，在线教学过程中，幼儿园教师的教学状态相对过去而言变得更为被动，依托孩子通平台，我们发布教学活动的视频、图片、文字等要求，激励家长积极参与的同时引导家长在孩子通班级群内或班级圈内及时反馈幼儿学习的情况，帮助家长认识到其主体地位。

第二，运用家的融洽氛围。在家庭中，幼儿往往更放松、更舒适、也更易表达自我，因此我们借助家的融洽氛围启发家长录制幼儿家庭动态，如"宅家运动"亲子游戏等，让我们看到更真实的幼儿发展现状，并结合孩子通APP内的评价机制对幼儿的行为进行分析。

第三，挖掘家的给力资源。在线教学过程中，我们通过"有趣的周末""今天我当家"等家庭征文活动挖掘到了一批勇于探索、善于表现、乐于沟通的家长，他们能够从自己家庭出发，分享关于幼儿一日生活的点点滴滴，让幼儿在家庭的浸润中收获对细节的观察、对生命的尊重、对自我的保护等，我们也将他们的故事整理成文，通过公众号、孩子通平台分享给了更多的家庭。

（三）教学品质追求"佳"

评价一种教学形式是否优秀，成效是重点，即教学品质佳，其中包括教师的教和幼儿的学两个部分。

1. 教师如何教得"佳"？

为提升教师线上教学能力，我们从师资队伍培养的角度设计园本培训"信息技术在幼儿园教育教学中的实践与应用"，借助线上线下混合教研鼓励教师学习教学理论，交流在线教学方法，提升在线教学技术，分享诸如幼师口袋、小红书、微博、抖音等多个平台的优质教学资源。

在培训中既有满满的技术干货，例如如何使用"剪映""小影"等剪辑软件对视频素材进行剪辑、调整，如何运用PPT、GOLDWAVE、EV录屏等软件制作适合在线教学的微课、课件。此外，也有丰富的交流活动，如撰写"信息化背景下的教育故事""学十项准则，做四有教师"征文，开展"云上讲坛""孩子通 APP 的实践与应用"等学习活动，为教师在线教学工作的顺利开展奠定了基础。

2. 幼儿如何学得"佳"？

不同于传统教学，要想让幼儿在线上学得佳，要的不仅仅是教师教的水平，更需要有幼儿学的愿望。因此，教师在在线教学前后也要辅以与幼儿充分的互动沟通，例如通过云端小组连线的形式，在小范围内围绕教学主题与幼儿交流、沟通，既能保证给予每个孩子充分表达的机会，也能关注幼儿当下的需求和能力。

在讨论中，教师还需要做到以下几点：第一，充分渲染教学环境，使幼儿产生身临其境的体验感，激发幼儿参与教学的好奇心与求知欲；第二，弱化与幼儿之间距离，让幼儿即使在电脑前也感受到教师对自己的关怀，鼓励幼儿在视频中大胆运用语言和肢体表达自我；第三，激发幼儿自我管理意识，鼓励幼儿主动参与在线教学的活动内容，启发幼儿围绕教学内容与同伴多进行"在线交流"。

三、观其后——在线教学的前景未来

在线教学对幼儿发展的推动和促进作用不可小觑，其前景与未来主要体现在以下几个方面：

（一）加——在线教学是学校教育的延续

通过在线教学，幼儿在园内开展的丰富多彩的课程活动可以一步步走进家庭，"云游幼儿园""孩子我想对你说""魅力教师变形记"等一个个趣味横生、设计独特的 VLOG 不仅记载了幼儿园内的精彩生活，增加了幼儿园活动的能见度，更给了家长一个了解幼儿生活的机会，给了幼儿一个与家长互动的契机。

（二）家——在线教学是家园互动的窗口

后疫情时代，幼儿园防疫工作已然走向常态化，相较于过去，如今家长无法走进幼儿园，因此，在线教学成了一座桥梁、一扇窗，连接的是教师与家庭之间的信任，"老师我想对您说""亲子爱国百家诵读""红色精神跟我学"等活动使幼儿园的精彩得以在家庭中延续。

（三）佳——在线教学有持之以恒的要求

在线教学虽与传统教学有着诸多差异，然而对于教学品质的追求两者并无分别。如今，在线教学开展过程中尽管教师已经有着大量的思考与调整，但这对于身为幼儿园教师的我们而言仍然有着充足的提升空间与丰富的发展方向。

未来，我们更应紧跟时代潮流，牢抓在线教学的根与魂，发挥其在幼儿教育教学中的优势，使其为幼儿的成长与发展增光添彩。

小班园本课程与在线家教指导
相融合的新实践 [①]

▲

在疫情的大背景下，作为一线的小班幼儿教师，我们发现了新的教育契机，即是将园本课程内容与线上家教指导进行有机融合，以丰富幼儿园的课程，达到信息化家园共育的作用。

基于幼儿核心素养培养的小班园本课程与在线家教指导的融合，我们做了以下几个方面的思考与探索。

一、重视生活课程，培养幼儿健康素养

在后疫情时代，我们意识到最好的教育契机就是对于幼儿健康生活和社会责任意识的培养。学前教育时期的核心素养最基础的内容之一即是培养幼儿良好的卫生习惯，有健康生活的积极态度，能进行适宜的自我情绪管理，形成自尊、自信、自我认同的人格，为终身的良好生活习惯打下坚实的基础。所以我们在设计家园互动活动时，将生活课程作为重中之重，力求用简单易懂的在线互动形式，帮助幼儿培养良好的卫生习惯与自我保护意识，致力于让幼儿能够持续地保持良好的卫生习惯与卫生意识。

（一）线上推送健康课程视频，提升幼儿健康生活的自我管理意识

根据小班幼儿的年龄特点，我们选取了适宜小班幼儿理解的儿童画和绘本，制作了各种健康领域的教学动画视频，设计了相关的活动内容与延伸提

---

① 上海市黄浦区瑞金一路幼儿园　杨晓菁

问，根据课程教学的推进，定期推送给幼儿与家长。教学小视频可以帮助小班幼儿更直观地学习正确洗手、如厕、擦鼻涕、捂手肘打喷嚏等方法。小班幼儿的自我控制能力比较差，我们希望结合生活课程内容推送有教师参与录制的一系列的互动小视频，帮助幼儿逐渐建立自我卫生管理的意识，能够主动做到出门戴口罩、回家勤洗手、正确打喷嚏、不乱扔纸巾等。我们已经推送了培养幼儿良好卫生习惯的互动小视频《洗手歌》《戴口罩很重要》等，培养幼儿情绪管理的互动小视频《心情不好的小怪兽》《一个动物园里的假期》等，各种生活操作活动小视频与"家务小能手"小视频，初步培养幼儿劳动能力与家庭责任意识。

（二）基于园本运动课程特色，家教指导推送幼儿运动指南

我园的办园特色是健康运动课程，在向家长们收集了一系列的家庭室内外亲子运动游戏资料，并上网搜索了各种适合亲子运动游戏的户外场馆、公园后，课程组教师们按照"家庭室内运动游戏方案""家庭室外运动游戏方案""家庭周边亲子运动游戏方案"三个板块，用规范的幼儿运动指导语言编撰了《幼儿家庭运动游戏手册》，为家长们提供了一个规范、有教育价值、有亲子互动乐趣的幼儿运动指南。希望《幼儿家庭运动游戏手册》能为家长们提供各种针对幼儿运动技能发展的建议，促进家长与幼儿的亲子互动，在亲子游戏中不断提升幼儿的各项运动技能的发展。

（三）线上推送亲子运动游戏，丰富运动课程

《幼儿家庭运动游戏手册》推广以来，受到了家长们的一致好评，家长们也纷纷表示愿意按照手册中的指导内容与幼儿一起参与亲子运动游戏，也更有利于亲子良好情感的建立。手册中的运动游戏内容都是以图文形式呈现的，比较适合家长们阅读观看与理解。为了丰富手册的内容，各班教师邀请了幼儿与家长一起根据手册的内容，拍摄简单的运动小视频。教师进行编辑整理，制作成适合幼儿在家进行亲子运动的各类游戏小视频，在线上推送给幼儿与家长，并在线上视频互动中指导幼儿相关的运动动作。

我们将家庭运动游戏小视频分为了身体大肌肉的锻炼、跳跃技能、走跑技能、投掷技能这四个板块，每周向各班幼儿家长推送不同运动动作发展的游戏小视频，并鼓励每位幼儿积极参与到运动游戏小视频的录制中，以游戏视频的

形式向伙伴们展示自己，以此来获得成就感与自信心。在观看与参与运动游戏的过程中，幼儿不但能在家坚持体育锻炼，提升运动技能，而且也在丰富有趣的亲子互动游戏中，增进了亲子感情，体现了父母参与家庭教育的价值。

二、基于幼儿核心素养，提炼具有时代特征的主题核心经验

经过小班组老师们的教育研讨，我们一致认为在制定教育内容时，要注重结合主题核心经验与幼儿核心素养，在选择教育内容、设计教学活动时要事先搜集相关的科普知识，以科学严谨的态度设计相关活动，也要不断挖掘主题经验的核心价值。经过教研与学习，小班年级组思考确立了主题活动侧重点，重点思考符合年龄特点的具体活动设计，帮助幼儿掌握基本技能，侧重生活技能的培养。

例如，在小班"小医生"的主题活动中，开展有关疫情的教学活动，结合"识别常见的医药用品，理解人们生病需要医生治疗才能恢复健康，遇到打针吃药不害怕"的主题核心经验，设计"我做小医生""打针吃药我不怕""大家一起来洗手""装扮口罩"和"心情不好的小怪兽"等活动，让幼儿了解如果生病不舒服要及时就医，不要对医生产生抗拒的心理，并且了解到认真洗手、戴口罩能够有效预防病毒传播，从而在行为意识上能够做到主动认真洗手，积极戴口罩。同时我们也注重小班幼儿的心理健康问题，活动小视频也在轻松诙谐的故事氛围中帮助幼儿摆脱关于生病的紧张情绪，能够更积极乐观地对待看病这件事，培养幼儿良好情绪管理的能力。在小班"好朋友"的主题活动中，结合"喜欢自己的朋友，体验与老师、同伴一起活动的快乐"的主题核心经验，设计"我的本领大""我是家务小能手""运动小达人""我的好朋友"等活动，让幼儿在观看伙伴展示自己本领、做家务、参与运动游戏的各种小视频后，加深对伙伴的关注与了解，从而激发幼儿乐于交朋友、乐于跟着视频中的小伙伴一起参与各项活动的兴趣，培养幼儿乐群友善的核心素养。

在二期课改的背景下，我们一线幼儿教师要深入研究幼儿的主题活动，不但要把握每个主题的核心经验与核心价值，还要将与时俱进的教育理念与社会文化融入主题活动中。在研读各个主题的核心经验的同时，也要善于思考、积极创新，将主题活动内容设计得更具有时代特性。结合二期课改的主题核心经验，以及当今社会的热门事件，在丰富、有趣、新颖的主题活动中培养幼儿善于思考、自主学习、乐于探索、勇于尝试的核心素养。

三、丰富园本课程，建立课程资源库

（一）建立在线亲子阅读指导活动资源库

　　小班教师们通过云直播定期向各班幼儿与家长在线上讲述不同的绘本故事，幼儿可以在线边看绘本图片，边听老师讲故事。在直播中，教师们会与幼儿积极互动，根据绘本内容进行提问与讨论。幼儿很期待每次的线上阅读活动，不但可以听到老师给自己讲故事，还可以与伙伴们线上互动交流，听到好朋友的声音。家长们也通过一起观看线上阅读指导活动，了解到在亲子阅读中，可以从哪些角度对孩子进行提问，可以提哪些引发孩子开放性思考的问题，绘本阅读后还可以和孩子一起做些什么延伸性的活动等，对于在家进行亲子阅读也有了新的思考与借鉴。

　　各班教师在劳动节期间，根据"爱劳动"的主题，向幼儿与家长线上直播绘本阅读活动。小一班阅读绘本《我的事情我来做》，小二班和小三班阅读绘本《小威利做家务》，小四班阅读绘本《我能行》。幼儿积极参与到线上阅读指导活动中，在阅读活动中获得了愉快的情绪体验。在活动后教师们依据绘本故事内容，自制故事动画与互动视频，推送给幼儿与家长，帮助幼儿回忆故事，培养阅读兴趣，发展相关的语言表达能力与倾听习惯。

　　我们向小班的幼儿与家长们推荐了多本绘本，也给家长们提供了一些适合小班幼儿阅读的绘本书单，激发了幼儿阅读绘本故事的兴趣，也让更多的家长重视从小培养幼儿良好的阅读习惯，把亲子阅读作为每日必修的亲子活动。

（二）建立在线创新教学活动资源库

　　小班教师们根据各自的教学特长与教学风格，设计制作了有教育价值的各类活动小视频，内容涵盖了学前教育的各个领域，并将制作的活动小视频以线上定期推送的方式，推送给各班的幼儿家长，不间断地向全年级的幼儿与家长提供教育指导。

　　我园已经向本园幼儿与家长推送了数百个涵盖各个领域的活动小视频，并保证每周线上推送教学活动小视频与运动活动小视频。我们也会将线上活动视频内容，整合相关的活动设计文稿，整理成资料包，成为我园特色的课程资料库，将原有的静态资料转变成动画动态资料，以丰富园本课程的内容。

上海市高中体育专项技能的数字化评价实践研究 [①]

▲

　　体育专项技能的数字化评价的开展是实行体育专项化的前提保证，是每一次教学改革的重中之重，实行技能数字化评价对于量化评价标准、统一评价标准、避免人为因素干扰、计算机科学管理、关注学生的个体差异、规划教学进度、改进提高学生成绩都是有好处的。构建规范全面的数字化评价标准与方案是我校乃至全区体育专项化实施的迫切需求，寻找数字化评价的策略也是上海市高中体育专项化改革的迫切需求。

一、研究目的及意义

（一）研究目标

　　1. 调查、分析目前专项化的大纲评价标准（以篮球为例），了解现行评价标准实施情况。

　　2. 制定篮球项目量化指标。采用数字化技术对量化指标进行归类处理。

　　3. 针对数字化评价进行实践评价研究，验证其可操作性。

（二）研究内容

　　1. 上海市高中专项化教学技能评价现状调查

　　走访专项化试点学校，进行专项化技能评价方案的调查，总结成功的方案，提炼部分项目的技能评价量化操作标准。

---

① 上海市五爱高级中学　袁　骏

2. 上海高中体育专项技能数字化评价方案、标准的制定

依据:《上海市高中体育专项化课程改革指导意见(试行)》以及重点项目教学大纲。

(1)改进提炼原有部分主观评价,以篮球项目为例从评价内容、评价方法、评价手段、评价标准着手制定高一年级篮球数字化评价量化标准。

(2)根据高一年级篮球技能量化标准,进行数字化分析。在五爱高级中学开展高一年级篮球技能数字化评价的实践研究,以确保其可行性,并针对出现的问题进行改进。

(3)以篮球为例,推广确立数字化评价的其他项目量化标准、操作策略。

(4)全区试点学校进行推广验证其可操作性及一般原则。

二、结果与分析

(一)上海市部分高中专项化试点学校篮球评价的调查

走访黄浦区及上海市部分专项化试点学校及部分非试点学校,包括五爱高级中学、光明中学、向明中学、敬业中学、卢湾中学,对这些学校的篮球专项教师和把篮球作为专项的同学进行了问卷调查,共计 10 位教师、80 位学生。教师问卷回收 10 份,回收率 100%;回收的学生问卷中有效问卷 74 份,回收率 92.5%。

1. 上海市黄浦区部分高中专项化试点学校篮球评价内容分析

对黄浦区专项化试点学校的篮球师生进行问卷调查结果发现,篮球专项评价的主要呈现方式以分数呈现,被调查的学生共计 74 人,其中 54 位学生选择分数呈现成绩,选择等第及评语的人数仅有 30 人(多项选择),如表 1 所示。从评价的内容来看评价内容略显单一,较多地采用了定点投篮及移动投篮进行考核,定点投篮及移动投篮的考核占 68.9% 及 72.9%,而缺乏对学生进行全面的技术、战术、理论的评价。在教师的问卷中,对于"篮球理论知识及规则进行考核,并纳入评价中"的仅一位教师,部分教师本身缺乏专业知识(自身非篮球专项而教授篮球的教师有三名),说明教师在常规教学中对于篮球理论知识的教授也较为不重视。这种评价对于在高中阶段的学生显然是不够的,教师任务减轻了,教学工作简单了,但是对于学生个体发展不利,对于学生技术提高不利,对于专项化实施不利。

表1　篮球技能评价呈现方式

等第	分数	评语	其他
14	54	16	0
18.90%	72.90%	21.60%	0%

表2　篮球考核评价内容

项　　目	篮球技能考核	篮球专项体能考核	篮球技战术能力评定	基本身体素质考核	篮球理及规则考核
人数（个）	74	14	20	48	16
百分比	100%	18.90%	27%	64.80%	21.60%

在对学生进行的调查中发现，每学期进行一次评价的占 37.8％，也就是说很多教师仅考核一次就给了学生篮球技能分数；考核三次以上的学生仅 16 人，占总数的 21.6％。这表明当前黄浦区高中篮球学习评价还是运用以前的非专项的评价手段与模式，教师对于专项化的篮球学习及评价体系缺乏深入的思考，在教学中大量运用单一定量评价手段，不能完全体现时代对新课程标准对于全面培养学生的要求，迫切需要首先改变教师在教学中的评价观念，才能在教学实践中提高学生自我意识，提升学生在学习中的主观能动性，也反映了改变高中篮球专项学习评价模式的重要性与迫切性。

2. 上海市黄浦区部分高中专项化试点学校篮球评价方法及标准分析

对于评价的模式、主要评价人的调查中表明：以教师的主观评价为主，主观评价占 90.4％，教师凭经验观察学生所做的技术动作完成情况，进行主观评分，主观评分有一些局限性，根据教师自身篮球技术掌握情况不同，评价标准也会有差异，很难达到相对统一。绝对评价占多数，相对评价少数，这会让一部分相对技能掌握较差的同学容易失去学习的积极性，虽然努力去做但总是达不到合格。

据教师问卷调查，对于评价过程中选用何种评价标准，大部分教师采用了专项化篮球大纲的标准。

对于评价的满意程度的调查表明，有接近四成的学生对于评价方法不满意，极不满意的占 4 ％，满意的占 14.8％。这相对 2013 年的"构建黄浦区高中篮球选项评价体系"相同的评价调查而言，满意度已有所提高，不过仍

然不尽如人意。而且偶发因素，比如考试时的紧张、失误等也造成了学生对现有的评价不太满意。所以，使用数字化评价方式具有一定的时代感和紧迫感。

（二）篮球技能数字化评价研究

本文中的数字化评价并非要摒弃原有的评价方法，而是把原有的评价方法提炼并形成一种可以量化的评价方式，辅以计算机、数字篮球、摄像机、数字化穿戴等数字采集设备，进行不间断跟踪评价，让这种评价可操作性更强，更加直观，更加人性化。

1. 篮球技能评价内容

在本研究中，以《中国青少年篮球训练、教学大纲》《上海市高中体育专项化课程篮球大纲》作为依据，根据以上资料，以及高中学生的身心特点，设计了考量标准，把一分钟中距离线自投自抢（可以根据进度选择是否跳投）、半场左右手运球见线折返、全场综合运球上篮（体前变向、胯下变向、后转身）、半场移动传接球、助跑单脚起跳摸高、5.8 m×6 折返跑、1分钟单足交替跳绳、限制区滑步作为测试项目。

2. 篮球技能评价方法

利用数字化芯片篮球记录同学们运球投篮的基本数据，其内置六枚数字化传感器用于记录接球后的投篮出手时间，投篮命中时的入射角度，篮球出手时自转的速率，投篮时的出手力度，运球传球的力度、节奏、速度。其内置电池和蓝牙接收器，可以跟 Ipad 连接，并可以将数据传输到电脑，进行数据的分析。

对现有的我校高一篮球专项学生运用数字化篮球进行评测，获得一系列数据，跟大纲评测标准进行比较获得数字化篮球的评测标准。运用数字化篮球、数字穿戴设备，每堂体育课对我校五名篮球专项学生进行跟踪监测，记录投篮、运球、传球、步伐、心率的变化，进行系统评测。

（三）篮球技能数字化评价的实践研究

1. 篮球专项数字化评测效果

对五名同学进行为期一个学期的课堂跟踪监测，另外选取五名同学作为对照组。在实验前对实验教师进行培训，使其完全清晰了解实验的要求和具体的实验步骤。实验对象选取同质班级学生。实验组和对照组由同一教师任教，两组除篮球学习评价不同以外，其他的篮球教学环节，如确定教学内容、选择教学组织等，均基本保持一致。实验时尽量不打乱原有的教学计划，实验组与对照组按照同样的教学进度授课、测试。

经过对比，两个小组测试成绩差异显著，很显然新的评价方式促进了学生的学习，提高了学生的学习积极性，经过检验，P 值 <0.05。

2. 篮球专项技能数字化评测不足及改进

由于经费及数字化设备成本昂贵等问题，本次评价实践不能有更多的同学参与到实施中。如果有两个班级的学生进行实践，可能效果会更加显著。数字化的研究还需要时间，配套设施、监控等管理都很重要，数字化设备很多功能都可以更好地开发利用，但因为研究时间紧迫，很多研究未能深入。

三、结论与建议

（一）结论

针对黄浦区体育专项化试点学校篮球项目的评价进行问卷调查，发现目前学习及评价内容过于单一，以教师的主观评价为主，客观上影响了部分学生的积极性，造成对评价的满意度不高。

进行数字化评价需要考虑一些基本原则：要根据学生的发展需要，结合学生的个体差异进行评价，要终结性评价结合过程性评价，要结合学生的自评互评进行，这样才能全面反映学生的情况。

通过使用数字化设备进行大纲的内容评价，与对照组相比结果显示使用数字化设备评价组成绩提高显著，并有一定激发学生学习兴趣和拼搏精神的功能。

（二）建议

数字化技术是以数字电子计算机硬软件、外围设备、协议和网络为基础的信息离散化表述、采集、处理、存储和控制的系统技术。数字化设备及数字化评价是一大趋势，电子运动设备、监测设备会逐渐走进校园，参与学生的评价，参与学生的运动管理。广大体育教师应该行动起来，开发运用数字化设备进行教学、管理。

评价是一个社会共同的难题，在评价过程中，应该多从学生发展的角度考虑，加强自身学习，理论联系实际，构建数字化评价，才能激发学生的学习积极性，达到良好的学习效果。

第四部分

个别指导与效果

在线教学是基于数字化平台的、教与学两种行为不处于同一空间的一种教育方式，师生、生生之间需要借助数字化平台这一媒介方能产生互动，其互动的有效性也是衡量在线教学最终成效的一个重要因素。如何保证在线教学中的师生、生生互动达到线下教学时面对面互动同等的效果，是教师需要不断思考的一项议题。

在本部分中，教师以在线教学中的师生、生生互动为抓手，充分挖掘学段特点，从心理辅导、课后巩固、教研培训、教学评价等不同角度入手，共研如何借助数字化平台所具有的时效性、快捷性、整合性等优势，全面、及时了解受众的需求和现状，开展精准化的个体或小组式辅导，挖掘在线教学独有的互动优势，与线下教学形成互补，以此为双线混融教学模式的实践提供助力。

运用混合式学习方式，
突破学业困境的实践案例[①]

▲

在日新月异的信息时代，学校线下教学和网络线上教学互为补充、相互融合的混合式学习将成为教学的新常态，这已经逐渐成为广大师生的共识。

混合式学习核心是将线下教师的督促、指导与学生在线自主学习相结合，组织学生利用丰富的媒体资源开展学习；强调根据学生个体特质规划出清晰的、符合个人需求的学习路径。混合式学习将线下教学的直接、直观、互动性强的优势与在线学习灵活多样、资源丰富的优势混合，从而激发学生的学习热情和内心驱动力，发展学生自主学习能力，是实践因材施教这一教育理念的有效方式。

一、混合式学习的关键是"混合""有效"

混合式学习有两个关键词：混合和有效。"混合"并非简单的"线下上课，线上上网"的叠加模式，而是教学的内容与资源，教学与学习的方式，学习的策略与评价等各方面的混合。"有效"并非指学生在课堂上完成教师布置的学习任务，回家再到线上完成测试、提交作业等，通过延长学习时间和增加学习内容而取得的学习效果就是有效，换句话说有效是要看学生是否高效完成了教学目标，是否取得了最佳的学习效果。[②]

---

① 上海黄浦区外国语大学附属大境中学　周俊英
② 洪欣银，刘徽.混合式学习：促进信息技术与教学活动的深度融合.上海教育，2019（12）.

二、学业的困境类型及突破方法

每位学生的实际情况不同，所处的学业困境也各有不同，大致可分为：有自主学习能力和内心驱动力但缺乏自控力，有自控力和自主学习能力但缺乏内心驱动力，有学习驱动力和自控力但缺乏自主学习能力三种类型。笔者将结合三个典型案例，直面学生所面临的困难，因材施教，制定符合学生真实境况的线上和线下学习内容，运用混合式学习方法，激发学生的内心驱动力、自控力和自主学习能力，突破其学业上的困境，如图1所示。

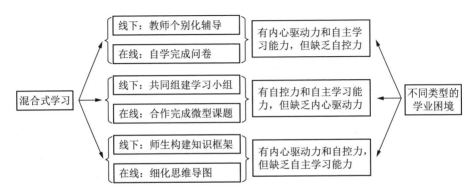

图1 运用混合式学习突破不同类型学业困境的策略

三、运用混合式学习方式，突破学业困境的三个典型案例

学业困境之一：学生有自主学习能力和内心驱动力但缺乏自控力

突破方法：线下——教师个别化辅导；在线——教师利用问卷星设计不同层次的问卷，学生自主学习完成，发现新问题。

1. 具体案例

小李同学的爸爸妈妈由于工作变动，很长一段时间均忙于工作，每天很晚回家。没有家长的督促，小李同学回家之后的主要时间就花在联网打游戏上，几乎不做作业。学期过半，他不得不面对现实：将近三个月的"放飞自我"，他各门功课几乎一片空白。

2. 案例分析

小李同学有一定的自主学习能力，高一第一学期稳定在年级中上水平；小李同学也有目标有动力，他从小立志长大当一名救死扶伤的医生。但他痴迷游戏，自控力太差，加之家长对他无暇顾及，导致小李同学各门功课"百废待兴"。他想努力补上欠缺部分，但是空白太多无从下手。

3. 实践过程

线下：笔者利用午休时间为小李同学做个别化辅导，一周两次，每次20分钟左右。具体做法是师生结合教材和课件，把落下的重难点重新学习一遍，并穿插配套作业的分析讲解。

在线：笔者抓住小李同学获取网络信息能力强、好胜心强的特点，设计了类似游戏升级模式的在线作业。以"减数分裂"这一章节为例，每一次个别化辅导之后，笔者精选习题以问卷星的方式发布在线作业。习题设置菜鸟版、进阶版、高手版和王者版四个等级，习题内容从简单到复杂，完成时间由短到长，难度系数从低到高。小李同学自学相关章节然后完成作业。每一次完成后小李同学立刻能收到反馈：得分是多少，准确率是多少，错误的地方在哪里。

4. 学习成效

线下：教师的个别化辅导很好地体现了线下教学的灵活和高效，小李同学从被动、茫然地听教师讲解知识点到师生共同搭建知识框架，再到后来小李同学能够主动提出疑问。与此同时，小李同学在课堂上的表现也由无所适从到逐渐跟上全班进度。

在线：虽然发布在问卷星的习题难度和内容都在增加，但是后台统计到小李同学完成习题的准确率有所上升，参与学习的时间也逐渐增加。再者，遇到新的疑惑小李同学开始主动在线查阅资料，自己寻求答案，还会随时通过钉钉平台请教老师。家长惊喜地发现，小李同学自己在家的游戏时间在控制和减少中。

学业困境之二：学生有自控力和自主学习的能力但缺乏内心驱动力

突破方法：线下——教师组织学生组成学习小组，把教学内容的重难点分解成若干个微型课题，师生共同开展课题的讨论；在线——学习小组成员查阅、讨论、分享相关的网络资料，合作完成微型课题并进一步拓展。

1. 具体案例

小张同学父母长年出差，所以小张从小和外公外婆同住。性格内向的他在家几乎不和长辈交流，在校也极少参与师生互动，很少和班级同学交流。高中学习课程多节奏快，小张在学业上的困惑不断出现，但是他从来不问老师，也

不和同学讨论，日积月累导致各科情况均不容乐观。这种状态使得小张更加消沉，开始表现出漠然态度。

2. 案例分析

小张同学因父母长期不在身边且从小受长辈监管过多，导致他内向又有点自卑，对学习没有热情，缺乏内心驱动力。其实他的学习和工作能力较强，担任劳动委员一职总是默默地付出，认真负责，也有自主学习的能力，课余能坚持自学西班牙语四年多，所以增强内心动力是突破其学业困境的关键。

3. 实践过程

线下：教师一方面和心理健康老师联手，逐步疏导小张同学内心的郁结，另一方面鼓励小张同学与班中学习程度相当的三位同学组建学习小组，让其担任学习组长。学习小组活动以微型课题的形式展开，内容是逐个击破重点章节的难点，教师参与小组活动，给予指导和帮助。学习小组每周活动三次：第一次是商定微型课题，例如，"细胞减数分裂"章节提出了"减数分裂过程中，如何确保子细胞中遗传物质的精确减半？"这个关键问题，便围绕这个问题从不同角度提出大致的课题框架；第二次是分享微型课题的进展和遇到的困难；第三次活动是交流学习成果并商定下一次的微型课题。

在线：小张同学和小组成员自定活动时间，利用QQ、钉钉等平台围绕微型课题在线讨论，分享所学所得，合作完成微型课题。教师随时关注课题进展，在线提供专业的指导，答疑解惑。

4. 学习成效

线下：小张同学和班级同学组建学习小组，给了他一个与同龄人交流的契机，他逐步打开心结，突破感情屏障。在课题进展过程中小张同学慢慢有意识地主动组织学习小组开展活动，和成员们交流课题进展，积极参与讨论。

在线：小张同学不仅在撰写微型课题时起到主要的作用，还在哔哩哔哩、腾讯等网站上找到课题的相关视频分享给小组成员，推动课题的进展。①

学业困境之三：学生有内心自控力和学习动力但缺乏自主学习的能力

突破方法：线下——师生围绕生命科学的重要概念共同搭建知识框架；在线——学生根据自身对知识点的理解和思考，归纳总结要点、完成思维导图。

---

① 杨建益，白巧变.停课不停学，线上如何学习.上海教育，2020（3A）.

1. 具体案例

小丽同学有明确的奋斗目标，考上大学中文系，成为一名专栏作家是她内心源源不断的驱动力。她自控力强，学习态度认真踏实，一丝不苟，在课堂上她努力跟上老师的节奏，回家按时按量完成各科作业。但是一段时间后小丽同学发现自己学习效率低，很多重难点模棱两可，总有一种囫囵吞枣的感觉，特别是几次测验结果都不尽如人意。小丽同学很委屈：为什么她在学习上花了大量的时间，效果却不甚理想？

2. 案例分析

小丽同学的学习方式比较单一，上课拼命记笔记，回家整理笔记，周末完成作业之后有空就多刷题。但是小丽同学的努力主要是把知识点整理起来停留在笔记上，而不是结合教材去理解这些知识点；平时做了大量的习题，但是订正就主要是更正错误答案；概念、知识点和习题没经过自己的独立思考、理解和反思，仅停留在课本、笔记本和习题册上。这种学习方式导致小丽付出很多时间和精力，但疲于应付、收效甚微。

3. 实践过程

线下：针对小丽同学注重笔记整理而忽视知识点的理解、注重细枝末节而忽视对整体知识框架的把握这些突出问题，笔者指导小丽同学先从生命科学这门学科的重要概念出发，抓大放小梳理知识框架。以"减数分裂"为例，笔者请小丽同学列出她所理解的减数分裂，小丽同学根据笔记列出很多零碎的知识点，笔者请她把这么多知识点之中同一层次的内容归类，再把归类的知识点用几个字概括，这样逐渐构建出减数分裂的主体框架。

在线：笔者指导小丽同学从师生构建的主体框架出发，使用MindMaster这个软件设计大分支、创建小分支，再补充细节，在逐步完善思维导图的过程中厘清思路，先理解核心概念再深入到每个细致的知识点。

4. 学习成效

线下：教师的指导、鼓励和不失时机的表扬，帮助小丽同学恢复自信。同时师生共同构建知识框架过程中，教师引导小丽同学通过观察、分析、归纳、演绎等方法抽象出知识点背后的重要概念；逐渐培养其主动思考、独立思考的能力。

在线：小丽同学爱上了MindMaster这个软件，在建立各种思维导图的过程中，小丽同学渐渐学会了从教材的概念出发，结合典型例题和错题，加深对知识点的理解。值得一提的是，小丽同学结合一道经典例题归纳出判断有丝

分裂和减数分裂的中期、后期细胞图的辨析方法，小丽同学将这个方法编成口诀，分享到班级钉钉群，获得同学们的众多点赞，如图2所示。

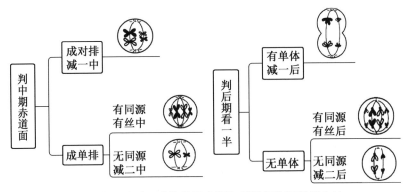

图2　有丝分裂、减数分裂中期和后期细胞图辨析方法

四、教学反思与感悟

笔者借混合式学习的方式，既守正——遵循教育的规律，发挥教师引导、启发和监督的作用，激发学生自控力、内心驱动力、自主学习的能力；又出新——尊重学生作为学习主体的主动性，针对学生实际情况制定个性化的线下、线上的自主学习方案。文中三个典型案例的主人公后续都跟上全班教学进程，顺利通过学业水平考试。

每一次变革都带给我们思考，每一次思考都引导我们更加努力去实现美好的愿景。我坚信代表未来教育方向的混合式学习，不仅是突破学生学业困境的利剑，更是我们每个人践行终身学习的直通车！

高三化学线上教学中的"望闻问切" [①]

▲

对广大教育工作者来说，后疫情时代的在线教学是一场"大考"。从一线教师到"主播"的角色转变，从作业批改到管理方式的转化，从学生管理到家校沟通的模式切换，方方面面都经历了高速、高频的调整。为了解本校（市实验性示范学校）高三化学线上教学的实施效果，笔者于2020年4月底对104名高三加试学生进行了网络问卷调查。基于调查结果，本文就如何实践线上教学中的"望、闻、问、切"，提高复习效率进行了一些探索和尝试。

一、望——借助平台呈现学习结果

高三复习阶段作业反馈的重要性不言而喻，从传统的作业批改模式转换至线上呈现学习结果模式，可以从以下两个途径进行。

（一）在线练习，同"屏"共"正"

调查显示：相较于师生连线互动、生生讨论区互动等环节，有71.43％的学生将"课堂练习，上传讲评"选为喜欢的线上教学环节之一；有72.12％的学生认为"线上综合题练习"是高考冲刺阶段有效的线上教学模式之一。课堂上，学生将在线完成的练习拍照上传至群里，教师利用同屏功能及时分享并进行评讲，引导学生对照分析、梳理知识、固化方法。

---

① 上海市敬业中学　朱筱箐

（二）课后反馈，个性指导

和传统教学一样，线上教学同样需要课后作业作为反馈和巩固。有所不同的是，网上作业的设计对教师提出了更高的要求，既要考虑作业是否符合学生居家学习的学情，又要思考如何将作业讲评与线上教学融合在一起。网上作业需要教师对不同时间段提交的作业进行分批评价，并借助交互平台及时返还给学生，不少学生会在提交作业时将做作业时的疑问一并呈现给老师，这在以往上交的书面作业中是罕见的。

问卷显示：学生对网上作业完成情况的自我评价为 8.61 分（满分 10 分），相较于传统作业，有 26.92% 的学生认为老师的批改与反馈比线下更及时；有 22.12% 学生认为作业的讲评比以往更有针对性。

二、闻——融合素材丰富教学内容

学生在线上学习时，面对的是一个小小的屏幕，却不能因"小"失"大"，"两耳不闻窗外事"。这就要求教师不仅要有深厚的学科知识，还要有广博的文化视野；在精心设计学习任务的同时，还要关注学生与资源的互动以发展其自主学习的能力。例如：在复习"有机"知识时播放网络视频《一个视频告诉你，为什么现在还买不到口罩？》，介绍聚丙烯熔喷布的相关知识；复习"氧化还原"知识时，借助网络热点细究"84 消毒液和酒精混合会产生氯气吗？"。调查显示：有 49.04% 的学生认为网络教学的优势在于资源更丰富；39.42% 的学生认为网络教学课堂氛围更轻松。网络为教师向学生提供支持性材料创造了便捷，背景介绍、内容分析、讲解视频等，学生可根据自身情况进行选择，满足个性化学习需求。

三、问——随时在线加强师生互动

调查显示：有 36.5% 的学生在线上学习遇到困惑时，会选择与老师通过即时通信软件进行交流，初看占比并不是很高，但比起线下教学已有明显提高。传统课堂中，若学生对所授知识心存疑惑，可能会羞于表达或碍于听课效果不愿提出，抑或选择由同伴答疑解惑。网上教学则完全不同，听课时的不解可随时截屏，把疑惑标注在图片上，甚至可以对题目质疑。学生将问题发给教师后只需在线等待，教师便会利用碎片时间和学生进行个别交流。这样的"随心问"交流不受时空限制，更加及时也更个性化。

四、切——高效诊断助力概念生成

高三学生经过三年化学课程的学习，已通过同化、顺应、平衡，建构起一定的经验体系，但建构过程中，往往会形成一定量的迷思概念。进入系统复习之后，这些概念会严重阻碍学生对知识的进一步综合和提升。因而，准确诊断是甄选复习资料，优化教学策略，提高复习效率的重要前提。

传统教学一般通过提问、观察及书面（作业、练习、测试）等途径实现课堂教学反馈，无论是哪种途径都无法兼顾即时和全面，即无法在同一时间知道每一位学生的完成情况并进行追加诊断。线上教学的过程数据分析则为我们提供了这个可能。目前，为获得更好的学习体验，各大线上教学软件都开发了诸多上课功能。以某软件的"答题卡"功能为例："答题统计"栏可以方便教师查阅整体统计结果，为纠正迷思概念、推送相关例题提供事实证据；"答题明细"栏则可以帮助教师准确锁定学生，精准施教，真正实现以学定教。

在全面深入分析上述数据的基础上，教师可适时推送诊断性习题，以加深拓展相关概念的理解。调查显示：在所有的教学环节中，"选择题讲评（配相似题）"是学生认为的最有效的教学环节。

设计例题时，教师可为每一个难度较大的选项配备诊断习题，为避免因偶然因素答对选项，可灵活采用多项选择等形式（如选项 A 的诊断习题），亦可依据学生情况设计前置诊断或巩固练习，如表 1 所示。

云端之上的未来课堂探索
——黄浦区在线教与学实践

表1 习题设计和诊断习题示例

例题设计				诊断习题
	选项	实验操作	实验现象	结论	

下列根据实验操作和现象所得出的结论正确的是

选项	实验操作	实验现象	结论
A	等体积 pH=3 的 HA 和 HB 两种酸分别与足量的锌反应	相同时间内 HA 与 Zn 反应生成的氢气更多	HA 是弱酸
B	将湿润的淀粉-KI 试纸分别放入二氧化氮和溴蒸气中	试纸只在溴蒸气中变蓝色	氧化性：$Br_2>NO_2$
C	将光亮的镁条放入盛有 NH_4Cl 溶液的试管中	有大量气泡产生	生成的气体主要是 H_2
D	向 $NaHCO_3$ 溶液中加入 $Na[Al(OH)_4]$ 溶液	有白色沉淀生成	AlO_2^- 结合 H^+ 的能力比 CO_3^{2-} 强

诊断习题：

在 pH 相同，体积相等的盐酸 A 和醋酸溶液 B 中，分别加入等质量的锌，若反应停止后，有一份溶液中锌有剩余，则正确的判断是（　　）。
A. 生成等量 H_2 时反应所需时间 B>A
B. 开始时反应速率 A>B
C. 参加反应的锌的质量 B>A
D. 整个反应阶段平均速率 B>A
E. 盐酸中锌有剩余
F. 醋酸溶液中放氢气多

下列可用于鉴别溴蒸气和二氧化氮气体的物质是（　　）。
A. 氧气
B. NaOH 溶液
C. 水
D. 淀粉碘化钾溶液
E. $AgNO_3$ 溶液

用 $NaHCO_3$ 溶液处理 $NaAlO_2$ 溶液（由 Al_2O_3 与过量 NaOH 溶液反应制得），测得溶液 pH 和 $Al(OH)_3$ 生成的量随加入 $NaHCO_3$ 溶液体积的变化情况如图所示。

下列说法正确的是（　　）。
A. $Al(OH)_3$ 的生成是因为 $NaHCO_3$ 促进了 $NaAlO_2$ 的水解
B. b 点和 c 点溶液所含微粒种类不同
C. $NaHCO_3$ 溶液的物质的量浓度为 $1.0\ mol \cdot L^{-1}$
D. d 点时：$c(Na^+)=c(CO_3^{2-})+c(HCO_3^-)+c(H_2CO_3)$

五、对高三化学线上教学的反思

此次大规模的线上教学虽是迫不得已采取的举措，却无形中推动了教育理念的重塑。诚然，线上教学会部分弱化师生的个性互动，还会让一些群体活动（如：化学实验操作）受到影响，但其灵活性、差异性的优势也显而易见。

（一）线上教学的灵活性

89.42%的被调查学生认为，网上教学不受时间限制，更方便灵活；64.28%的学生愿意在开学后继续接受线上辅导。线上教育的启动给广大学习者提供了利好，优质资源可以完全突破时空限制，随时随处可以学习，而这必将成为新常态。未来的课程教学可能不再是一个主讲老师，而是在需要时随时连线全世界的优秀教师参与讲解和讨论。

（二）线上教学的差异性

传统教学模式以教为主，学生被要求以统一固定的进度来学习同一个主题，然后在固定的时间进行评估。学生的成绩自然有好有坏，虽然评估出了差距，却没有相应的弥补措施，最后这些差距将不断积累。线上教学则可以为学生创造一个安全、私人、舒适且能引发思考的氛围，更重要的是学生可以掌握自己的学习进度，对落下的课程采取补救措施，直到熟练掌握并继续前进。

（三）线上教学的保障

不久的将来，线上线下教学的融合发展将成为必然。就此次高三化学线上教学来看，104名学生对听课效果的评分为6.89（满分10分），86.54%的学生认为影响线上学习效果的重要因素是"自我管理能力"，40.38%的学生认为相较于传统作业，线上作业不方便圈画，影响思考，28.85%的学生感觉作业提交需上传平台，步骤烦琐。基于此，建议从以下几个方面加以完善：制订监管制度，从法律和制度上规范和管理在线教育；建立过程评价体系，全方位、全过程评价学生在线学习情况；开发专业绿色平台，提供专业技术保障，确保在线教育健康开展；统筹人员配置，将在线授课、习题编制、学生管理等工作任务分工，提高在线教学效率，切实减轻一线教师的负担。

创设"心晴空间"，共筑心理防线^①

───────────────── ▲ ─────────────────

　　因疫情防控需要，学校开学日期被延迟，无论是学生、教师还是家长，在这一特殊时间里都需要积极地调整自己的心态，安排好个人的工作、学习与生活。面对疫情，学校心理健康教育中心积极响应《线上教学期间黄浦区学校心理健康教育工作要求》，探索如何基于信息技术的支持创设有助于学生心理调适的在线"心晴空间"，为学生筑牢心理防线，做好疫情期间心理健康教育的宣传、指导和咨询工作。

一、聚焦问题，明确方向

　　疫情期间心理健康教育面临着诸多现实挑战，例如教师无法及时了解学生的心理动态、无法面向学生开展线下授课、无法开展面对面咨询、无法在校园开展心理主题教育活动等。这促使我们思考和探索解决以下问题：第一，如何结合上海市《抗疫期间中小学生及家长心理防护手册》做好疫情期间心理防疫工作；第二，学生居家学习期间，如何落实高中《心理健康自助手册》，为学生提供预防性、发展性的心理健康教育；第三，如何运用各类信息技术手段和网络途径，围绕课程宣讲、心理咨询、同伴互助、家校共育等为疫情下的学子系统构建"心晴空间"^②。

二、"心晴空间"的设计与实践

　　在学校疫情防控领导小组的指导下，校心理健康教育中心设计并发放网络

───────────────

① 上海市大同中学　张伟峰
② 刘晓明.重大公共卫生事件下的学校心理安全教育［J］.教育与教学研究.2020（34）.

调查问卷，了解本校学生疫情期间的身心发展及生活状况。通过对学生存在的可能情绪和行为困扰、诱发原因等数据的分析，我们探索以信息技术为支持，以积极心理学与心理防疫为指引，为学生构建"心晴空间"。该空间可分成指导性信息空间、疏导性咨询空间、启发性课程空间、互助性同辈空间、支持性家庭空间五大模块。

（一）宣传教育，稳定情绪——构建指导性信息空间

疫情期间，网络上流传出有关疫情的种种信息，不断地刺激着师生的神经和心理防线。为了加强对学生正确舆论信息的引导，一方面我们借助校园网、学校微信等官方平台向学生及时发布科学的防疫信息和心理指南；另一方面，我们编订了《上海市大同中学学生心理健康自护提示》，通过学校内部平台下发至每位教师、班主任和学生。提示从"稳定情绪莫恐慌""健康生活放轻松""配合工作齐努力""寻求支持多沟通"四个方面为疫情期间师生的居家学习生活和心理调适提供了科学的建议与指导。

（二）线上咨询，心理护航——构建疏导性咨询空间

为保障疫情期间学生的心理健康并提供及时的心理疏导，校心理健康教育中心在疫情初期即为本校学生开通了线上心理咨询服务。学生可通过电子邮箱或QQ与心理健康教育中心取得联系，说明咨询内容和需求，预约开展网络或语音电话等心理咨询服务。此外，为加强对特殊学生的关照，心理辅导教师进一步梳理"需关注学生"名单，主动和班主任取得联系，进行一对一摸排，并对部分学生开展持续跟踪和主动咨询，认真做好心理普查和咨询服务。据访谈调查，线上咨询的开启有效地为欠缺人际支持与排解路径的在校学生提供了负面能量的疏通渠道，为学生的心理健康教育提供了有力支持。

（三）网上微课，专题引领——构建启发性课程空间

面对线下心理健康教育课程停摆的现实，我们积极立足网络空间这一主阵地，通过录制心理防疫专题微课、积极心理学等相关课程，将课程视频上传到学校在线学习平台的网络课程模块，供全校学生开展线上心理专题学习；其中的心理防疫课程则登录学校企业微信号腾讯乐享栏目"防疫专题教育"系列，是校本研训的重要组成部分。

心理健康系列微课则重点聚焦心理调研中所发现的学生潜在身心健康问题，提供针对性的心理贴士和行动指南，帮助学生增加自我觉察，掌握一定情绪管理和放松方式，从而为学生健康复学打好基础。此外，我们也邀请奋战在一线的家长参与课程录制，为学生们讲解疫情防控背后的故事；邀请毕业学长学姐讲述生涯规划与成长等。

疫情期间，学校制作完成的心理专题教育课包括《疫情心理应激的觉察与评估》《疫情下的社会心理现象解读》《健康积极地迎接复学》《生涯发展专题教育》《身心放松专题》等 30 余节心理微课，基本满足了学生"停课不停学"期间心理健康的发展性需要。

（四）同伴辅导，携手同行——构建互助性同辈空间

心理学研究表明，同伴对于一个人的心理健康有着重要影响。为了发挥同辈群体对于班级同学的正向支持力量，同时拓展居家期间潜在问题学生的信息排摸渠道，我们选择在线同伴辅导员这一形式。

同伴辅导是指年龄相近的同伴间的心理互助，以提高全校学生的心理健康水平。当学生面临压力时，同学间交流自己的情绪，提出疑问，表达相互的关心和支持，这也是一种有效的心理支持方式。

为此，学校心理健康教育中心探索从心理课代表或心理骨干学员中遴选一位班级代表担任"同伴辅导员"一职。前期，由心理辅导老师对同伴辅导员开展线上专题培训，培训内容主要包括同伴辅导员职责简介、常见心理异常的觉察、共情与沟通等，以提高同伴辅导员的自助和助人能力。

疫情期间同伴辅导员主要承担职能如下：第一，关注和了解同学情绪、生活和学习情况，乐于倾听同学心声，开展班内"同伴心理互助"；第二，隔周填写线上心理情况调查表，反馈班级同学心理健康整体状况，如有特殊或紧急情况则及时向校心理健康教育中心转介；第三，协助心理辅导老师、班主任开展心理健康宣传教育活动，促进同学们的身心健康。

（五）家校共建，携手护航——构建支持性家庭空间

疫情期间，学生的学习场所从学校转向家庭，通过前期调查我们发现疫情期间亲子冲突有上升趋势。为了帮助学生构建支持性的家庭空间，校心理健康教育中心立即响应，借助在线平台为本校家长开通了线上心理咨询服务。

中心坚持恢复家长学校，依托线上平台，为家长提供"菜单式家庭教育课程"，供家长有侧重地选择学习。家长学校的授课教师一般由专职心理辅导教师、资深班主任和学生成长导师等担任并滚动上新。为进一步丰富在线家庭教育的内容与形式，学校心理健康教育中心持续招募家长代表，就家庭教育、心理健康、疫情期间居家学习方法、亲子沟通、家校沟通等提供心得感悟、成功案例、育人理念等资源，已上线的家庭教育课程包括：《读懂 00 后》《亲子沟通的艺术》《你的旅途　我的陪伴——高三考前辅导》等。

三、实施成效

疫情期间，学校心理健康教育中心形成了良性的运作机制，有效推进了心理健康教育工作的顺利开展。通过"心晴空间"的创设，学校构建了科学及时的指导性信息空间、温馨陪伴的疏导性咨询空间、系统多样的启发性课程空间、便捷有效的互助性同伴空间以及民主包容的支持性家庭空间。

据统计，学校企业微信平台的心理防疫专题课程已形成专题系列，学校在线学习平台已上线心理专题教育微课 30 余节，内容涵盖心理防疫、生涯发展、社会心理、身心放松四大主题。

学校依托校园网、企业微信等官方渠道及时发布防疫信息和心理资讯，为师生提供科学、及时的一手信息，构建了良好的心理在线空间。此外，学校通过同伴辅导机制、家校共建机制，落实"家庭教育不停步、学生互助全覆盖"，有效营建了有助于学生心理弹性培育的线上教育环境和线下家庭环境，整体提升了学生的心理健康水平，有效预防了潜在心理危机事件的发生。

四、反思与展望

随着疫情形势趋稳，学校心理健康教育中心也在积极思考疫情期间学校"心晴空间"的建设实践如何与既有学校心理健康教育体系相融合；后疫情时代学校如何基于信息技术的支持进一步提升心育的实效性，落实心理健康教育的"全程、全方位、全覆盖"；学校如何进一步凸显心理健康教育的品牌优势，丰富并发展学校立体式的心理健康教育新网络。

（一）探索线下与线上相融合的心理健康教育实践

通过本次疫情，我们深切认识到在线心理健康教育有着其独特的优势，它不受限于时空、人员等的束缚，它更善于连通丰富的课程资源与环境媒介。随着心理健康教育的发展，如何营建线上心理健康教育的育人空间，积极探索线下与线上心理健康教育的融合策略是未来学校心理健康教育的主攻方向。学校在既有基础上将进一步探索线上心理健康教育专栏建设、心理云直播等服务。

（二）链接社会资源，完善在线心理健康课程资源库

突如其来的新冠疫情给学校心理健康教育的实施带来了深刻的变革，转变了心理健康教育的既有结构与形式。在日常实践中，我们发现在线心理健康教育有着广阔的发展前景，我们正探索如何在已有的在线心理课程的基础上进一步拓展课程外延，引入社区、社会心理健康教育资源；如何进一步丰富学校在线心理健康教育资源库，为师生和家长提供更多的课程、资讯、测评等，满足师生与家长多元而又个性的心理健康发展需求。可以说，在线信息技术为心理健康教育提供了新的发展可能。

今日的心理健康教育正受到来自社会各方的广泛关注。在信息时代、技术赋能的当下，学校如何主动求变，让心理健康教育更好地适应时代高速发展的需要、学校深化改革的需要、师生共同成长的需要？混合式心育无疑是一种积极的探索和实践，我们依旧在路上。

浅谈"在线批注"功能在《儒林外史》阅读中的应用[①]

▲

多年来，我校一直致力于数字化环境下课外阅读教学的实践研究，并于2014年创建了"储能悦读网"（以下简称"悦读网"）。同时，我们不断尝试，探索整本书阅读中批注教学的有效途径。可喜的是，依托悦读网，我们已经进行了"批注方法的介绍"和"优秀批注的展示"，为学生们提供了展示的平台和学习的资源，阅读教学取得初步成效。

然而，我们发现悦读网上的内容更多的是静态的呈现，那么，如何才能切实地关注到学生阅读的过程，从而优化课外阅读指导呢？于是，我们又在网上创建了"阅读社区"。寒假里，我们布置九年级学生在阅读《儒林外史》的同时，在学习通数字化平台上进行"在线批注"。将假期的实践进行总结、反思，我们发现"在线批注"功能的确有它的优势。

一、"在线批注"功能在课外阅读中的积极作用

（一）学生广泛受益

《儒林外史》是部编版教材九年级的必读书目，人约33万字。我们把整个寒假分为三个时间段，规划了阅读进度，要求学生在通读全书的过程中，对老师给出的若干条批注进行修改补充，或是根据自己的喜好自由地进行圈画批注。

---

① 上海理工大学附属储能中学　潘轶群

1. 在任务的驱动下培养习惯

经过三年多的努力，这届学生大部分已经养成了课外阅读整本书的习惯，而且《儒林外史》又是一部比较通俗易懂的古典白话小说，借助书本注释，几乎没有阅读障碍。因此，我们更希望培养学生"不动笔墨不读书"的习惯。在任务的驱动下，全年级 51 名学生，除 1 名随班就读和 1 名家庭条件特殊的学生之外，全部参与了"在线批注"，总的批注量达到五百余条。在这个过程中，学生不仅通读全书，了解了故事情节，还融入了自己的思考，记录了阅读的心得。

根据入校时的问卷调查统计，我们发现本校学生的课外阅读状况堪忧的。对他们而言，阅读几十万甚至上百万字数的大部头的名著已非易事，若进一步要求他们自觉地在阅读过程中进行圈画批注更是难上加难。因此，"在线批注"就成了一个有力的推手，它促使学生边阅读边思考，并及时将自己的所思所得写下来，从而养成良好的阅读习惯。

2. 在浓郁的氛围中体会乐趣

阅读是需要氛围的。学校里，安静的教室、浓郁的书香，更利于学生排除一切干扰，专心读书。课堂之外，学生往往因为缺少这样一种氛围而无心读书。利用"在线批注"的功能，则可以实现跨越时空的交流，无论是情感的共鸣，还是看法的争鸣，都可以畅所欲言，因此我们同样可以在"阅读社区"里营造浓郁的阅读氛围。

《儒林外史》中沈琼枝是读书人家的女儿，被盐商宋为富骗娶作妾，她设计裹走宋家的金银珠宝，逃到南京卖文过日子，自食其力。她的故事就引发了学生们的许多慨叹："沈琼枝远离锦衣玉食的生活而选择风雨飘摇的生活，表现了她的自立自强""她勇敢反抗恶少，可以看出她的泼辣，塑造出了一个与众不同的果敢的侠女形象""沈琼枝作为全书迄今为止第二个饱读诗书的女性，她比擅长八股文的鲁小姐多了几分自尊与自立"……大家各抒己见，与作者、作品之间的"共情"通过实时批注的方式呈现了出来。它自然能让学生体会到阅读的乐趣。

《儒林外史》中一幅幅天然的社会风俗画，一个个性格鲜明内心复杂的人物，一段段充满讽刺意味令人捧腹的小故事，总能引起学生们的热议。大家在 BBS 讨论区你一言、我一语，仿佛围炉畅谈，读书氛围越来越浓，即便是不爱阅读的学生，心里也不免产生一种暗示与接近，被带到读书的行列中来。而且学生之间也可以互相点赞，这样，一种学生与学生之间的"共情"悄然诞生，阅读的自信力也得到了进一步提升。

3. 在积极的互动中提升素养

因为"在线批注"的活动是跨班级的，而且是实名制的，所以每个学生都能以一种认真的、积极的心态投入其中，这是阅读活动取得成效的前提和基础。"在线批注"的互动性很强，每个学生都拥有平等的发言权，同时又可以避免面对面交流的尴尬，因此，在阅读社区里的表现其实也是他们阅读能力的较量。在这样一种积极的竞争中，学生对于知识不再是被动地接受，而是主动地习得。不妨让我们看这样一个例子：

第一回中瞿买办飞奔下乡强邀王冕赴会的片段写得十分精彩，有学生批注为："（瞿买办的话中）一连五个'老爷'，说明了他对老爷的尊敬，并用老爷来威胁王冕，让他去参加宴会。""尊敬""威胁"显然不妥，接着，便有另一个学生补充道："五个'老爷'起到强调的作用，形象生动地写出瞿买办倚仗权势、狐假虎威、强压百姓的不耻嘴脸。"随后，又有学生注意到了这段话中的四个问号和五个感叹号："运用反问，凸显了瞿买办的'劳苦功高'和王冕的'不识抬举'""塑造了瞿买办媚上欺下、酷虐小民的形象，暗讽当时社会中大多数人的追名逐利、趋炎附势"……

这正符合了建构主义的教学观，学习不仅是知识由外向内的传递和转移，还是学习者主动地建构自己知识经验的过程，他们将自己的批注和同伴的相比较、相补充，通过新旧知识经验的相互作用，来充实、丰富和改造自己的知识经验，提高语言鉴赏能力。

我国古代最早的教育学论著《学记》中写道："独学而无友，则孤陋而寡闻"。"线上批注"这种跨班级的互动更好地促进了读与思的结合，对阅读习惯的养成、读书方法的掌握、阅读效果的提高都是大有益处的。

（二）教师优化指导

1. 便捷操作，解决课时困惑

《义务教育语文课程标准》中提到："多读书，好读书，读好书，读整本的书。"部编版教材又在阅读书目与阅读方法上对名著阅读有了具体的落实，其中，七年级下册的"名著导读"中，就以《骆驼祥子》为例，具体地介绍了"圈点与批注"的读书方法。

然而，整本书阅读在日常教学实践中却举步维艰。很多学生都因每日忙于功课而无暇静心阅读，更不用说圈点与批注了；而教师也没有足够的课时可以用来进行名著阅读的辅导。这样看来，必须牢牢抓住寒暑假这样一个整本书阅读的"黄金期"。借助于"在线批注"功能，教师便可以在学习通数字化平台上，快速查看本班学生、本年级学生在某一个章回或是整本书中所做的批注，了解学生的阅读进度和阅读质量，这样便可以督促学生坚持阅读，并基本保证阅读的有效性，能够为开学以后的专题探究或是其他的阅读活动做好准备。如此，便解决了因增加整本书阅读而课时不足的困惑。

2. 匠心设计，提升阅读效果

我们发现，部编版教材中有相当一部分课文是有旁批的，这些旁批或是以提问的形式引发读者的思考，或是以简洁的概括帮助读者理解文义，或是以凝练的文字对文本加以赏析，为课堂教学提供了许多帮助。那么，在名著阅读中是否也可以加以借鉴呢？

为了达成阅读目标，阅读《儒林外史》时，我们将"在线批注"的任务分为两大类：一是在阅读过程中按照自己的喜好自由地进行圈画批注，这是尊重学生的阅读体验，比较个性化的做法；二是教师设计若干条需要完善的批注，让学生有指向地进行修改。比如：对于第41回的第一段，教师给出的批注是"这一段写南京市井生活，正应前文'六朝烟水气'的评语"，学生在修改补充时围绕环境描写的作用展开，六朝古都的秀美繁华和风雅浪漫一览无遗。又如，在第21回中，教师给出的批注是"牛浦郎不擅经商，自接手爷爷的杂货店后，日益亏空，作者写这一情节在人物塑造和情节的推进上都有着重要的作用。"学生关注到了人物前前后后的种种行径，关注到了人物命运的变化和作者冷静的批判，自然体会到了小说"无一贬词，而情伪毕露"的特点。

此外，我们还针对人物描写、细节刻画、称呼的变化、修饰性词语的作用、对比的写作手法、标点符号的作用等设计了若干条供修改或补充的批注，有目的地使学生"得法于课堂，得益于课外"，提高文本解读的能力。

3. 及时反馈，积累优质资源

"在线批注"实现了反馈的即时性，教师不需要像以往那样等到寒暑假结束后才收作业，经过一段比较长的时间才能给出评价。此外，教师在批阅学生的"在线批注"时，可以因材定评、有的放矢，抓住闪光点，对那些需要鼓励的对象进行"点赞"，激发其阅读的兴趣；还可以将那些一语中的、值得被学习的批注设为"优秀批注",与同伴分享,从而挖掘一些真正的文学爱好者、阅读积极分子,使他们成为同龄人中的阅读领航者。

初中学生大多具有表现的欲望,好胜心强,希望被理解、被认可、被欣赏,这正符合了马斯洛的需要层次理论。因此,教师的及时反馈和鼓励正满足了他们自我实现的需要,这样,学生就会产生成就感,更积极地参与到阅读活动中来。

另外,"优秀批注"能够长期被保存在学习通平台的数字图书中,被所有的阅读者共享、点评、完善,教师可以对它们进行管理,利用它们进行阅读指导,让优质批注资源能够在一届又一届学生中发挥更大的价值。

二、改进的方向

孙绍振先生在《名作细读》中说:"有朝一日,我当语文教师一定要讲出学生感觉到又说不出来,或者以为一望而知,其实是一无所知的东西来。""在线批注"是一种自主性、互助性的学习,众人拾柴火焰高,那些已被知晓的东西固然不需要教师去重复。然而,学生在品味作品的语言时,常常会有"只可意会,不可言传"的困惑;在揣摩人物心理、解读人物性格时,常常会有隔靴搔痒、词不达意的现象。学生无法企及之处,正是需要教师去启发引导的,这一点我们做得还不够。今后,我们可以尝试通过录制微课的方式加以改进,以期实现更好的阅读指导。

"在线批注"往往是针对一句话或一段文字的,它是碎片化的,而整本书阅读还应该将这些碎片整理、整合。因此,在批注的同时,我们还可以给学生提供一些小的任务单,引导他们化零为整,避免步入"只见树木,不见森林"的阅读误区,逐渐形成比较成熟的校本阅读课程。

综上所述,"在线批注"在课外阅读中能够发挥许多积极作用,教师对学生的指导可以进一步优化,能够辅助教师实现教学设计,从而让学生在阅读中广泛受益,切实提高语文素养。当然,它也有一定的局限性,若能与其他方法相配合,定能让我们的阅读教学之路更宽、更广。

基于精准辅助的特殊学生在线
学习案例研究 [①]

▲

在上海推进教育数字化转型的背景下，传统的课堂教学模式迎来了新的变革，线上线下融合教学是大势所趋，特殊教育开展在线教与学也成为必然。与普通学生相比，中重度智力障碍学生存在感知觉迟钝、记忆力差、注意广度窄、个体差异大等特点，因此，开展隔屏的教与学，就需要提供充分的支持与辅助，精准分析、精准辅导、精准评价，提供家庭教育指导，提升在线教与学的效能。

一、案例实施过程

（一）多方面精准分析，制定学习内容和任务单

1. 研读课标，明确学习内容

笔者作为五年级教育团队成员，承担生活学科的在线教学任务，每周设计学习任务单，通过学习通平台发布相关学习任务，并针对学生的作业反馈及时做出评价。翻阅《培智学校义务教育课程标准（2016年版）》(简称课标)，"生活适应"板块的"个人卫生"中，低段内容有"学会洗手"，中段内容有"初步养成良好的个人卫生习惯"，同时"洗手"又便于居家练习，因此，根据课标要求和居家特点，笔者选择了"正确洗手"作为学生在线学习内容。

2. 学情分析，寻找教学起点

五年级总共六名学生，虽然同为中重度智力障碍儿童，但是个性化差异很大，为了找到适切的教学起点，笔者从"学生基本情况""言语认知能力""手部运动能力""个性特征""家庭教养方式""学习优势类型""学习潜力"多等方面进行学情分析，如表1所示：

---

① 上海市黄浦区阳光学校　蔡文蓉

表1 6名中重度智力障碍儿童学情分析

姓名	学生基本情况	言语认知能力	手部运动能力	个性特征	家庭教养方式	学习优势类型	学习潜力	教学分组
小A	男，IQ46，孤独症儿童	无自主语言、语言理解力差	手部动作不协调	任性脾气大、常哭闹	溺爱型（日常生活由父母照顾办、过度保护）	视觉型	学生有手部动作能力，家长重视孩子	C组
小B	女，IQ40，患有癫痫和重度糖尿病	能用短句表达，有语言理解力	手部运动无障碍、双手协调性较好	外向活泼、情绪稳定	民主型（重视疾病治疗以及生活自理能力培养）	视觉+听觉	学生的语言、理解和动作能力皆可，有尝试自主学习的潜力	A组
小C	男，IQ60，重度癫痫（近期频发）	（近期）语言障碍、语言理解力差	（近期）肢体僵硬、精细动作受阻	（近期）身心状态暂时稳定	民主型（专注疾病治疗的同时配合学校教育）	视觉+听觉	近期学习能力受限但是家长重视孩子的教育	B组
小D	男，IQ57，孤独症儿童	无自主语言、语言理解力差	手部运动无障碍、双手协调性较好	脾气温顺、情绪稳定	溺爱型（日常生活由老人照顾办）	视觉+触觉	学生有动作模仿能力，父母重视孩子的教育	B组
小E	女，IQ50，自闭倾向	能用短句表达，有语言理解力	手部运动无障碍、双手协调性较好	内向、不擅长沟通交往、情绪稳定	权威型（注重生活自理能力的培养、要求较严格）	视觉+听觉	学生有尝试自主学习并加强语言表达训练的学习潜力	A组
小F	女，IQ30，脑瘫	发音障碍、有一定的语言理解能力	双手僵硬、精细动作受阻	任性、常发脾气	溺爱型（无条件满足孩子的意愿、顺从、满足孩子的意愿）	视觉+听觉	学生有一定的理解能力和手部动作能力，家长重视孩子	C组

通过学情分析发现，五年级学生具备学习潜力，家长愿意接受教育指导。此外，班内学生都不会使用"七步法"洗手。因此，基于课标与学情分析，我以"学会七步洗手法"为教学内容设计学习任务单。

（二）多方位精准辅导，满足特殊学生个性化学习需求

1. 根据记忆能力，分解任务难度

洗手的七个动作要领分别针对掌心、掌背、手指侧缝、手指背部、大拇指、指尖、手腕七个部位，每个洗手动作的手势有不同变化，且每个动作步骤不少于 15 秒或揉搓 5 次。心理学研究表明，正常人的记忆能力是 7±2 个记忆组块，6 名中重度智力落后儿童要在兼顾其他学习任务的同时在一周内按顺序记住七个步骤并按照正确的方法洗手，这一任务显然挑战过大。因此，任务难度需要分解，笔者将学习任务分为两周进行。

2. 根据学习目标，优选教学资源

在逐一寻找、反复比较了多个"七步洗手法"的视频后，笔者选择了人民网视频作为第一周的教学视频资源，一是因为演示的洗手方法科学权威，二是因为画面双角度且信息量大，不但有镜面演示画面，还有自视角度画面，画面配套语音讲解的同时也有关键字提示。

3. 自制教学视频，弥补资源缺陷

针对网络视频资源讲解语速过快、关键字闪现过快、缺少手部特写等使用缺陷，笔者又拍摄并制作了一段"七步洗手法"的讲解演示小视频，特意放慢动作步骤，放缓讲解语速，加强手部特写，作为第二周的视频资源，使学生能以适宜的学习节奏巩固前三步洗手法、掌握后四步洗手法。

4. 设计辅助资源，提供学习支持

提供教学视频的同时，笔者也将七个洗手步骤逐一拍摄了照片，定格手部动作的关键要点，还以文字形式提供了配套的记忆口诀"内外夹攻大力丸"，采用"2 段影像 +7 张照片 +1 段文字"，动态教学资源与静态教学资源相结合，便于在线学习的学生按需选择、按图索骥进行动作模仿和动作记忆。

5. 分类建议，提供家庭教育指导

特殊学生的在线教与学离不开家庭教育指导，因此，我按照三个组别（A组、B组、C组）学生的"最近发展区"分别给予"分类建议"。A组学生建议

操作与讲解结合，即在学会技能的同时实现认知掌握；B 组和 C 组学生建议家长对他们的学习指导采用渐隐法，即从"动作模仿＋语言提示→语言提示→独立操作"，逐步减轻支持力度，最终掌握七步洗手法。

6. 即时指导，开展一对一答疑

在两周时间内，笔者先后收到 6 名学生家长反馈的 14 段洗手小视频作业。通过反复回看，发现 A 组两名女生的视频作业中第四步"弓"和第六步"立"的动作要领不到位，笔者在收到视频作业的当天针对这两步分别进行即时纠错和再次指导："第四步的要点是手指背部，不是指尖，第六步的指尖动作最好是打圈，因为可以增加指尖的接触面积彻底清洁……""需要改进的是第四步，手指弯曲弓起来用另一只手去揉搓，是为了更彻底地清洁手指背部和关节缝隙，与第六步的洗指尖是不一样的，关注细节……"一名 B 组学生和一名C 组学生的视频作业存在动作生硬不熟练和动作细节不到位，笔者给予再次指导："第二步洗手背指缝的时候，左右手要交换进行，不要忽略……学习是循序渐进的过程，欲速则不达，可以慢慢练习不要急着交作业，先不淋湿手把动作练习熟练……"第一时间的精准指导使学生和家长不但"知其然"，更"知其所以然"。

7. 激励评价，催化教育热情

清初教育家颜元曾说过："教子十过，不如奖子一长。"德国教育家第斯多惠认为："教育的艺术不在于传授本领，而在于激励、唤醒、鼓舞。"因此，对于每周的在线教与学，笔者运用激励性评价，基本原则是以学习过程为主要导向，而不是以学习结果为唯一标准，主要方式除了点赞和打分，还特别注重语言评论，比如"小 F 完成得很认真，听到了你用力搓手的声音，在妈妈的语言提示下，动作都做正确了，为你点赞！""小 D 做得很棒，爸爸的语言提示简洁、高效，为你们点赞！""你的动作模仿能力真强，手部精细动作和协调性都是很好的，老师觉得你很有潜力……"及时肯定在线学习过程中可圈可点之处，以此来催化家长的教育热情，也得到了家长们的积极回应。

二、案例成效分析

（一）学生的纵向发展

统计两周后视频作业反馈结果，6 名学生在各自原有的学习基础上都取得

了明显的进步：两名 A 组女生能够独立掌握"七步洗手法"，两名 B 组男生也能半独立完成，一名 C 组女生和一名 C 组男生在家长的语言指导下独立完成前三个动作要领。虽然有两名学生未能在两周内完成全套七步动作，但在视频中，他们情绪愉快，表现出积极的学习状态，学习独立性也有增强。

（二）教育纽带的积极效应

在之后的在线教学中，笔者延续这样的教学方法，又设计了《使用护手霜》《洗脸》《使用面霜》等"洗护系列"的学习任务单。这些学习内容继续得到了家长的支持，尤其是曾经对孩子"全部包办、过度照顾"型的家长，改变了传统观念，积极参与到在线学习中。教师和家长之间形成"制定学习任务单—提供学习资源—提供学习建议—学生学习—家长提供作业反馈—按需再指导—家长再反馈"的教育合作纽带，通过深度合作共同促进学生的发展。

三、反思与展望

（一）优质教学资源的精准供给

在线教与学，需要大量优质的视听类型资源作为支持，这些都需要提前做好准备，作为教师凭一己之力制作完成所有的教学资源几乎是不可能的。除了得益于"国家中小学网络云平台""上海市特教资源库""上海特教在线"网站以及校内教师众筹的"微盘共享资源"等提供的优质教学资源，笔者也尝试自己录制小视频讲解学习要点。在以后的教学中，庞大而系统的优质资源精准供给仍是特殊学生在线学习教学质量最重要的保障之一。

（二）多边互动的"教育朋友圈"的智慧建设

在线教与学以教师形成教育团队，与学生和家长进行线上互动为主，在这样一个"教育朋友圈"中，主要存在着"教师与教师""教师与学生""教师与家长""学生与学生""学生与家长""家长与家长"等六组多边关系，多边互动的"教育朋友圈"的智慧建设既是科学，也是艺术，需要极大的教育智慧。只有妥善处理好这些错综复杂的多边关系，形成良性互动和有效沟通的不断循环，才能提高在线教与学的实效性。

增强实时交互，满足个性需求的在线教学尝试 ^①

增强实时交互，满足个性需求的
在线教学尝试 ^①

▲

2021 年起，上海启动了"教育数字化转型"的实验改革。在这种背景下，全市各级各类学校积极探索教育数字化的新平台、新模式、新评价等建设。结合疫情防控要求，我校也开展了线上教学的实践。传统的学校集体教学以面对面授课为主要形式，与线上教学相比，它十分依赖教师在与学生的近距离接触中，观察、捕捉学生的即时反馈，及时调整教学节奏，攻坚克难地化解学习难点，确保教学效果。即师生之间的即时、无延误的互动和沟通是保证教学质量的前提。另外，小学阶段，学生学习目的性不强，自律性欠缺，学习任务也相对琐碎、细小，这就要依赖教师在学习态度、学习习惯、学习方法上进行近距离的指导和约束。

能够解决上述两个问题的在线教学能基本保证教学质量，我校的数学在线教学基于这两点开展了尝试。下面，笔者从教学五环节展开论述。

一、课前备课

上海教育部门完成了全套数学教材教学内容的录制，每个课时 20 分钟，分享在指定平台。这些课都是由一线教学经验丰富的专家精心设计，集体备课形成，授课过程层次清晰，环节流畅，授课教师用语规范，总结到位，是不可多得的示范教学课程。

---

① 上海市黄浦区曹光彪小学　滕晓娟

但是，我们依然要站在自己班级学生的角度考虑这20分钟的课程和学生的"贴合度"。录播课程目标受众是全市学生，教学的起点是全市同年级学生对于所教知识点的基本认知，教学的目标也是确保学生掌握基本知识点。不可否认：不同区、不同校甚至不同班级，学生都存在差异，同样的课有学生"吃太撑"，有的学生却"吃不饱"；平时35分钟的课能"浓缩"至20分钟，其前提是教学过程按照预设毫无障碍地实施，包括回答问题的学生能准确揣测教者意图，精准回答。这样理想的教学过程是不是学生实际的学习过程？通常教学预设在课堂实施时都会受到挑战，优秀的教师往往都是在处理课堂生成上能够贴合学生的思维，进行引导。在预设与学生实际冲突之处，在难点尚未化解之前，适时等待、及时调整、哪怕话语的重复都是学习能够真正发生的关键。录播课由不同区的专家团队指导录制，每个团队负责一个单元，教师表述用语、分析方法，也存在不小的差异。新的数学知识点都是生长、对接在旧的知识基础上，当授课老师的语言体系与学生学校教师有不同，学生会一时找不到建构新知识的逻辑起点，就会给概念的构建和深化带来困难。

基于以上分析，我们采取"20+20"在线教学模式，前20分钟观看空中课堂，后20分钟对本班学生进行补充直播授课。为有效解决上述矛盾，教师要提前一天观看空中课堂的授课内容，了解教学过程和教师用语习惯，思考如何在第二天的直播中与自己教学体系对接。与此同时，及时预测学生观看空中课堂时会遇到的困难，有针对性地设计预习单，发布在教学群中，敦促学生事先熟悉后一天的学习内容，带着思考、疑问去听课，提高听课效率。

二、直播授课

后20分钟如何确保直播教学质量？我们也经历了曲折的摸索过程，最后总结了一套操作流程。

（一）约定线上授课规则

为保证直播课效率，必须事先约定线上上课纪律。如：准时进直播间报到，不拖拉。直播结束，通过自动生成的数据了解学生参与直播的时间，对晚进、早退者，电话询问原因，杜绝因远距离而导致的学习懈怠。

为营造逼真的课堂授课气氛，教师坚持采用"露脸"模式进行直播。当教师目视镜头时，学生会觉得教师正注视着自己，形成被关注、被期待的暗示，可远程帮助学生端正学习态度。

线下课堂，师生之间提问与回答是最有效的互动；线上则可以"连麦"回答问题，师生都可以听到回答内容，效果类似线下课堂，但是受限于网络传输条件，大多数"连麦"都需要等待较长时间。为提高课堂效率，我们尽量在易错处设置客观题，约定输入"1"表示肯定，"0"表示否定，这样学生可以在留言区迅速给出答案，节省反馈时间。

（二）改进授课方式

最初，我们直播是梳理知识结构，解析作业难点，制作成 PPT，第二天共享 PPT，向学生逐页讲解。一段时间后，我们发现这种方式最大的缺点是：整个过程预先设定，单向输出，学生参与度如何无法掌控，更不要说及时根据学生反馈调整教学。也就是本文开始提及的两点均无法兼顾。

后来，我们通过跨区域交流、学习，摸索出了应变灵活、互动及时的授课方式：有教师采用双手机配合模式，一个录制书写过程，另一个监测直播实况；有的是外接书写板，实时直播书写内容。笔者采用的方式是电脑外接便携式投影仪，一边书写，一边讲解，同时关注"留言区"学生的实时反馈，再辅以适度"连麦"，掌握学生的学习情况，并根据反馈、及时调整教学。无论哪种方式，我们都在确保即时互动上下足了功夫。

（三）统整内容，优化直播流程

空中课堂完成了知识新授，而数学概念的建立、技能的形成离不开适量练习。起初，我们设定后 20 分钟的直播主要任务是解析作业难题。试行后，我们发现学生的困难始于对于空中课堂所授内容的"消化不良"。原因有上文提及的用语体系的差异，更有空中课堂教学节奏紧凑，有学生来不及思考、练习，或是无人督促，学生拒绝思考，消极等待答案……找到症结，我们优化了后 20 分钟的直播流程，并使之模块化，在数学组推广，如表 1 所示。

表1 曹光彪小学后20分钟数学直播课模块设计说明

	内　容	目　的	用　时
模块一	梳理、总结空中课堂的教学知识点	在学生旧有的知识框架内，用学生熟悉的语言体系重构授课内容，或是解释，或是拓展，对空中课堂进行本班化改造，巩固、内化对新知的理解	8分钟
模块二	练习讲解： 1. 空中课堂中综合习题讲解 2. 练习册部分配套习题讲解 3. 适应木班学习水平的拓展补充习题讲解	1. 受时长限制，空中课堂中较复杂的综合问题，预留的思考、练习时间不充裕，直播时再次点击问题解决的关键之处，提炼方法，促进消化 2. 预见学生解决练习册中综合问题会遇到困难，提前予以分析提示，降低作业难度 3. 补充匹配本班学习水平的拓展题，拓展学生解决问题思路，积累解题经验，提升能力	12分钟

（四）总结记录，形成教学日志

我们对每天授课内容进行总结，比对自身与空中课堂的授课差异，反思利弊，并以教学日志的方式留存。表2是五年级第二学期几何单元"长正方体展开图"的工作日志。

表2 曹光彪小学教师在线教学工作日志

日　期	学　科	班　级	教　师
5月6日	数学	五（4）班	

课题	授课教师
长正方体的展开图（2）	

课前学生预习要求

思考：1. 为什么长方体的展开图有不同的形状？
　　　2. 与正方体的展开图相比，长方体展开图有什么不同之处？

重点、难点及微课主要学习过程

1. 动画演示长方体剪开过程
（1）演示剪长方体的动态过程
（2）揭示展开图定义
（3）学生尝试剪长方体
2. 初识展开图
理解说明：剪开的方式不同，展开图不同
（1）旋转、翻折相同的展开图
（2）想象复原长方体

3. 探究展开图特征 展开图有 6 个长方形，有 3 组相对的面 4. 判断展开图 有 3 组相对面的不一定是长方体展开图 用空间想象完成教材练习 5. 在长方体展开图上标长、宽和高的数值 6. 根据展开图的长度数值判断长、宽和高
在线师生互动主要内容
1. 课堂内容消化 2. 完成练习册
在线教学反思
教师在授课过程中充分利用动画展示折叠过程，形象可视，联结了平面和立体的样态，对培养学生空间想象力有辅助作用，非常值得学习 如果在解决立体图形问题中能够渗透"化立体为平面"的思想方法就更好了。即在直观演示后，抽象出平面想象的方法，比如：判断类型、转化类型、找对应的面均可

三、作业布置和批改

作业布置方面我们利用平台提供的"家校本"功能直接推送给学生作业内容，教师实时查看学生接收作业的情况。若学生未及时接受，则采取电话或私信提醒。

学生完成作业后拍照上传，教师即能看到学生的书面作业。借助在线批阅功能，可以实现定点圈化、判定对错、具体指正的操作。批阅好的作业又以图片形式反馈给学生。

作业评价方面，教师或录制语音，或输入文字，点评作业，也可以等第制评选出优秀作业，表彰书写态度端正、方法巧妙的学生。优秀作业会被分享给所有学生，营造生生间互相借鉴学习的氛围。作业发生严重错误的，教师可以启用"打还订正"功能，学生根据提示订正后再提交。这就替代了线下教学中面批的作用。

四、课外辅导

在线教学中，学习效果最受影响的是"后进生"。他们学习基础薄弱，理

解接受慢，完成作业难度大。线下教学中可以通过教师面对面指导、督促等个性化辅导进行弥补。在线教学的远程距离使这一切无法实现，因此这部分学生的学习障碍会更大。

针对这种情况，我们把全年级上述学生组成一个线上教学班，每周固定时间给这些学生加课。年级教研组通过线上研讨汇总高频错题，分析原因，并有针对性地设计授课讲义，以夯实基本概念和基本技能。最后由教研组的教师轮流执教。这种有针对性的线上补课，不仅受到了学生的欢迎，也解除了家长担心学生跟不上空中课堂的教学节奏的担忧。

五、学业成果的检查和评定

学业测评是教学工作不可缺少的重要环节，既是诊断学生学习情况和教师教学效果的重要手段，也是教师后续调整教学的依据。除此之外，我们还有一个目标，就是初步探索出能够完整实施教学五环节的在线教学模式。

经过半学期的在线教学，我们尝试组织了一次线上测评。测评形式、目标内容、细节设定都通过数学组的线上教研活动进行商讨确定。

（一）提前公布测评范围，引导学生自主复习

在线学习对师生而言都是全新的尝试，所以命题形式也必须做相应的改进。教师事先告知学生测试范围，并在测评内容中增加空中课堂的原题，引导学生通过回看视频，有针对性地复习，培养自主学习能力。

（二）采用线上会议方式，实时监控

正式答题测试采用"钉钉会议"模式，约定统一测试时间，学生准时进入线上会议室，打开摄像头对准答题中的自己，教师可以远程、实时观察学生答题状态。

（三）定时提交，批阅反馈

完成测评，学生拍照上传给教师，并申请退出"会议室"。教师收到学生答卷，批阅反馈给学生。

（四）线上讲评，全面评价

在线讲评中除了对试题进行分析，还要对在线学习态度、习惯作出评价。教师利用网络资料留存功能，将学生平时完成作业的情况跟测评成绩建立联系，使学生直观感受到学习态度、习惯对学习效果的影响，端正态度。

以上是我们一边摸索一边总结的初步经验，诸多之处值得商榷、探讨。未来已来，转型、探索、改进、完善的数字化教育改革必将持续发生在教育教学中。

以微视频实现精准辅导
提高在线教学效果的实践研究 ①

▲

随着时代的发展，信息技术的不断迭代更新对传统教学互动模式提出了新的要求。在线教学，这种依托于互联网的新型教学模式无疑给习惯于传统课堂教学的教师带来了不小的冲击与挑战。

将教学与现代技术相结合是适应新时代发展的一种体现，在线教学也因而成为教育革新进程中的一大趋势。但在线教学容易受限于时间和空间，这对于教师如何辅导学生完成相关练习来说无疑是一个亟待解决的难题。我校数学教研组在探索中开始尝试制作系列微视频"互动小课堂"，根据教学进度定时推送给学生，有效解决这一问题的同时，也希望以此能切实提高在线教学的质量。

一、在线教学中微视频设计与应用策略

空中课堂解决了学生居家学习新授内容的问题，但课后的复习巩固部分，特别是师生间的答疑解惑环节却因为时间及空间的限制受到了影响。教研组在经过专题教研后决定针对实际教学内容制作"互动小课堂"系列微视频，针对在线教学的课前、课中和课后对学生进行个性化的精准辅导。"互动小课堂"涉及的内容涵盖课前预习、课中基于学情分析后的习题讲解互动和课后提升学生学习能力的拓展板块。

关于微视频内容的选择，如果单凭教师的经验教学来考量显然是不全面且

---

① 上海市黄浦区蓬莱路第二小学　赵　英

不科学的，我们主要通过以下两条路径来确定合适的主题：第一，基于诊断数据分析的精准辅导，即学生在相关平台完成的课后练习所产生的数据；第二，基于学情分析的精准辅导，即教学内容中重点与难点知识。

"互动小课堂"的出现既解决了课后练习的辅导，也可以帮助学生完成对教学内容的预习与复习。例如，教师将重点知识录制成视频后，学生可借助碎片化时间观看视频预习新的授课内容，而在课后复习中遇到的困惑，他们也可以根据视频内容进行二次回顾。

二、以微视频实现精准辅导在小学数学在线教学中的运用

（一）基于诊断数据分析的微视频精准辅导

通过采集学习过程动态化数据以及大数据智能分析，我们对相关教学策略进行及时的调整，制订适合学生自主学习的资料及方法，实现以数据智能驱动设计、制作精准辅导化的微视频。

例如，三年级第一学期第二单元中，关于"用一位数乘"中的"互动小课堂"——《乘整十数、整百数》的微视频内容选择便是通过分析学生知识薄弱环节（如图1所示），充分挖掘班级共同存在的问题，梳理成为高频错题、易错题集。教师可针对数据显示的高频错题、易错题进行有效分类与整合，及时分析造成高频错题的原因，提炼错题中的知识点，制作相关的微视频进行精准辅导。同时教师也能以此为基础，针对性地设计变式练习，从而提高作业布置的有效性。

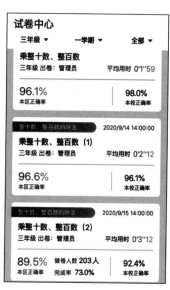

图1 相关学习平台学生练习后的反馈数据

（二）基于学情分析的微视频精准辅导

这一部分主要从课前、课中及课后三个维度切入做相应增补。

1. 课前微视频

以《小练习》这一课时为例，该课是学生初步学习用两位数乘与除后的一堂计算综合练习课，其中所涉及的知识点较多。基于这一情况，微视频通过思

维导图形式在课前环节帮助学生梳理了乘与除的知识点，把"数与运算"板块的相关知识、算理包含在两个主要知识点内，选用本单元新学的"速度、时间和路程"这一数量关系，将其嵌套在一个主题情景中，引导学生解决问题，掌握知识点。

2. 课中微视频

以《两位数乘三位数（4）》为例，学生在上一课时已经掌握有关两位数乘的认知经验，也初步学习了速度、时间、路程的相应知识点，但在实际解决问题时，当面临需要综合运用这两个知识并进行单位换算时，不少学生仍存在困难。结合课后作业练习册综合应用题，我们利用微视频对遇到需要单位换算的问题进行详细讲解，帮助学生突破难点。

3. 课后微视频

以《两位数除多位数（2）》为例，课后练习题直接填空的形式容易限制学生的思考，缺少解决问题的支架。于是我们在微视频中加入重新设计的变式题，以一题多变的形式帮助学生在掌握基本知识点的前提下进行拓展和提升。

同样地，以三年级第二学期第二单元《乘与除》为例，针对一个单元的内容，我们共录制了30余个精准辅导的互动小课堂，内容基本集中于课后板块，在讲解习题的基础上加入了思维拓展环节。

这种通过学情分析来精准定位学生知识短板的精准辅导，能让教师通过分析各个知识点之间的关联和差异，精准、快速地找到前一阶段学生的知识薄弱点，从其知识掌握程度来帮助教师反思前期教学中的不足，并能有针对性地制订后期的调整优化方案，帮助学生更好掌握知识点的同时也助力教师自我反思能力的提升。

三、微视频精准辅导应用于小学数学在线教学后的收获

为了体现在线教学中的个性化精准辅导，我校数学组在实践探索中选择微视频作为呈现的载体。微视频这种教学载体的运用需要教师在充分了解学生的相关学情基础上，进行全面、深入乃至精准的研究。看似短短几分钟的辅导微视频，其实是课堂教学的有效延伸，是一次线上的公开教学辅导。系列微视频的产生源自教研组反复的思考，需要教师在实践中完成对学生有针对性的辅导。而这些微视频更为不同层次学生的学习需求提供了个性化的帮助，从而有

效提高了在线课堂教学的质量。

（一）突破教学时空限制，凸显辅导精准性

由于线上教学的特殊性，虽然师生无法面对面沟通，但是通过微视频这一载体，教师依旧可以实现对易错点的讲解及个性化的辅导。教师根据学生不同的需求，在线推送不同内容的微视频给学生，既可以帮助有困难的学生理解错题，提升他们对相关知识的理解；也可以体现教学分层，让有需要的学生在课后能根据自己学习的薄弱点自主学习，大大提高了学习效率。

微视频对于学生而言，可以拓宽学习的时间和空间，让他们在课后仍然能得到教师的专业辅导；同时微视频中讲解的内容针对性强，能有效实现答疑解惑的作用。对教师而言，这也是一次自我提升的机会。在录制前期教师先要通过教研活动精准地分析教材、预估学生可能存在的难点或在完成练习时会遇到的困难，然后设计简明扼要的语言来配合多媒体课件的演示进行录制。

在微视频制作的整个过程中，教师需要：（1）精准化定位教学目标。依据数据分析，重新审视高频易错题及薄弱知识点的教学过程，并对这部分内容的教学目标进行精准化定位，利用数据进行有效分解，并实现量化，使知识点得到巩固。（2）精准化融入练习内容。确定精准化教学目标，并在课中和课后针对知识薄弱点有意识地巩固练习。（3）精准化实施个性化辅导。对于不同层次的学生，推送相关微视频、拓展练习等个性化学习资源，指导其自主学习，作为前期或后期的学习补充，帮助学生学会巩固认知经验，发展数学学科思维，提升学科素养。

系列微视频的研制促使教师利用数据、运用数据，实现精准化教研和教学，让我们所习惯的"基于经验的教研"走出了向"基于事实和数据的教研"转变的关键一步。

（二）体现教研研讨价值，提升教学有效性

以数据呈现为教研的抓手。通过日常作业和测试反馈所收集的有效数据，教研组需要根据相关教学的分析结果来筛选、决定哪些内容适合制作成微视频，而选定的内容如何呈现就自然生成为教研的主题。这改变了传统教研模式，优化了教研的形式，也让教研更加充满创新与活力。数据，成为教研分析的重要抓手，为实现精准化教与学提供了扎实的基础。

　　以教学反思为教研的内驱。微视频的制作要求教师能根据教研重点问题、基于数据，对自身教学行为先进行反思，如，个人的教学设计是否符合学生实际、教学行为是否符合学生认知、教学效果是否达到预期教学目标等。教师通过反思学会批判和审视，做出理性的判断、思考和选择，把自己的潜能激发出来，从而改进教学方法。这样的教研活动有利于每位教师在思维碰撞中提升自我，在教学改进中提升自己的教学能力；通过数据发现教学过程中的问题，从而助推教师反思自己的教学设计，基于数据分析寻找解决问题的路径，这也提升了教研的实效性。

　　每一个微视频的设计和制作都让我们在解析数据和分析学情后能及时反思教学过程中的不足，不断提高自身对教材解读的能力以及对教学策略的运用能力，从而真正实现通过微视频对学生进行精准辅导。

　　在线教学中的互动小课堂，作为疫情影响下的新生事物，在应用过程中还存在较多的不足，在日常使用中还有待通过教研不断优化。这些视频也将延续到线下教学中使用，充分发挥互联网＋教学的优势，进而促进教学质量的提升。以在线课堂为主，以微视频作为预习与复习的辅助手段，二者的紧密结合有效推动了小学数学在线教学的开展，切实体现精准辅导的作用，真正助力学生数学核心素养的稳步提升。

"Gap Lesson" 无缝衔接小学低年级数学在线教学的初探 [①]

▲

近年来，上海市努力推进基础教育信息化工作，形成了较好的研究与实践应用基础，其中就包括数字教材的应用。特别是疫情防控期间，中小学空中课堂教学视频的录播以及配套资源体系的建设，有效地助力课堂教学的深化改革和方式转型。面对数学教学模式的转变，学生对教师的课后指导需求更为迫切，受制于时间、空间的双重限制，教师面临新的困惑：如何保持学生的学习热情？如何在线给予学生课后学习指导？如何提供适宜的即时性学习指导？这些困惑需要师生们不断地实践与尝试，共同探索让信息有效赋能于在线教学的策略与方法。

为了解决线上资源与线下接收存在衔接间隙的问题，笔者尝试根据低年级学生年龄特点为其提供空中课堂之后的学习支撑、帮助和指导，以此填补在线学习的"间隙"。在达成巩固知识目标的基础上，笔者希望能更多地激发学生的自主学习兴趣，并在教学中提升其数学素养。经过几轮实践后，笔者逐步梳理、归纳形成了适宜的策略，并尝试以"Gap Lesson"这样一个组合名词来表示："Gap"意指"间隙、空缺"，"Lesson"意指"课"，而"Gap Lesson"则意为"填补间隙的课"。

一、"Gap Lesson"的初尝试——在线学习资源共分享

（一）课堂困惑——习题处的留白

空中课堂开始以后，笔者在晓黑板上批改作业时发现线上已讲解的习题有

---

① 上海市黄浦区海华小学　沈珠丽

271

约50%的学生完成度并不高，这引起了笔者的关注。

在个别询问学生后得知，是课时太短的问题造成习题的漏做和对知识点的不解。细细想来，空中课堂的授课包含了引入、新授、练习、作业布置等诸多教学环节，对于相当一部分学生来说，识记、理解重点内容及巩固练习的时间不充分，最终导致课堂作业的反馈情况差强人意。

（二）见"字"如面——"云"笔记共享

实践过程中，笔者发现线上教学和线下辅导存在着明显的"间隙"。在空中课堂的学习中，特别是新授课后，低年级学生往往需要线下教师的帮助与辅导才能完全地掌握新的知识点。那么，在缺失面对面的课后互动的情况下，我们又该如何弥补这些"间隙"呢？

笔者尝试以听课笔记的形式，对重点难点、课堂小结以及有条理性的思维提示进行记录，并将其和课内练习的解题过程一起以图片形式发布在晓黑板讨论组中，鼓励学生自主学习。学生们无须再大费周折地回放视频，而是能借助清晰、易懂的在线笔记理解较难的解题思路或识记新教的解题格式，解决教学重难点的同时也在无形中促进了学生边听边思、边思边记的学习习惯的养成。

二、"Gap Lesson"的再调整——微视频在线答疑

（一）学生的困惑：学习中的质疑

在一次个别辅导中，有学生提问为什么要学习估算？笔者告诉学生可以通过估算进行初步的验算，实现验算的"预检"，还可以在买物品的时候先估一估价钱，进行买前"评估"，然后实现合理购买。

"估算"确实是比较复杂的思维过程，特别对于低年级学生来说存在着一定的理解难度。如何帮助学生更好地理解"估算"这个概念需要笔者的重点思考。首先，笔者尝试查阅了教参和相关资料，理解了估算的重要意义：估算能力的提高首先可以发展个体信息获取和处理与利用的能力；其次，在日常生活中，估算能帮助我们较快地作出某种策略或行为的抉择；最后，估算还有助于学生对数学问题解决策略的形成。在此基础上，笔者将相关的笔记、要点制作成又一期"Gap Lesson"分享给学生，鼓励大家共同探讨对"估算"的理解。

（二）"声"临其境——短视频输出学习资源

根据皮亚杰认知发展阶段的特征，儿童心理发展水平从一个阶段进入下一个阶段，逐步达到最高水平，是一个连续构造的过程。因此如果连续的知识点之间有"间隙"，知识点之间没有建立牢固的连接，那么对于数学学习的负面影响是比较大的。而学生在此过程中产生的质疑实际也是他们开始自主学习的最佳证明，教师应该抓住这类自然生成的兴趣点，以此为主题设计"Gap Lesson"，帮助学生填补知识点之间尚存在的"间隙"。

第一阶段以分享笔记和解题要点学习资源为主打的"Gap Lesson"受到了学生的欢迎，这给予了笔者极大的动力。而在线课堂中关于"估算"的小小质疑也促使笔者开始思考如何调整"Gap Lesson"的呈现方式，是否能以互动教学短视频的形式帮助学生全面厘清困惑，从而调动其自主学习的积极性？

录制的侧重点也始终在进行调整，除再次强调新授内容外，笔者也会根据学生的实际需求对练习册上的易错点展开重点分析。比如，如"用9、8、7三张数字卡片可以组成几个三位数"此类题型，若仅给学生提供答案，相信还是会有部分学生"不知其所以然"，无法完全理解解题的思路。因此，笔者会将求解过程加入其中，利用实物演示不重复、不遗漏的枚举方式，帮助学生最直观地掌握方法。

短视频的加入推动着"Gap Lesson"的持续进阶，无论是学习中存在的共性问题、前后知识之间的迁移，还是学习拓展内容、知识点复习等内容都得到了系统化升级。先制作课件，再用录屏的方式形成小视频，既可以帮助学生梳理重难点，还可以把易错题型进行归纳和再讲解，重点知识在此过程中得到反复巩固，促成学生形成相关的数学认知结构。

三、"Gap Lesson"的新进阶——微课模式初探索

在空中课堂开始一段时间之后，学期进入了常规复习阶段，新授课暂告一段落。基于教研组会议精神，契合一、二年级少课堂互动的特点以及低年级学生对于互动应用软件操作的掌握程度，一、二年级教研组尝试探索制作复习类微课。

经过前两个阶段的积累，笔者收集了一定的复习资源，对学生的在线学习

情况也有了基础的了解，对于视频制作和录制更是具备了必要的经验。

笔者仿照空中课堂的形式初步尝试进行微课制作，并在教研组进行分享，共同分析、研讨微课的操作可行性、教学的高效性、学生的接受度等。组内教师提出了不少建设性的意见，为微课的优化打开了思路，最终实现了自主研发的微课和学生"云端相见"。

四、线上教学，且行且思

（一）"Gap Lesson"推动主动学习力的养成

"Gap Lesson"始终以问题为驱动，从学生提出的问题和教师发现的问题出发（见图1），对基础知识进行梳理，大幅度增加了学生自主学习的时间。对能力较弱的学生，"Gap Lesson"中的共享笔记可帮助其梳理、巩固新授知识点，将单元知识进行自我整合；而对能力较强的学生来说，通过"Gap Lesson"中的短视频讲解部分可以掌握更多的解题策略，完成对新授知识的进一步拓展。微课的加入更适宜于对全体学生进行完整的学习指导，"Gap Lesson"则偏重自主学习，学生可以根据需求选择相应的主题，同时"Gap Lesson"也为师生一对一的个别辅导提供了有力的素材积累。

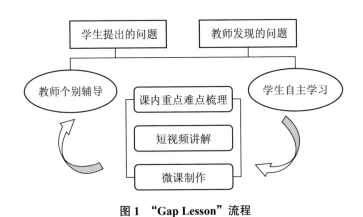

图1 "Gap Lesson"流程

（二）"Gap Lesson"助力教师角色的转变

在经过几轮实践后，笔者在教研组内分享了"Gap Lesson"，填补了线上教学的"间隙"，根据学生的需求给予远程帮助，鼓励学生尝试自主学习。

对于教师而言，个人的角色也在"Gap Lesson"中悄然转变。教师不再仅仅是课堂教学的实施者，也成了学生自主学习的参与者。在探索如何调动学生学习主动性的过程中，促进了学习方式由单向传递往多向传递的转变。

（三）"Gap Lesson"渗透核心素养的发展

中国学生发展核心素养课题组提出中国学生发展核心素养以"全面发展的人"为核心，而"学会学习"是六大核心素养之一，不仅仅是学会知识、技能、策略和价值观等，更值得一提的是："'学会学习'是一种学习上的追求和坚持，是一种从个体和团体两个层面高效地管理时间和信息而组织自我学习的能力；动机和信心在个体能力形成和发展中起至关重要的作用。"[1]

"Gap Lesson"不只是多种教学辅助形式的组合，它具备现代教育技术的特征，强调的是鼓励学生根据教师提供的多元资源主动学习，这十分有助于促进学生"学会学习"的核心素养的发展，为其终身学习奠定良好基础。

五、"Gap Lesson"打造课堂"Plus"

空中课堂实施期间，在低年级学生缺乏课后互动的情况下，教师积极调动身边资源，运用教学智慧在点滴中填补教与学之间的"Gap"（间隙）。在"Gap Lesson"中教师分享多维学习方法、多元学习资源，这种远程性传递增添了新鲜感和趣味性，也唤醒了学生的学习主观能动性。线下教学恢复以后，空中课堂还在继续，线上的课程已经成为中小学生复习巩固课堂知识的最佳辅助。显然，线上教学也有着自身特别的优势，如何利用这种优势真正实现"双线混融"课堂，让笔者陷入了新的思考。

（一）作业评价从"课上"到"线上"

对于低年级学生来说，在没有书面作业的要求下，教师的口头作业时常存在难以检测、流于形式的问题；同时，由于课上对学生的评价时间有限，学生的学和教师的教之间仍然存在"间隙"。结合前期的多种尝试，低年级教师可

---

[1] 贾绪计，王泉泉，林崇德."学会学习"素养的内涵与评价 [J].北京师范大学学报（社会科学版）.2018（1）.

以将口头作业的示范以视频的方式推送至晓黑板，使学生明确要求。此外，如果学生在完成口头作业的过程中出现困难，教师可鼓励学生将录制自己的口头作业视频或音频推送给教师进行一对一指导。在教育数字化的进程中，学生们已经可以实现在电子设备上将学校的"作业"以"作品"形式呈现，把展示的空间从"墙上"迁移到"线上"。

（二）镜头从"教师"到"学生"

新一代信息技术与教育的加速融合为学校教育教学的发展提供了新的可能性。比如，低年级学生口头作业的"可视化"呈现，完全可以作为一种教学资源呈现在线上教学中，替代空中课堂学生自问自答的模式，充分提升课堂中师生互动和生生互动的作用。同样的，"Gap Lesson"也不仅仅是教师的个别辅导和示范操作，也可以是学生主导的互动，关于教与学的一切都能够在线上发生。

"Gap Lesson"作为日常教学的一种助力，还可作为应对突发情况的教学助手，课堂中产生的一系列教学痕迹完整地保留在了线上。对于学生而言，线上教学的不断升级让课堂不再局限于教室，它可以是各类能够学习的场所；而对于教师而言，线上课堂更凸显个性化辅导，巧妙地保护学生的好奇心，鼓励他们一起探索知识的多种可能，也尽力在这有限的时空中努力帮助学生追寻与勾勒更好的"我"。

线上赋能，助推数字化教学起航^①

────────────────── ▲ ──────────────────

　　"失之东隅，收之桑榆"，疫情带来诸多不便的同时，线上教学对线下教学产生的助力和推进也是有目共睹的。其中，空中课堂已然成为一线教师的重要教学资源之一。经历过线上教学后，我们不禁回顾和发问：已有的线上资源会对现有的教学工作产生怎样的影响？现行的线上与线下的教学又是如何有机融合的？

　　为了更清晰地了解基层学校及一线教师开展空中课堂的具体情况，并从教研层面为此项工作提供保障，黄浦区小学数学学科教研室对区内31所小学的数学教师进行了全样本的问卷调查和代表性的走访调研。此次调查面向黄浦区325位小学数学教师，发放问卷325份，回收问卷325份。100%的回收率从一个侧面反映出一线小学数学教师们对在线教学工作的重视和投入，而我们也将基于调查及调研内容思考传统教学数字化转型后的发展与方向。

一、空中课堂为传统教学保驾护航

　　空中课堂是在线教学的主阵地，基层学校和一线教师是"在线教学"的前沿保障，两者相辅相成。问卷呈现了学校和教师开展空中课堂的线上教学情况，从教学目标、教学设计、教学效果、收看率等角度进行了调查。

　　98.2%的教师对空中课堂的教学质量、教学效果给予高度认可，98.47%的班级空中课堂的收看率超过90%。教师的高度评价、学生的按时观看，都反映出基础的在线教学收获了教的思考、学的兴趣。

────────────

① 上海市黄浦区教育学院　俞　靖　章颖莹

在恢复正常教学后，对教师进行个别访谈，同样反馈出空中课堂作为线上资源的意义和价值。很多教师表示这是一次难得的、珍贵的听课机会，教师们这样说："只要有时间，我会多看几遍，回放功能让我能够逐字逐句地回听教学细节，比如关键的小结语、回答中的完整表述、教师严谨思维的呈现、媒体设计中的巧思。""我会更关注空中课堂的四个小伙伴用怎样的语句表达自己的想法，自己以后该照着怎样的标准去训练学生的表达能力。"教研组这样说："我们学校以教研组为单位，各年级各学科分头把这些课都录下来，在校内建一个资源库，在日后的教学中不断研讨、学习。"空中课堂的初衷是为了学生"安全地学"，而它的优质、巧思触动了一线教师敏感的神经，为"智慧地教"保驾护航！

二、信息技术为师生互动添砖加瓦

空中课堂只是在线教学的一个资源，而基层学校和一线教师则是有效乃至高效教学的"智库"。因为学校和教师的巧思、巧做，充分开发更多的信息技术，让传统教学向数字化转型不断迈进。

在空中课堂实施期间，不同年级的教师根据学生的年龄特点，进行多样态的反馈。比如，根据市教委要求，考虑低年级学生的年龄特点，教师们有诸如此类的思考："考虑学生年龄小，我们根据学生学习中的易错点，录制好微视频挂在互动帖内，供有需要的学生使用。""低年级学生的学习更需要家长协助，但是家长上班忙碌，我们就思考通过上传一些针对性的分层练习，让学生有选择地自我提高，我们做好后续的分析、保障工作。"当低年级教师在思考换一种方式互动时，中高年级教师则在作业反馈上"做文章"。作业反馈作为数学学习成果检验的一个重要指标，325位教师根据学校要求，采取了不同的批改作业的方式。全区325位小学数学教师平均每人执教2.1个班级，而线上批改作业的量和难度都远远高于线下，仅从全区每位教师平均批改作业的时间看，每位教师每天改作业所需的时间多达2.8小时。面对"强工作量"，教师并不会因此有丝毫懈怠，反而在借助多种网络软件批改作业的过程中，注重形式上的多元融合，诸如：辅以语音讲解、留言讲解、点赞表扬，以及一对一私信、视频讲解、个别辅导、特色化作业等形式，将作业变成学习辅导的依托，保障学生学得巩固、扎实，进而保证线上教学不放松、有质量。

不仅如此，各个学校还纷纷开展了多媒体信息支撑下的师生互动研讨，所使用的信息媒介不但有钉钉、腾讯、晓黑板等软件，还包括根据自身需求选择的多样化的信息平台，如微信、一起学、校宝、哔哩哔哩等软件。综合运用的在线平台，为学生的学和教师的教提供了必要的技术保障。问卷反馈全区有88%的教师在直播教学结束后进行思考互动，互动形式丰富多彩：师生问答、直播教学、微视频讲解、私聊答疑、文字图片的互动，等等。每种互动形式根据不同的班情、学情充分发挥着自身优势：书面练习检验学生的直播课学习成果，语音互动注重学生完整的数学表达，直播讲解有重点地查漏补缺，微视频呈现的是对教学难点的再解读。教师的投入激发学生学习的内驱力，81.12%的班级互动率超过90%。

通过调研数据可以看到师生对在线平台的运用逐渐趋于熟练，那回归传统课堂后，这些平台又将起到什么作用呢？通过调研发现，教师考虑将疫情期间的习得与收获运用于课后的思考与互动。这些互动不仅形式多样，在互动内容上，教师也进行了全面的考量，比如：怎样用更多元的互动形式吸引学生；如何开展互动更能夯实教学目标，突破重难点；如何在一对多的互动中也体现个别化辅导，让互动更有针对性；以及怎样的操作能尽量减轻家长负担，提升网络互助学习能力。

用心用情的教师感受到在线平台突破了时间和空间的限制，在充分考虑学生接受能力的前提下，通过有声有色、形式多样、内容丰富、层级清晰的互动，针对不同学生的不同问题，指导学生有序地进行针对性的思考、讨论，对学习内容有针对性地进行查漏补缺、线上巩固。除此之外，智慧的教师将更多的互动平台移植到线下，将线上线下有机融合，让信息技术为师生间的互动添砖加瓦。

三、数字智慧为集体教研诊断把脉

任何教学的发生都不是教师个体的单兵作战，在市教委的统领和区教研室的指导下，学校作为教学发生的主阵地，教研组团队充分发挥着坚实的保障作用。

以上外—黄浦外国语小学为例，在空中课堂实施之初，学校就成立了在线备课组，每组都由一个骨干教师或资深教师任组长，编制固定的教研表，教研

活动做到定时、定方式、定内容，如表1所示。

表1　上外—黄浦外国语小学教研工作安排表

教研（备课）组	组员人数	教研活动选用平台名称	每周教研活动时间段
一年级数学	3	微信视频	周五上午 10:45—11:45
二年级数学	3	微信视频	周五上午 10:45—11:45
三年级数学	3	微信视频	周五下午 1:30—2:30
四年级数学	3	微信视频	周五下午 1:00—2:00
五年级数学	3	微信视频	周五下午 2:00—3:00

　　教研组选用微信视频作为教研平台，由教研组成员共同商议，固定每周五一个时间段，就以下内容进行经验分享、反思反馈、交流讨论：空中课堂的听课感受，作业和互动中的问题，下周教学内容、教学重难点、研讨突破方法，下周的作业、互动内容（三四五年级尽量做到每节课都有互动讨论内容），练习册中题目完成情况的预判，视频文本细节，具体工作落实等。并商定具体的解决方法。教研工作保证每周一次，落实细节，并将讨论结果以教研活动记录的形式上报教导处。

　　热火朝天的教研开展经常超时，有时针对一位教师遇到的问题，群里就开始一番激烈的讨论。资深教师分享教学中的重难点和易错点，年轻教师提供线上教学平台的技术支持，互相学习，共同进步。

　　面对在线教学这一突如其来的新事物，各个学校充分发挥教研组团队力量，在群策群力中分享智慧，提高工作质量，减轻教师、学生、家长面对新事物的焦虑和负担。而这样的教研状态也延续到复课后的教研活动中。

　　这些教研组的智慧在区级层面汇集成黄浦区小学数学骨干研修组团队线上教学研修活动的主题"相聚空中线上，优化数学教学"，并进行展示交流。同时，借助区级教研平台可以看到各个学校的在线教研已初具规模：有的学校从激发学生学习积极性、紧抓习惯培养、作业前的视频指导到作业后的答疑反馈等架构全方位的线上教学流程；有的学校针对如何整合疫情时期线上教学优质教学资源，进行再开发再利用，为复课后继续发挥线上教学的优势、拓展线下面授与线上互动的优势互补、将线上线下更好地融合，提出了研究思路；有的学校采用双路径研究机制，协同团队的在线教研与教师个人的教学实施，依托单元目标细化、单元练习设计等大框架，有力地保障了在线课时教学目标的达成；有的学校结合居家学习的特点，创意设计家庭菜谱任务，通过问题提出、资料搜索、方案编排、量表设计、活动实施、讨论反思等有序开展活动，引导学生自主学习两位数乘除法，运用数学知识表征，培养数学应用能力；有的学校介绍了教师对学生在数学学习中倾听、质疑、表达、评价等能力的关注与培育，并提供了对于云数学课堂互动优势以及学科育人新视角的思考。

在线教学经过了最初的茫然、焦虑，挺过了最初的不适、疲累，我们的教师、教研员已经未雨绸缪，在思考、成长、践行中不断提升自身的教学素养和信息技术能力，对自己提出更高的要求和更长远的展望：更新自己的教学观念，保持学习的态度向同行学习；提高信息化教学能力需纳入后续的培训课程；采用微课、直播等形式开展各级教研活动，这样可以跨越时空，提升教研的效益……

疫情时的在线教学是一次"无奈之举"，却"无心插柳"地激发了教师们探索、学习、思考的热情。而高质量的在线教学加上负责认真的一线教师，保障了学生在疫情时"停课不停学"，正常、有序地开展知识学习；在复课后，线上线下相结合，保障了教学多途径提升、多层面思考，教学路上的学无止境！

小云端，大智慧：一种现代化的师幼互动^①

▲

师幼互动，顾名思义是指教师和幼儿之间的互动，即教师和幼儿之间通过多种活动形式相互产生影响和作用。《幼儿园教育指导纲要》在"组织与实施"中明确提出："关注幼儿在活动中的表现和反应，敏感地观察他的需要，及时以适当的方式应答，形成合作探究式的师幼互动。"良好、有效的师幼互动对幼儿的发展有着举足轻重的影响。

一、师幼云端的诞生

当前的疫情常态下的幼儿园教育，与之前的教育教学相比，在家园配合上出现了较大的调整。由于疫情常态下的防疫需要，家长无法进入幼儿园参与幼儿园的家长会、开放日、家长沙龙等活动，教师和家长之间面对面交流的机会也非常有限。那么面对这样的情况，家长们对幼儿在幼儿园的生活和教育有什么疑惑吗？家长有焦虑、烦躁等心理情绪吗？面对种种担忧，荷花池幼儿园在全园开展了"'荷'你一起'噶讪胡'"活动，旨在通过云端互动帮助家长缓解情绪，共同携手家园线上"云"互动。

现代的网络信息技术发展为幼儿教师们提供了更多的教育活动资源和指导平台，教师利用微信、腾讯会议、钉钉等信息平台挖掘出家园互动新的形式和内容。因此，在荷花池幼儿园线上"'荷'你一起'噶讪胡'"活动方案及资源的支持下，教师针对班级自身的情况，依托互联网信息技术，开展了线上"噶讪胡"活动，进行了一种现代化的云端师幼互动模式的实践。

---

① 上海市黄浦区荷花池幼儿园　曹玲艳

二、云端师幼互动实践

长期的疫情常态化生活和学习给我们带来关于生活教育和生命教育的新思考。著名教育家陶行知倡导，只有积极从幼儿的生活教育实际出发，才能有效提升幼儿对现实生活教育的好奇和兴趣。我们通过有效观察幼儿在生活中的爱好和需求，积极抓住良好的教育时机对幼儿开展有意义的教育活动。

（一）师幼互动的内容

幼儿园的在线师幼互动与中小学在线课堂截然不同，我们根据小班幼儿思维仍带有很大的直觉行动性、自我控制能力还不是很强的年龄特点，结合小班幼儿居家的生活状态，通过"师幼互动+"的内容参与让家长加入到活动中，辅助幼儿理解和支持师幼互动。在整个师幼互动中，教师与小班幼儿的互动内容更多是依托家长来参与、帮助完成的。

1. 梳理防疫知识

线上互动期间，荷花池幼儿园线上活动方案的"防疫防控"板块，为幼儿设计了多方位的防疫小知识。我们以幼儿园的线上活动方案为指引，结合小班幼儿的年龄特点，通过实物展示、现场演示等方式梳理了小班幼儿理解并常用的疫情常态下的防疫小知识。

在线上师幼互动中，我们通过向小班幼儿展示口罩、消毒酒精、正确洗手等比较直观的方式，让幼儿了解日常生活常态下的防疫知识。例如：我们在活动之前请每一位幼儿准备一只口罩，线上师幼互动时我们通过教师讲解佩戴口罩、幼儿操作佩戴的方式让小班幼儿感知这个防疫方法，正确习得防疫知识。

2. 规范生活作息

疫情常态化的生活，尤其是在周末，为了让小班幼儿保持有规律的生活作息，我们利用网络信息技术平台，线上发起了居家"一日生活作息"的活动。

教师在班级微信群中通过发布良好作息时间的作用、作息时间表展示等活动鼓励幼儿都能参与到良好生活作息中来。在生活作息的师幼互动中，教师还对幼儿的作息时间表给予了一定的建议：鼓励家长和幼儿共同安排一些游戏活动和运动，同时教师也在线上师幼互动中提供了一系列居家运动的案例，供家长和幼儿实践参考。

3. 探秘自然之美

在荷花池幼儿园线上活动方案的"人与自然"板块，我们根据春天的季节特征，结合小班幼儿的年龄特点，设计了小班"找春天"的师幼互动内容。在线上互动过程中发现：有的幼儿对春天的季节特征并不了解，有的幼儿仅局限于花儿开了。针对这种情况教师在线上师幼互动中和幼儿进行了一场约定：探秘自然之美，寻找春天之旅。

幼儿通过各种不同的形式去寻找春天，幼儿将自己的发现通过线上"嘎讪胡"和同伴分享，更拓宽了幼儿的视野，增加了幼幼互动，让师幼互动更精彩。

4. 关注个别幼儿

在荷花池幼儿园线上活动方案的"心理游戏"板块，我们小班注重将师幼互动的内容落实在每一个幼儿个体身上，教师会认真观察和记录每一次师幼互动中幼儿的表现及其状态。关注个别幼儿也是小班师幼互动重要内容之一，当幼儿在活动中状态不佳时，教师及时与家长沟通了解幼儿在家的状态、积极鼓励幼儿，发挥师幼互动的良好作用。

案例1：

妍妍是班级比较内向的女孩，比较文静、内敛。

一次妍妍爸爸陪着她参与线上"嘎讪胡"，师幼互动中有手指游戏环节，教师和小朋友们都在动手做手指游戏，只有妍妍无动于衷。陪着参与活动的爸爸着急了，在边上训斥妍妍，妍妍的表情慢慢显露出害怕和恐惧，一边看着爸爸一边默默流下眼泪，依然没有参与手指游戏。

而这些小小的细节都被笔者收入眼底，在活动结束后笔者和妍妍的妈妈进行了一场"悄悄话"。

在教师与家长的"悄悄话"中，间接对案例中的妍妍进行了个体师幼互动。在后续的线上"嘎讪胡"中妍妍也逐步进入了状态，开始回答问题、游戏互动、实践操作，越来越喜欢线上互动了。

（二）师幼互动的形式

1. 云端现场秀

线上"嘎讪胡"活动采用现场动手、关注幼儿操作的方式，让幼儿动手、动脑，积极参与师幼互动中。在四月"嘎讪胡"活动中，班级幼儿投票选出了"雨中的小花""小花伞""美味的土豆泥""三明治""棒棒糖"等涉及实践操作的内容。

幼儿在云端线上操作过程有 4—5 分钟时间，实践中家长陪伴和指导、线下作品装饰是线上互动活动的补充和延伸。

2. 云端分享会

家园栏小程序是云端分享会的好帮手，教师通过家园栏小程序对线上师幼互动的内容进行梳理，既可以让幼儿回忆又可以让同伴之间进行分享。通过分享，师幼、幼幼之间形成了良好互动，幼儿看到教师和同伴的点评会非常有自信，更愿意积极参与后续的活动。

云端分享会，切实提高了线上师幼互动的有效性，使师幼互动不再局限于线上现场活动的时间，将师幼互动从云端延伸到幼儿日常生活中，激发了幼儿参与线上师幼互动的兴趣。

（三）师幼互动的时间

班级线上"噶讪胡"活动开展的过程中，幼儿充分地和同伴、教师互动；在实践中，我们对线上师幼互动的时间进行了适当调整。

表1　线上"噶讪胡"活动时间调整表

活动场次	三月"噶讪胡"活动时间	四月"噶讪胡"活动时间
第一场	16:00—16:30	18:30—18:45
第二场	18:30—19:00	18:50—19:05
第三场	19:00—19:30	19:10—19:25
第四场	19:30—20:00	19:30—19:45
第五场	20:00—20:30	19:50—20:05

首先，线上"噶讪胡"活动时间全部调整为晚上。在实践中我们发现，16:00—16:30 这个时间段部分幼儿父母还在上班，线上互动是祖辈在陪伴，而祖辈对信息技术生疏。为了确保每一位幼儿互动的有效性，我们将第一场活动时间调整到 18:30 开始。

其次，每次线上"噶讪胡"活动时间进行了缩短。考虑到小班幼儿的年龄特点，在第二次的实践问卷中，89% 的家长认为每次"噶讪胡"活动时间控制在 15—20 分钟比较合理。因此，每场线上师幼互动时间调整为 15 分钟，这样既保障了互动时间，又保证了幼儿用眼健康。

（四）师幼互动的伙伴

经过一个多月线上"噶讪胡"活动，我们发现幼儿对同一组的活动伙伴已经很熟悉，而对班级其他伙伴比较生疏。为此，在四月份活动中我们鼓励幼儿自由选择伙伴，与自己想参与活动的伙伴组成一个组。

幼儿的聊天伙伴发生了变化，每组的人数发生了变化，伙伴的人数和对象调整都是由幼儿自主选择决定的。这样的调整可以帮助幼儿熟悉班级不同的伙伴，能给予幼儿心理上的安全感，增强幼儿主人翁的意识；同时，也有利于师幼互动、幼幼互动的有效开展和实施。

三、云端师幼互动的多重思考

（一）打破传统师幼互动的空间局限

传统的师幼互动中，教师和幼儿面对面的沟通，往往通过多种内容的活动、采用各种互动形式，这样的师幼互动更局限于在同一个空间，对地理空间位置要求比较高。而云端师幼互动是在疫情背景下，根据幼儿的发展需求来进行组织和设计的，通过云端进行各种活动内容的安排和实施，创造条件让幼儿积极参与到活动中，形成有效的师幼互动，解决了幼儿和教师空间上的互动困难，打破了传统师幼互动的空间局限，促进了幼儿的健康发展，起到事半功倍的效果。

（二）探索现代化师幼互动的新途径

由于疫情，幼儿园教师和家长面对面沟通的机会较少，只能通过互联网进行沟通，这样的沟通方式虽然缺少了以往近距离互动，却激发了教师探索现代化师幼互动的新模式。在班级长达近三个月的"噶讪胡"活动中，教师依托"互联网＋"时代的先进信息技术，也探索出前所未有的云端互动新模式，从师幼互动的内容、形式、时间、伙伴等方面探索出新的途径和方法，切实提高了师幼互动的有效性。

（三）彰显班级特色的师幼互动新模式

疫情常态下的教育教学带来了师幼互动新模式，每个教师都在用自己的智慧去挖掘师幼互动新方式，同时和家长沟通幼儿在生活中的情况，拉近教师和家长、幼儿之间的距离。

在实践中，教师对家长和幼儿进行了问卷调查，并根据反馈进行了时间、同伴、内容上的调整。整个"噶汕胡"活动的开展和实践都是以幼儿为主体，让幼儿真正参与到活动中，用自己喜欢的内容来进行师幼互动，彰显自己班级个性化的师幼互动新模式，激发班级幼儿、家长积极参与的动力，增强了幼儿、家长、教师三方的亲密感。

社会领域核心经验在线培训提升教师课堂教学行为的研究 [①]

▲

近年来，随着教育改革的不断深入以及教师队伍的不断壮大，国家对教师群体也提出了更高的要求，相关培训也应运而生。纵观我国教育的发展，一方面，我国对学前教育的研究起步较晚，几个比较重要的指导性文件都是集中在20世纪末期以及21世纪初发布，例如1996年颁布实施的《幼儿园工作规程（试行）》、2001年颁布实施的《幼儿园教育指导纲要（试行）》、2012年根据《中华人民共和国教师法》出台的《幼儿园教师专业标准（试行）》以及《3—6岁儿童学习与发展指南》等。在《3—6岁儿童学习与发展指南》中，明确地描述了健康、语言、社会、科学、艺术等五大领域方面的内容，并给出了具有实际意义的指导建议。目前，健康、语言、科学和艺术领域方面的研究已经延续了相当长的一段时间，发展出了比较完善的幼儿园课程体系，但是社会领域具有一定的抽象性，因此国内很少有关于幼儿园社会领域的研究。借此机缘，结合疫情，本研究将对幼儿园社会领域核心经验线上培训对幼儿教师的课堂教学行为的影响进行跟踪研究，以此来论证社会领域核心经验线上培训对于幼儿园教师课堂教学行为变化的影响。

通过对相关文献的查阅，培训在各国都有着举足轻重的地位，尤其是在学前教育这一方面。在当下中国，受到疫情的影响，各种形式的线上培训正如火如荼地开展，各种各样线上形式的教师培训也很多，线上培训的方式是否有效？能否从根本上提升教师在社会领域课堂教学行为的质量？这些都有待我们进行进一步研究。

---

① 上海市黄浦区瞿溪路幼儿园　程梦馨

一、研究设计

（一）研究对象

本研究对 X 园 9 位目标教师进行为期三个月的跟踪研究，主要针对他们经过培训前后的课堂教学行为使用 CLASS① 工具进行评估。

（二）研究目的

通过对幼儿园 9 位社会领域目标教师在在线培训前后课堂教学行为进行跟踪研究，通过观察、CLASS 测评以及访谈等方式，了解在疫情期间线上培训对教师社会领域核心经验教学以及对教师课堂教学行为的影响，借此论证学前儿童社会领域核心经验线上培训中各个不同要素对教师课堂教学行为的重要性。

二、研究结果

（一）X 园目标教师课堂教学行为的前—后测对比

1. 在线培训前教师课堂教学行为结果

这一部分将就研究中 X 园 9 位目标教师在前测时在集体教学中的表现以 CLASS 评分结果的方式进行呈现。目标教师的评分结果如表 1 所示。

表1 X园9位目标教师前测的 CLASS 测评打分结果（单位：分）

姓名代号	积极氛围	消极氛围	教师敏感性	尊重儿童	行为管理	课堂效率	教育学习安排	概念发展	反馈质量	语言示范
CL	5	1	3	4	4	5	5	3	4	4
S	5	1	6	4	5	6	6	3	5	4

---

① 课堂互动评估系统（Classroom Assessment Scoring System，CLASS）是由美国弗吉尼亚大学教育学院皮安塔（Robert C. Pianta）教授及其团队在大量的文献研究以及实践研究的基础上于 2008 年正式推出的一套评估体系，目前多被用作幼儿园到高中阶段课堂师生互动质量的评估。针对教师课堂互动质量，该评估系统将整体的师幼互动分为三个维度：情感支持、班级组织和教学支持。在这三个大的维度之下还有若干子领域标记用于细致评估教师和幼儿的互动质量。

云端之上的未来课堂探索
——黄浦区在线教与学实践

续表

姓名代号	积极氛围	消极氛围	教师敏感性	尊重儿童	行为管理	课堂效率	教育学习安排	概念发展	反馈质量	语言示范
SY	5	1	4	4	5	3	6	5	6	5
XY	6	1	5	4	5	6	5	4	5	5
SC	5	1	5	5	4	6	6	5	6	6
LY	5	1	4	5	5	4	4	4	5	4
JS	5	1	5	5	5	5	4	3	4	4
LT	6	1	5	5	6	5	5	5	5	4
YF	6	1	4	3	5	5	4	4	5	5
平均分	5.33	1.00	4.56	4.22	4.89	5.00	5.00	4.00	5.00	4.56

从表1可以看出，9位目标教师整体水平稳定，在课堂教学行为上面的评分未见明显的两极分化，整体水平趋于一致，但是个别方面教师与教师之间存在明显差异。

2. 在线培训后教师课堂教学行为结果

经过在线培训和一个月的消化吸收后，笔者先后对9位目标教师进行了CLASS后测集体教学活动视频资料的收集，之后根据CLASS测评系统评分的标准再次进行打分，所得结果如表2所示。

表2　X园9位目标教师后测的CLASS测评打分结果（单位：分）

姓名代号	积极氛围	消极氛围	教师敏感性	尊重儿童	行为管理	课堂效率	教育学习安排	概念发展	反馈质量	语言示范
CL	6	1	6	4	5	5	5	5	6	5
S	6	1	5	5	5	5	5	5	4	5
SY	5	1	4	4	4	5	5	5	5	5
XY	6	1	5	4	5	5	5	4	5	5
SC	5	1	5	5	5	4	5	4	5	4
LY	6	1	5	5	5	5	5	4	5	4
JS	5	1	4	4	5	5	5	4	4	4
LT	6	1	5	4	5	5	5	4	5	5
YF	6	1	6	5	5	6	5	6	5	6
平均分	5.78	1.00	5.00	4.44	4.78	4.89	5.00	4.56	4.89	4.89

从表 2 可以看出，在后测期间，9 位目标教师水平都发生了变化。在积极氛围方面，平均分达到了 5.78，极值差仅为 1，这说明教师在集体教学活动中整体水平较高；在教师敏感性方面，平均分为 5 分，说明教师总体处于一个中等水平，但是极值差为 2，说明教师个体水平差异明显，但是极值为 4 的教师仅为 2 名，其余教师均为 5 分或 5 分以上。在尊重儿童方面，9 位教师的评分平均分为 4.44，处于中等水平，极值差为 2，说明教师之间水平存在较大不同。在行为管理方面，9 位教师的平均分为 4.78，极值差为 1，说明教师之间水平总体稳定，差别不大。课堂效率的平均分为 4.89，但是极值差为 2，只有一名教师达到高级水平 6 分，其余均为 5 分，一名教师为 4 分，说明这两位教师水平相差较大，其余教师水平基本一致。在教育学习安排方面，平均分为 5 分，证明教师总体处于一个较为中等偏上的水平，且这一部分所有的教师分值皆为 5 分，证明在这一方面教师之间在后测上没有明显差别。在概念发展方面，教师的平均分为 4.56，是研究结果中除了尊重儿童这一行为点之外的第二低分，这说明教师总体在这一方面技能有欠缺导致课堂教学行为结果不理想。反馈质量和语言示范的平均分均为 4.89，且极值差均为 2，但是语言示范情况的极低分数量多于反馈质量，这说明在反馈质量方面，虽然平均分与语言示范一致，但是总体质量略高于语言示范。

从后测的结果可以看出，9 位目标教师都与之前的前测时期相比有了或多或少的变化。

3. 前测与后测结果对比

前两节中分别详细展示了 9 位目标教师在前后测中的不同表现，并使用 CLASS 工具作为评分的科学工具。基于此，本研究得到了两组数据和 9 位目标教师前后测的平均分对比，本小节中将对这两组数据进行探讨和初步分析。

从前后测结果的简单对比来看，在 PCK（Pedagogical Content Knowledge，学科教学知识）的在线培训前后，教师们的情况可以总体归纳为：整体平稳上升，局部下降。在后测总共 90 个评分中，20% 的数据与前期相比有了下降，30% 的数据与前期相比有显著上升，其余的 50% 保持稳定。这个结果告诉我们，在培训之后，大部分的教师在课堂教学行为方面都有了明显进步，但是在某些方面仍然存在问题。

4. 讨论

对比的结果显示，在 CLASS 测评的三个维度、十个行为标记上面，大部

分的教师都有了长足的进步。舒尔曼的学科教学知识提示我们，教师只懂得具有普适性的教学法是远远不够的，教师还需要明白所教学科的具体教学法，并且将两者结合才能具备真正的学科教学知识能力。9 位目标教师从这一方面来说，通过线上培训，教师对幼儿园社会领域核心经验有了很大程度的了解，这有利于教师成功进行课堂教学。研究结果也证实了教师在明确了解了幼儿园社会领域的要求和结合了核心经验之后对于所需要教授的社会领域印象深刻，这促进了教师学科教学知识能力的发展，因此才有了后测的提升。

三、社会 PCK 核心经验在线培训对教师课堂教学行为影响的研究结果分析

（一）线上工作坊培训

线上工作坊活动主要有集中式的线上理论知识讲座和线上互动式的交流讨论两种形式。集中式的理论知识讲座是由专家主导，从学前儿童理论和《3—6岁儿童学习与发展指南》(以下简称《指南》)社会领域、学科教学知识等理论基础出发，用理论阐释《指南》社会领域目标、幼儿发展特征，呈现相应教育对策，也就是对目标教师进行有关学前儿童社会领域核心经验的理论培训；互动式的交流探讨主要是针对在理论讲座中的某个问题，在线上讲座时，专家和目标教师一起就幼儿园社会领域的五个核心经验进行"头脑风暴"式的交流研讨，通过独特的线上工作坊培训形式对幼儿园教师进行核心知识强化。

1. 工作坊集中式理论讲座与互动式交流研讨

在线工作坊活动集中式的理论讲座和互动式的交流研讨交叉进行。于是在活动间歇，笔者随机对三位 X 园的目标教师进行了访谈，通过访谈来初步了解线上工作坊集中式的理论讲座对目标教师的影响。

访谈片段：

Q：在本次线上培训之前，您是否了解过领域教学知识的相关内容？如果有，有哪些呢？请简要谈谈现在您对领域教学知识的理解。

S：没有，之前接触得比较多的就是我们的《指南》和《幼儿园教育指导纲要》(以下简称《纲要》)，对社会领域教学知识这块不是很了解。而且社会领域本身是一个比较抽象的概念，我们平常可以做到碰到事情马上去解决，但是要为这个专门去上一节课就比较难了。今天的工作坊里面很具体地讲到了每个

年龄段的对应行为，使本来特别抽象的社会领域突然变具体了，感觉突然有了思路。

Q：在后续的培训中，您最希望学习到的东西有哪些？

S：后续的培训中，我们比较希望能学习到一些比较具体的、具有实用性的东西。

从访谈记录上面我们可以看出，目标教师先前对于社会领域核心经验的知识存在较大面积的空白，知识基本停留在《指南》的社会领域理论方面，在操作上比较难以把握社会领域抽象的概念。本研究中的线上培训以在线工作坊为依托，涉及网络平台、教师的实际操作等方面，全面助力教师的专业成长。工作坊活动中集中式的理论知识讲座和互动式的交流研讨作为最根本的理论阐述方式，是第一个对目标教师产生影响的培训因素，因此，工作坊参与度的高低将会直接影响教师的课堂教学行为质量。

2. 工作坊参与度高的教师课堂教学行为质量较高

通过工作坊的参与度来看，教师之间课堂教学行为有明显的不同。笔者随机选择了三位目标教师作对比，用以凸显参与度高低与教师课堂教学行为质量的相关性。

YF 教师和 XY 教师是每次工作坊活动都参与其中的，但是 SC 教师是参与率较低的。从对比中可以明显看到 YF 和 XY 两位教师的情感支持维度评分较高，这从侧面证明了工作坊理论讲座中对教师要求的"情感在先"的作用，而 SC 教师缺席了多次讲座，对这一要求仍然比较模糊。对于 XY 教师，可能是由于教龄的限制其对于社会领域核心经验的领悟和内化不如 YF 教师，但是与 7 年教龄的 SC 教师相比，XY 仍然有着很大的优势，这也同样说明了线上工作坊集中式的理论讲座和互动式的交流研讨对于目标教师的内化知识、技术成长有显著的促进作用。

（二）线上培训

幼儿园教师的核心经验线上培训除了线上工作坊之外，最重要的就是网络平台资源的学习即线上培训，积极参与线上培训的目标教师大多有了比较大的进步。对于教师来说，在实践操作上五大领域的其他四个都是相对简单、具象的，但是社会领域通常都需要教师做到"在一日生活中潜移默化"抑或是通过"言传身教"去开展。在理论层面上，社会领域核心经验也是首次被提及。基

于此两点，在网络平台的讨论活动中，X园的教练员更强调解决目标教师在实践中操作性问题的提出和解决，不仅如此，9位目标教师还在线下积极和教练员进行研讨，针对操作中的问题向教练员和其他目标教师探讨。

四、小结

本研究的结果证实，线上培训资源的学习对目标教师的课堂教学行为有着一定的影响。以X园的SY教师为例，他几乎每次都是最后才上到线上培训平台上进行资源的学习与培训讨论学习，有时甚至都未能参与到讨论学习当中，这成为影响其后测评分的一大因素。

基于此，本研究对于培训中线上培训资源有以下三个部分的建议：

首先，强化理论启示我们，强化的条件作用具有关联刺激。线上培训的资源需要与线下参与式的工作坊相互配合，具有关联性。这种关联性在最初的阶段可以呈现为对工作坊集中理论讲座的理论延伸，更可以体现在网络资源是理论基础的具体呈现，比如对优秀案例的分享与学习。在本研究中，专家、教练员团队精心挑选与培训内容一致的优秀试教案例，通过对案例的呈现和点评讲解来给目标教师们一个更为具体、可操作的范式，推动了目标教师将理论转化为实践的进程。其次，强化也具有时效性，即线上平台资源需凸显时效性。线上培训资源设置作为线下讲座的重要辅助渠道，必须具有很强的时效性，在具有时效性的情况下与讲座内容紧扣，这样就能够在最大程度上拓宽教师的学科学习视野，提高时间的利用率和培训的效能。最后，线上培训资源还需要具有全面性。这种全面性不仅体现在对线下工作坊内容的补充，也在于分享不同形式的培训内容，比如教师的优秀案例、教师的课堂教学视频资料以及教师的反思和体会。

后 记

　　近年来，随着信息技术的迅速发展，特别是移动互联网时代的到来，跨时空的生活、工作和学习新模式的出现使知识获取的方式发生了根本的变化，在线教学由此兴起。2020年初新冠疫情的暴发，使学生无法如期返校，在线教学这一模式立即成为教育的重点抓手，而线上、线下教学模式的紧密融合也成为未来教育发展的重要方向。

　　黄浦区作为国家级信息化教学实验区，一直以来极为重视教育数字化转型这一基础建设工程。构建基于教学改革、融合信息技术的新型教学模式正是黄浦区信息化"双线混融"教育生态模式的重要一环。当线下与线上教学相融合已然成为新常态，教师如何适应？如何从中收获突破性发展，让自身专业得到成长？正是这些问题推动了《云端之上的未来课堂探索》的编撰成书。整本书收录50篇相关文章，分别从在线教学平台内容与设计、在线教学模式、在线教学策略及个别指导与效果四个不同角度探索线上、线下教学模式的创新与融合，也希望走在前列的教师们于实践中所收获的策略经验能更好地发挥社会效应，从而助推黄浦区"双线混融"教育生态模式的有效构建和持续发展。

　　书稿编写过程中，黄浦区教育学会各专委会提供了大力支持，从各学科特点出发，精心推荐了优质的教师文章；同时，黄浦区教育局余维永副局长、黄浦区教育学会魏耀发会长、黄浦区教育学院奚晓晶院长和邢至晖副院长等领导也始终给予了充分关心，并为书稿的完善提出了指导性意见；黄浦区教育学会唐军秘书长和吴晓芬副秘书长、上海市音乐幼儿园毛文婕老师等参与了书稿的整体编辑校对工作。在此，对所有参与书稿撰写的教师，对书稿修改给予指导的市、区专家，以及对参与书稿编辑和校对工作的教师们一并表示由衷感谢。最后，还要特别感谢上海教育出版社人文社科德育编辑室主任邹楠及其同事们为确保本书高质量的出版所付出的大量心血。

　　由于能力有限和时间仓促，书中难免会有一些错误，恳请读者批评指正！

图书在版编目（CIP）数据

云端之上的未来课堂探索：黄浦区在线教与学
实践 / 上海市黄浦区教育学会编. — 上海：上海教
育出版社，2023.3
ISBN 978-7-5720-1780-3

Ⅰ.①云… Ⅱ.①上… Ⅲ.①网络教育 – 教育研
究 – 黄浦区 Ⅳ.①G434

中国国家版本馆CIP数据核字(2023)第046021号

责任编辑　张璟雯　李　玮
封面设计　毛结平

云端之上的未来课堂探索：黄浦区在线教与学实践
上海市黄浦区教育学会　编

出版发行　上海教育出版社有限公司
官　　网　www.seph.com.cn
地　　址　上海市闵行区号景路159弄C座
邮　　编　201101
印　　刷　上海普顺印刷包装有限公司
开　　本　700×1000　1/16　印张 19.25
字　　数　325 千字
版　　次　2023年4月第1版
印　　次　2023年4月第1次印刷
书　　号　ISBN 978-7-5720-1780-3/G·1625
定　　价　78.00 元

如发现质量问题，读者可向本社调换　电话：021-64373213